O DIREITO E A
COPA DO MUNDO DE FUTEBOL

D598 O direito e a Copa do Mundo de futebol / Jader Marques, Maurício Faria da Silva (organizadores); Alessandra Lucchese ... [et al.]. – Porto Alegre: Livraria do Advogado Editora, 2013.

230 p.; 23 cm.

ISBN 978-85-7348-872-2

1. Direito. 2. Copa do Mundo (Futebol) - Aspectos sociais. 3. Copa do Mundo (Futebol) - Aspectos econômicos. 4. Turismo - Legislação - Brasil. 5. Trabalho. 6. Investimentos - Brasil. 7. Marketing. I. Marques, Jader. II. Silva, Maurício Faria da. III. Lucchese, Alessandra.

CDU 34:796.332.093(100)

CDD 344

Índice para catálogo sistemático:

1. Direito: Copa do Mundo (Futebol) 34:796.332.093(100)

(Bibliotecária responsável: Sabrina Leal Araujo – CRB 10/1507)

JADER MARQUES
MAURÍCIO FARIA DA SILVA
(Organizadores)

O DIREITO E A COPA DO MUNDO DE FUTEBOL

Alessandra Lucchese
Ana Isabel Pereira
Bernardo Rocha de Almeida
Carlo Huberth Luchione
Cesar Peduti Filho
Cláudio José Rodrigues Junior
Dayan Luzzoli
Eliane Reis Lima
Fábio Lucas Moreira
Fábio Raimundi
Felipe Machado Caldeira
José Umberto Braccini Bastos
Lia Claudia Gadioli
Lis Caroline Bedin
Madalena Januário
Marcelo Ricardo Grünwald
Matheus dos Reis Leite
Maurício Faria da Silva
Paulo Soares de Morais
Raphael Lemos Maia
Rodrigo de Souza Camargos
Rodrigo Falconi Camargos
Wagner Carvalho de Lacerda

Porto Alegre, 2013

Capa, projeto gráfico e diagramação
Livraria do Advogado Editora

Revisão
Rosane Marques Borba

Direitos desta edição reservados por
Livraria do Advogado Editora Ltda.
Rua Riachuelo, 1300
90010-273 Porto Alegre RS
Fone/fax: 0800-51-7522
editora@livrariadoadvogado.com.br
www.doadvogado.com.br

Impresso no Brasil / Printed in Brazil

Sumário

Apresentação

O Brasil se prepara para sediar a 20ª Copa Mundo FIFA em 2014. A primeira competição oficial da Federação, idealizada por Julio Rimet, aconteceu em 1930, no Uruguai. Nesses 84 anos que separam a pelota de couro feita à mão da alta tecnologia empregada na fabricação de uma bola, o futebol se tornou um vultoso e rentável negócio. O Ministério dos Esportes sinaliza que a Copa de 2014 vai movimentar R$ 110 bilhões no Brasil entre impostos diretos e tributos. Estima-se que o evento deva atrair cerca de 600 mil turistas estrangeiros que irão desembolsar aproximadamente R$ 4 bilhões. Já o turista brasileiro irá circular pelo país em massa. Serão 3 milhões de pessoas que aproveitarão a Copa para viajar e essa movimentação vai favorecer a economia do país em R$ 5, 5 milhões. Ainda é possível somar a este montante todo o recurso investido em obras de infraestrutura pública, privada e no setor de serviços. A previsão para área de *marketing* é de 700 milhões de reais. Nenhum empresário quer perder o filão da Copa.

Mas nem tudo é Bossa Nova no país do futebol. Há uma parcela da sociedade que é radicalmente contra a realização da Copa no Brasil. E as alegações são as mais diversas. A mais disseminada se refere aos investimentos de recursos da União para a recuperação e criação de estádios. O medo aqui é que este dinheiro sirva para criação de gigantescos "elefantes brancos", como aconteceu com o estádio *Green Point*, construído especialmente para a Copa de 2010 na África do Sul. O suntuoso estádio custou 2 milhões de dólares e após o torneio mundial da FIFA não recebeu mais nenhum jogo e não gerou mais renda. Ao contrário, a manutenção dele custa anualmente 15 milhões de dólares aos cofres públicos da nação africana. É clara a preocupação de uma parte da população brasileira com o desperdício de recursos da União e o desvio de verba.

Nesse contexto de expectativa, a REDEJUR – Associação dos Escritórios de Advocacia Empresarial –, lança a terceira edição do seu anuário, agora com o título "O Direito e a Copa do Mundo de Futebol", trazendo o debate para o campo do Direito, nos mais diversos âmbitos.

Seguindo a tradição de publicar, anualmente, uma coletânea de artigos produzidos pelos associados da entidade, a REDEJUR realiza alguns de seus mais importantes objetivos estatutários: estimular seus integrantes ao aperfeiçoamento intelectual, promover o debate a respeito dos mais importantes temas jurídicos da nossa sociedade, gerando o intercâmbio com os operadores do direito do Brasil e do Exterior.

Aproveitando a formação doutrinária e prática de seus associados, mais uma vez a REDEJUR dá seu aporte na seara jurídica. A primeira obra lançada teve o tema relacionado ao título "Desconsideração da personalidade jurídica". A segunda obra enfocou como tema "O direito na Era Digital".

Fundada em 2002, norteada pela observação dos rumos da atividade empresarial no Brasil e no Exterior, a REDEJUR está consolidada como uma referência em Rede de Escritórios de Advocacia, disseminando a construção de teses jurídicas e fomentando o debate em torno dos temas mais candentes do Direito na atualidade.

Mario Quintana, na sua poesia inquieta e atrevida, convida ao desafio da utopia:

Se as coisas são inatingíveis... ora!

Não é motivo para não querê-las...

Que tristes os caminhos, se não fora

A presença distante das estrelas!

Parabéns a todos os envolvidos no Projeto Anuário, por trilharem os tortuosos caminhos do Direito, muitas vezes, iluminados apenas pelas suas inabaláveis convicções e pelo brilho distante das estrelas.

Parabéns REDEJUR.

Jader Marques

— 1 —

A flexibilização das regras migratórias de estrangeiros contratados para trabalhar no Brasil na Copa de 2014

ALESSANDRA LUCCHESE

Especialista em Direito do Trabalho, Pós-Graduada em Direito Econômico e Empresarial pela Fundação Getúlio Vargas (FGV). Membro do Conselho das Relações do Trabalho da Federação das Indústrias do Rio Grande do Sul (FIERGS). Advogada sócia do escritório Bastos e Vasconcellos Chaves Advogados Associados.

ELIANE REIS LIMA

Bacharel em Direito pela Universidade do Vale do Rio do Sinos (UNISINOS). Advogada trabalhista do escritório Bastos e Vasconcellos Chaves Advogados Associados.

1. Introdução

Como sexta economia mundial, o Brasil tem atraído profissionais de diversas áreas de trabalho em busca de oportunidades e buscado mão de obra qualificada internacional para diversos setores.

Há quem afirme existir um déficit anual de 50 mil técnicos qualificados somente no subsetor petrolífero-naval, o que obrigaria empresas do setor a importar empregados estrangeiros qualificados a fim de suprir a demanda.

Com base em estatísticas do Ministério do Trabalho e Emprego (MTE), é possível concluir que em torno de 94% dos vistos de trabalho para estrangeiros emitidos pelo governo brasileiro entre 2009 e 2012 foram para profissionais com formação no ensino técnico profissional, superior incompleto e completo, pós-graduação, mestrado ou doutorado.

Dos mais de 242.000 vistos de trabalho concedidos nos últimos quatro anos, temos mais de 229.000 concedidos a estrangeiros qualificados.

Com a aproximação da Copa do Mundo FIFA de 2014 e dos Jogos Olímpicos e Paralímpicos de 2016, é ainda maior a busca das empresas por profissionais estrangeiros qualificados na área e que consigam suportar a demanda técnica de trabalho prevista e esperada durante esses eventos.

Não há dúvidas de que a realização destes eventos no Brasil – que mobilizam governos, iniciativa privada, atletas, torcedores e turistas – aumentou a expectativa das empresas na geração de lucros através do turismo, da comercialização de produtos licenciados e apostam no aumento de consumo que a euforia dos grandes eventos costuma provocar coletivamente. Também não se pode deixar de citar o esperado desenvolvimento tecnológico, tendo em vista o incentivo fiscal em relação à isenção de tributos federais nas importações de bens para uso ou consumo na organização ou realização dos eventos, além da suspensão de tributos federais para as aquisições, nacionais ou do exterior, de bens para o ativo e materiais de construção para a os estádios de futebol, bem como na contratação de serviços no país ou no exterior.

O impressionante impacto da Copa do Mundo no País-Sede pode-se medir pela quantidade de mudanças e acréscimos viscerais no ordenamento legal e jurídico pátrio por exigência e determinação da FIFA, e que no Brasil temos formalizado através da Lei Geral da Copa (LEI 12.663/2012, de 05/06/2012).

A exemplo de alteração transitória impactante, temos a flexibilização da entrada de estrangeiros no país durante o evento, e em especial, a facilitação da contratação do profissional estrangeiro, uma vez que a Lei Geral da Copa exige apenas que a entidade contratante comprove a vinculação da atividade do estrangeiro com os eventos, possibilitando, assim, rapidez na concessão da permissão de trabalho para obtenção de visto temporário ao trabalhador.

O presente artigo tem por objetivo abordar, especificadamente, a flexibilização que a Lei Geral da Copa proporciona às empresas e aos profissionais estrangeiros vinculados aos eventos nela previstos, como a Copa do Mundo FIFA 2014, além de analisar, brevemente, um comparativo entre os regramentos delineados no Estatuto do Estrangeiro com os elencados na referida legislação especial.

2. Aspectos gerais acerca da Lei Geral da Copa

Com o intuito de estabelecer medidas a serem observadas para os eventos internacionais que ocorrerão no País entre 2013 e 2014, tais como Copa das Confederações FIFA 2013, Jornada Mundial da Juventude 2013 e Copa do Mundo FIFA 2014, a Lei nº 12.663/2012 (conhecida como Lei Geral da Copa) regulamenta aspectos relevantes, desde a proteção e exploração de direitos comerciais até a venda de ingressos.

Na pretensão de apontar brevemente as regras contidas na lei, na sequência serão tecidas algumas considerações acerca de suas principais disposições:

1. O Capítulo I da Lei Geral da Copa, através dos artigos 1º e 2º, dispõe sobre as definições relativas às entidades envolvidas nos eventos, dentre elas a FIFA, CBF, COL, Confederações, Associações estrangeiras, Emissoras, parceiros comerciais, prestadores de serviços, Agência de direitos de transmissão, além de eventos, locais oficiais de competição, partidas, símbolos oficiais, ingressos, entre outros.

2. O Capítulo II, por sua vez, trata da proteção e exploração de direitos comerciais, em especial no que diz respeito aos direitos de propriedade industrial relacionados aos eventos, objetivando proteger as marcas notoriamente conhecidas de titularidade da FIFA, como emblemas, mascotes e outros símbolos. O tratamento diferenciado proporcionado pela lei produzirá efeito somente até 31.12.2014, nos termos do artigo 5º.

3. A fim de demonstrar alguns dos pontos flexibilizados pela Lei Geral da Copa em favor da FIFA, por conta da relevância dos eventos e seus efeitos em terras brasileiras, destaca-se, nesse interim, a previsão contida no inciso I do §1º do artigo 5º, que determina que o Instituto Nacional da Propriedade Industrial (INPI) não poderá requerer a FIFA a comprovação da condição de alto renome de suas marcas ou como notoriamente conhecidas.

4. No Capítulo II, ainda, encontram-se regramentos acerca dos direitos de imagens, sons e outras formas de expressão (artigos 12 a 15), sendo a FIFA titular exclusiva de todos os direitos, inclusive os de explorar, negociar, autorizar e proibir suas transmissões ou retransmissões. Em vista da exclusividade sobre esses direitos, os artigos 16 a 18 apontam sanções civis, como pagamento de indenizações e lucros cessantes, para aqueles que praticarem, sem a devida autorização da FIFA ou pessoa por ela indicada, as condutas previstas nos incisos do artigo 16, tais como a publicidade ostensiva em veículos automotores, estacionados ou circulando em locais de competição e a exibição pública de partidas por qualquer meio de comunicação em local público ou privado de acesso ao público, associada à promoção comercial de produto, marca ou serviços.

5. A responsabilidade civil da União é regrada no Capítulo IV da lei em análise, que dispõe que ela responderá pelos danos causados, por ação ou omissão, à FIFA, seus representantes, empregados ou consultores, devendo assumir os efeitos de tal responsabilidade por todo e qualquer dano resultante ou que tenha surgido em função de qualquer incidente ou acidente de segurança relacionado aos eventos. A FIFA, por seu turno, somente assumirá os efeitos da responsabilidade civil caso ela ou a vítima houver concorrido para a ocorrência do dano.

6. No seu Capítulo V, a lei regula questões acerca da venda dos ingressos, determinando, primeiramente, que o valor dos ingressos será estipulado pela FIFA (artigo 25), devendo, contudo, obedecer algumas regras, dentre elas de que os ingressos deverão ser personalizados com a identificação do comprador. Classificados em 4 categorias, os ingressos terão os preços fixados por categoria e em ordem decrescente, sendo a nº 1 de valor mais elevado e a de nº 4 com os descontos de 50% para as pessoas naturais residentes no País, observado os termos do §5º do artigo 26 (estudantes, pessoas com idade igual ou superior a 60 anos e participantes de programa federal de transferência de renda). Neste capítulo são determinados, ainda, critérios de comprovação da condição de pessoa com direito a desconto no ingresso, bem como de cancelamento, devolução e reembolso do valor pago pelo ingresso.

7. O artigo 28 da Lei Geral da Copa elenca algumas condições de acesso e permanência nos locais oficiais de competição, com vistas a garantir o controle e a segurança de todos os envolvidos nos eventos, desde profissionais a espectadores. Algumas das medidas previstas no artigo são: a proibição de entrada com porte de objetos que possibilitem a prática de violência (II); cartazes, bandeiras ou símbolos com mensagens ofensivas, de caráter racista, xenófobo ou de qualquer outro tipo de discriminação (IV); proibição de porte ou utilização de fogos de artifícios ou quaisquer outros engenhos pirotécnicos ou produtores de efeitos semelhantes, exceto para equipe autorizada pela FIFA, para fins artísticos (VII).

8. O Capítulo VIII (artigos 30 a 36) é destinado a abordar questões acerca dos crimes contra a FIFA, como a utilização indevida de símbolos oficiais, *marketing* de emboscada por associação ou por intrusão. O primeiro diz respeito a reprodução, imitação, falsificação ou modificação dos símbolos sem

a autorização da FIFA, com previsão de pena de detenção de 3 meses a 1 ano ou multa para aquele que praticá-lo (artigo 30). Também refere-se a importação, exportação, venda, distribuição, oferta ou exposição à venda, ocultação ou manutenção em estoque de símbolos oficiais ou de produtos resultantes de reprodução, imitação, falsificação ou modificação não autorizadas pela FIFA, para fins comerciais ou de publicidade, caso em que a pena é de detenção, de 1 a 3 meses ou multa.

9. O crime de *marketing* de emboscada por associação restará tipificado quando da divulgação de marcas, produtos ou serviços, com o objetivo de obter vantagem econômica ou publicitária, através de associação direta ou indireta com os eventos ou seus símbolos oficiais, sem a devida autorização da FIFA ou pessoa por ela indicada, induzindo terceiros a erro.

10. Já o crime de *marketing* de emboscada por intrusão será configurado quando ocorrer exposição de marcas, negócios, estabelecimentos, produtos, serviços ou prática de atividades promocionais não autorizadas pela FIFA, com finalidade de obter vantagem econômica ou publicitária. Para ambos os crimes a pena prevista é de detenção, de 3 meses a 1 ano ou multa. Cabe referir que, nos termos do artigo 36 da lei, os tipos penais acima descritos terão vigência até o dia 31 de dezembro de 2014.

11. Por fim, o Capítulo X é destinado ás disposições finais, entre as quais merecem destaque as previstas nos artigos 51, 52, 57 e 65. O artigo 51 prevê a obrigatoriedade de intimação da União nos processos ajuizados contra a FIFA, as Subsidiárias da FIFA no Brasil, seus representantes legais, empregados ou consultores, desde que o objeto da ação verse sobre as hipóteses estabelecidas nos artigos 22 e 23 da lei, a fim de que informe se possui interesse de integrar a lide.

12. O artigo 52 merece destaque tendo em vista a criação de um procedimento administrativo para resolução de conflitos entre a União e a FIFA, suas Subsidiárias no Brasil, representantes legais, empregados ou consultores, em que o objeto verse sobre os eventos, o qual será conduzido pela Advocacia-Geral da União, mediante conciliação, quando conveniente às partes.

13. Por sua vez, o artigo 57 trata do serviço voluntário, que poderá ser prestado por pessoa física, auxiliando a FIFA e demais entidades a ela ligadas na organização e realização dos eventos, sem que a atividade seja remunerada. Além de não gerar vínculo empregatício, nem obrigação de natureza trabalhista, previdenciária ou afim, o voluntário firmará termo de adesão com a contratante, devendo nele constar o objeto e as condições do serviço a ser prestado. Ainda, o §2º do artigo esclarece que serão ressarcidas ao voluntário as despesas com transporte, alimentação e uniforme, comprovadamente destinadas à realização de atividades para os eventos, sem que isso descaracterize a gratuidade do serviço voluntário.

14. Finalmente, o artigo 65 preconiza que será concedido às empresas e entidades fornecedoras dos eventos o Selo de Sustentabilidade, pelo Ministério do Meio Ambiente, desde que apresentem programas de sustentabilidade com ações de natureza econômica, social e ambiental, de acordo com normas e critério estabelecidos.

15. A lei, como pode ser observado, elenca diversas medidas que devem ser observadas para fins de organização, preparação, planejamento e execução dos eventos, inclusive criando tipos penais e procedimentos administrativos específicos para o período de realização da Copa das Confederações FIFA 2013 e Copa do Mundo FIFA 2014.

2. Regras migratórias para contratação do estrangeiro para trabalhar no Brasil de acordo com o Estatuto do Estrangeiro

Pesquisas apontam a crescente imigração de estrangeiros na busca de inserção no mercado de trabalho brasileiro, e por consequência o aumento de permissões, temporárias ou permanentes, conferidas para trabalhar no Brasil. De acordo com a Coordenação Geral de Imigração (CNIg), somente em 2012 foram 73.022 autorizações de trabalho concedidas a estrangeiros (fonte: Ministério do

Trabalho), enquanto em 2010 e 2011 foram 56.006 e 70.524 permissões, respectivamente. Os estrangeiros mais "beneficiados" com as permissões de trabalho vieram de Portugal (aumento de 81% em relação a 2011), da Espanha (aumento de 53%) e da China (aumento de 24%).

Estima-se que mesmo desvinculada da Copa do Mundo, a emigração de europeus para o Brasil tende a aumentar na falta de uma solução de curto prazo para desemprego na Europa. Para ilustrar o que ocorre naquele hemisfério, segundo a COSEC – Companhia de Seguros de Créditos de Portugal –, em 2012, 6.688 empresas faliram em Portugal, 40% a mais que em 2011, o que em simples matemática nos faz concluir que praticamente 18 empresas por dia faliram em Portugal apenas no ano passado, deixando no mercado mundial milhares de empregados disponíveis e ávidos para a expatriação profissional.

Embora os números possam apontar para uma facilitação na entrada de profissionais estrangeiros no mercado de trabalho brasileiro, para que seja concedida autorização de trabalho ao obreiro devem ser observados diversos regramentos, tanto pelo profissional quanto pela empresa contratante. A prática comprova que não raramente um pedido de visto para trabalhador estrangeiro pode levar mais de 120 dias de tramitação sem garantia de que ao final a permissão seja concedida.

Com muita frequência, trabalhadores estrangeiros que são chamados para vir executar um trabalho específico e de curta duração, como a montagem de uma máquina importada, por exemplo, não obtêm o visto a tempo da execução do trabalho, gerando atrasos na montagem do equipamento ou em todo o projeto de uma linha de produção que dependia de tal máquina.

Antes de se adentrar na análise do processo para concessão das permissões de trabalho, oportuno dizer que, ainda que a procura pela atividade profissional tenha sido iniciada pelo trabalhador estrangeiro, o encaminhamento do requerimento e o acompanhamento do processo para concessão de autorização é feito pela empresa contratante. Logo, o profissional estrangeiro só obterá autorização para trabalhar em território brasileiro quando comprovado seu vínculo empregatício com a empresa requerente.

Cabe salientar, também, que a empresa interessada na contratação de estrangeiro deve atentar tanto para as delimitações previstas no Estatuto do Estrangeiro, quanto para os regramentos previstos na Resolução do Conselho Nacional de Imigração a qual o profissional será enquadrado. São diversas as resoluções para casos específicos, tais como a vinda de estrangeiro para prestação de serviço que envolva assistência técnica ou transferência de tecnologia (RN nº 61/2004) e a concessão de visto a estrangeiro, estudante ou recém-formado, que venha ao Brasil no âmbito de programa de intercâmbio profissional (RN nº 94/2011).

Atualmente, a legislação brasileira que trata da situação do estrangeiro no País, inclusive como profissional, é a Lei nº 6.815/1980 (Estatuto do Estrangeiro). Assim, para fins de concessão de permissão de trabalho, a empresa contratante precisa estar atenta a alguns requisitos previstos na referida legislação, como por exemplo, o requerimento de uma autorização de trabalho junto à Coordenação Geral de Imigração e a comprovação da qualificação profissional do estrangeiro, sua escolaridade e experiência na atividade. Além disso, o Ministério do Trabalho e Emprego (MTE) exige que a contratante apresente demonstrativos que atestem a carência de especializações similares no mercado nacional.

De acordo com o artigo 4º do Estatuto, os vistos são classificados em: Trânsito, Turista, Temporário, Permanente, De Cortesia, Oficial e Diplomático.

No que diz respeito à contratação de profissional estrangeiro, analisar-se-á, num primeiro momento, apenas o visto temporário, previsto no artigo 13 da lei. Dentre os casos elencados no referido artigo, apenas os previstos nos incisos III e V são tratados como vistos de trabalho.

Para que seja concedida uma autorização de trabalho para obtenção de visto temporário ao estrangeiro com vínculo empregatício no Brasil, é necessário que a empresa interessada em contratar comprove a escolaridade, a qualificação e a experiência do profissional na área de atuação, em conformidade com o disposto no artigo 2º da Resolução Normativa nº 99, de 12 de dezembro de 2012, do Conselho Nacional de Imigração.

Outro aspecto que deve ser observado é o prazo de estada no Brasil no caso de profissional na condição de artista ou desportista (inciso III), que é de noventa dias, enquanto os que se encontram na condição de cientista, professor, técnico ou profissional de outra categoria, sob regime de contrato ou a serviço do governo brasileiro (inciso V), o prazo será de acordo com a duração da missão, do contrato ou da prestação de serviços, comprovada perante a autoridade consular, respeitado o limite de dois anos, conforme previsão do artigo 25, V, do Decreto 86.715/81, com possibilidade de prorrogação nos termos do artigo 66, § 1º, do referido Decreto, por mais dois anos.

De se destacar, contudo, que, após nota expedida pelo Ministério da Justiça em agosto de 2012, ao estrangeiro com vínculo empregatício no Brasil, cujo contrato de trabalho ultrapasse o limite de dois anos, ou já tenha sido prorrogado uma vez, é concedido o direito de requerer a transformação do visto temporário em permanente, com fundamento no artigo 37 do Estatuto do Estrangeiro, desde que observado razoável prazo de estada. Para tanto, na avaliação do requerimento, nos termos do § 2º do artigo 6º da Resolução Normativa nº 99/2012, deverão ser considerados os seguintes aspectos: "I – a justificativa apresentada pelo estrangeiro sobre sua pretensão em fixar-se definitivamente no Brasil; II – a continuidade da necessidade do trabalho do estrangeiro no Brasil, respeitado o interesse do trabalhador brasileiro; e III – a evolução do quadro de empregados, brasileiros e estrangeiros, da empresa requerente".

Com isso, por tratar-se de contrato de trabalho por tempo determinado, a orientação descrita na nota acima citada vai ao encontro da regra estipulada nos artigos 445 e 451 da CLT, que prevê que o contrato por tempo determinado terá duração máxima de dois anos, podendo ser prorrogável uma única vez dentro deste limite. Ainda, de acordo com os artigos citados, se ultrapassado o limite de dois anos ou havendo mais de uma prorrogação, o contrato por tempo determinado passa a vigorar como indeterminado.

Relevante atentar para o fato de que, nos termos do artigo 95 do Estatuto, uma vez autorizado a trabalhar em território brasileiro, o trabalhador estrangeiro, recebendo seu salário no Brasil, será detentor dos mesmos direitos trabalhistas que um trabalhador nacional como, por exemplo, 13º salário, FGTS e férias de 30 dias, jornada padrão de oito horas diárias ou 44 horas semanais, com um dia de folga, preferencialmente aos domingos, entre outros. A regra do referido artigo impõe a observância do princípio da territorialidade, aplicado tanto na área do Direito do Trabalho e quanto do Direito Internacional Privado (DIPr).

Portanto, por tratar-se de situação em que o estrangeiro se desloca para outro país para exercer sua atividade profissional, além da legislação trabalhista, é preciso que o Direito Internacional Privado também seja observado, tendo em vista que é a área do direito responsável pela indicação do ordenamento jurídico aplicável aos casos em que há mais de um sistema legal em discussão.

Neste aspecto, no que diz respeito ao Direito do Trabalho, o DIPr resolve os conflitos de lei no espaço, tendo em vista a análise da aplicação da legislação trabalhista local ou alienígena. Como base do DIPr, a Lei de Introdução ao Código Civil (Decreto Lei 4.657/1942) normatiza em seu artigo 9º que "para qualificar e reger as obrigações aplicar-se-á a lei do país em que se constituírem", complementado pelos §§ 1º e 2º nos seguintes termos, respectivamente: "destinando-se a obrigação a ser executada no Brasil e dependendo de forma essencial, será esta observada, admitidas as peculiaridades da lei estrangeira quanto aos requisitos extrínsecos do ato" e "a obrigação resultante do contrato reputa-se constituída no lugar em que residir o proponente".

Todavia, no que diz respeito às relações trabalhistas, no entendimento de Valentin Carrion (2003, p. 22), os empregados estrangeiros que trabalham habitualmente no Brasil deveriam ter seus direitos regulados pela legislação brasileira, ainda que o contrato tenha sido pactuado em outro país ou que a empresa empregadora seja estrangeira, aplicando-se, desta forma, o princípio da territorialidade.

Segundo preleciona a Consolidação das Leis Trabalhistas em seu artigo 651, *caput*, a competência das Varas do Trabalho é determinada pela localidade onde o reclamante prestar serviço ao empregador, ainda que tenha sido contratado em outro lugar, ou mesmo no estrangeiro. Isto é dizer, que a Vara do Trabalho tem jurisdição para julgar contrato de trabalho executado em sua base territorial.

Na leitura do § 2º do referido artigo, depreende-se facilmente que a competência ali definida é ampliada, desde que dois critérios cumulativos se façam presentes, quais sejam: primeiro, que o empregado seja brasileiro, segundo, que o trabalho tenha sido prestado no estrangeiro derivando de contrato de trabalho firmado no Brasil.

Da mesma forma, o Código de Bustamante, ratificado pelo Brasil através do Decreto nº 18.871/1929, estabelece em seu artigo 198 que a legislação aplicável aos acidentes do trabalho e proteção social do trabalhador é territorial – *lex loci executionis*. Entretanto, no que diz respeito ao trabalhador brasileiro contratado no Brasil e posteriormente enviado para prestar serviços no exterior, aplica-se, atualmente, com o cancelamento da Súmula 207 do TST, a norma mais favorável, e de forma fragmentada, o que significa dizer que em todo e qualquer caso serão analisadas todas as verbas devidas ao trabalhador, de forma que a cada uma delas será aplicada a norma mais benéfica ao empregado.

Destarte, o empregado brasileiro sendo detentor de direito a horas extras, férias e FGTS, poderá, por exemplo, ter as horas extras regidas pela legislação do país estrangeiro, enquanto as férias e o FGTS são regidos pela legislação brasileira, por serem legislações, embora distintas, mais favoráveis ao obreiro, aplicando-se, portanto, a teoria do conglobamento mitigado por item/matéria. Com isso, tem-se a observância de um dos princípios do direito do trabalho, qual seja o princípio da proteção ao trabalhador, dividido em três regras, sendo uma delas a da aplicação da norma mais favorável (Plá Rodriguez, 2000, p. 127).

Oportuno mencionar que o cancelamento da Súmula 207 do TST deu-se pelo constante posicionamento do Tribunal Superior em aplicar o disposto no artigo 3º, II, da Lei nº 7.064, de 06/12/82, o qual não está mais restrito a engenheiros ou a empregados de empresas de engenharia, em face da Lei nº 11.962/09, que alterou o artigo 1º da Lei nº 7.064/82, justamente para aplicar tal regramento a todos os trabalhadores contratados no Brasil ou transferidos por seus empregadores para prestar serviços no exterior.

É evidente a tendência da Justiça do Trabalho brasileira tomar para si a competência de toda e qualquer relação de trabalho havida que envolva um cidadão brasileiro, seja em que lugar do planeta o trabalho tenha sido prestado, e essa tendência se replica para os empregados estrangeiros que aqui exercem suas atividades, no entanto, há várias situações que envolvem contratos internacionais de trabalho com multiplicidade de lugares de execução do labor ou com multiplicidade de ajustes contratuais que envolvem legislação estrangeira para a qual a nossa justiça do trabalho não está preparada ou disposta a analisar sob o enfoque do direito internacional, não sendo poucas as situações em que contratos internacionais de trabalho válidos e sem vícios são simplesmente ignorados em demandas trabalhistas brasileiras em favor de pura aplicação da lei local.

3. A flexibilização das regras migratórias para contratação do estrangeiro para trabalhar no Brasil durante a Copa do Mundo FIFA de 2014

A Lei nº 12.663/12 (Lei Geral da Copa) dispõe de medidas especiais relativas aos eventos internacionais que ocorrerão no Brasil, dentre eles a Copa do Mundo FIFA de 2014. A contratação de estrangeiros para trabalhar no país durante estes eventos é um dos pontos delimitados nessa lei, que é regulamentada pelo Decreto nº 7.783/12.

Importa referir que essa legislação não vai de encontro com a legislação trabalhista atual, uma vez que regulamenta situações não normatizadas e provisórias, que decorrerão exclusivamente de um evento relevante mundialmente e com período previamente estabelecido.

Especificamente quanto aos estrangeiros, merece seja grifado que a aplicação da Lei nº 6.815/80 (Estatuto do Estrangeiro) será, durante a vigência da Lei da Copa, subsidiária, prevalecendo no período as regras ali contidas em detrimento das regras normais e soberanas do país.

A propósito, em que pese a aplicação do Estatuto do Estrangeiro ser subsidiária, há de se observar que, conforme previsão do §5º do artigo 19 da Lei Geral da Copa, não haverá mudanças no que diz respeito às regras previstas nos artigos 7º e 26 do referido Estatuto, que tratam da proibição de concessão de visto ao estrangeiro e de impedimentos. O artigo 7º elenca um rol taxativo de casos nos quais o estrangeiro não tem o visto concedido, enquanto o artigo 26 esclarece que o visto concedido pela autoridade consular configura mera expectativa de direito, de modo que, ocorrendo uma das situações previstas no artigo 7º, ou ainda, em sendo inconveniente a presença do estrangeiro no território brasileiro, o visto será cassado.

O advento da Lei Geral da Copa acarretou na flexibilização da concessão de permissões de trabalho para obtenção de visto temporário, determinando em seu artigo 19 que os vistos deverão ser concedidos sem qualquer tipo de restrição quanto à nacionalidade, raça ou credo, para estrangeiros integrantes da delegação da FIFA, funcionários das Confederações e das Associações Estrangeiras Membros da FIFA, árbitros e demais profissionais designados para trabalhar durante os eventos, membros das seleções participantes em qualquer das competições, além de equipes dos parceiros comerciais, dos prestadores de serviços da FIFA, da emissora fonte da FIFA, das emissoras e agências de direitos de transmissão e representantes de imprensa.

Da mesma forma serão concedidos vistos de entrada aos espectadores que simplesmente comprovem a aquisição de ingressos válidos, seja apresentando o ingresso ou apenas a confirmação de aquisição, como também a todos aqueles que demonstrem seu envolvimento oficial com os eventos, desde que "evidenciem de maneira razoável que sua entrada no País possui alguma relação com qualquer atividade relacionada aos Eventos" (art. 19, XI, da Lei Geral da Copa).

Em qualquer caso, no termos do § 1º do artigo 19, o prazo de validade dos vistos de entrada concedidos encerra-se no dia 31 de dezembro de 2014, observando-se, entretanto, que para os casos previstos no inciso XI do artigo acima citado, o prazo de estada será de até 90 dias, improrrogáveis.

Neste diapasão, de se apontar o disposto na Resolução Normativa nº 98/2012, que preconiza que a autorização de trabalho concedida aos estrangeiros que venham trabalhar no Brasil na preparação, organização, planejamento e execução dos eventos (Copa das Confederações 2013, Copa do Mundo 2014 e Jogos Olímpicos e Paralímpicos Rio 2016) será concedida no prazo de dois anos, podendo ser prorrogado nos termos da legislação em vigor, devendo ser observado, entretanto, o limite de 31 de dezembro de 2014, para a Copa do Mundo FIFA 2014, e 31 de dezembro de 2016, para os Jogos Olímpicos e Paralímpicos Rio 2016.

Por sua vez, o artigo 20 da lei em análise estipula que, em caso de exigência, serão emitidas permissões de trabalho para as pessoas que estejam, direta ou indiretamente, ligadas à FIFA, desde que essa, ou terceiro por ela autorizado, expeça um documento comprovando que a entrada do estrangeiro no País esteja estritamente ligada ao desempenho de atividades relacionadas aos eventos.

Por fim, o artigo 21 determina que tanto os vistos quanto as permissões de trabalho que tratam os artigos 19 e 20, respectivamente, serão emitidos em caráter prioritário, de modo que os requerimentos sejam concentrados em um único órgão da administração pública federal, e sem qualquer custo.

Comparando a forma de concessão de vistos de entrada e de permissões de trabalho, é possível observar que a Lei Geral da Copa não exige, por exemplo, a comprovação da qualificação e experiência profissional do estrangeiro, conforme determina o artigo 2º da Resolução Normativa n° 99/2012, mas tão somente que a pessoa jurídica interessada no profissional estrangeiro apresente requerimento expedido pela FIFA, ou por terceiro por ela indicado, acompanhado de documentos que demonstrem a vinculação do profissional com as atividades da Copa do Mundo 2014 (§ 1º do artigo 4º do Decreto nº 7.783/12).

Outro exemplo de flexibilização na concessão de vistos e permissões de trabalho é a isenção de custo, prevista na lei especial para a Copa de 2014, enquanto no Estatuto do Estrangeiro, em seu artigo 20, há a previsão de cobrança de emolumentos consulares.

Além disso, visando à celeridade do processo, os §§ 1º e 2º do artigo 1º da Resolução Normativa nº 98/2012 preconizam que os pedidos de autorização de trabalho poderão ser efetuados por meio eletrônico, em sistema disponibilizado no *site* do Ministério do Trabalho e Emprego (§ 2º), devendo o MTE, no prazo de cinco dias, decidir sobre os pedidos de autorização de trabalho, encaminhando, posteriormente, o requerimento ao Ministério das Relações Exteriores para concessão do visto nas Repartições consulares e Missões diplomáticas brasileiras no exterior (§ 1º).

É possível vislumbrar a diminuição da burocracia na tramitação do processo para concessão da autorização de trabalho para obtenção de visto temporário pelo estrangeiro, atendendo assim o disposto no artigo 21 da Lei Geral da Copa, ao determinar o caráter prioritário para tais casos. Logo, a empresa contratante será beneficiada com a celeridade do processo, uma vez que ganhará tempo ao encaminhar a documentação requerida, e tão logo reste comprovada a relação da contratação com a Copa do Mundo 2014, o estrangeiro poderá estabelecer-se em território brasileiro para exercer sua atividade profissional em favor da empresa.

4. Conclusão

A realização da Copa do Mundo FIFA de 2014 no Brasil fará com que, obrigatoriamente, o País se desenvolva em muitas áreas, principalmente da construção civil no envolvimento de melhorias de infraestrutura de aeroportos, portos e transporte, além da construção e reforma de estádios de futebol, gerando emprego e movimentando, significativamente, a economia brasileira. A inovação e o desenvolvimento no setor tecnológico também serão favorecidos, tendo em vista a necessidade da utilização de novas tecnologias para que a demanda exigida pelo evento seja vencida.

Mas não podemos deixar de refletir sobre o que significa um país soberano alterar suas próprias leis de forma temporária apenas com o condão de acomodar um evento esportivo.

Em que pese os diversos benefícios proporcionados pelos eventos ao País, a edição das Leis n°s 12.350/10 e 12.663/12 demonstram que, em verdade, quem sairá lucrando e, de fato, sendo beneficiada, é a FIFA e as entidades a ela ligadas, tendo em vista que, por exemplo, serão isentas de tributos federais incidentes em importação e de algumas responsabilidades, como a de assumir os efeitos da responsabilidade civil por danos resultantes ou que tenham surgido em decorrência de qualquer incidente ou acidente de segurança relacionado aos eventos, sendo esses suportados pela União.

É dizer, o país do futebol irá investir milhões em dinheiro na realização destes eventos (que deveriam também ser investidos, no mínimo, nas áreas da saúde e educação), prevendo um grande desenvolvimento para o País – que de fato acontecerá –, enquanto a FIFA e seus parceiros irão desfrutar dos almejados (e grandiosos) lucros, sem que haja, de suas partes, maiores investimentos (e responsabilidades) no país que irá sediar seus eventos.

Sem contar, claro, com as imposições da FIFA, como, por exemplo, a proibição de propaganda de marcas diversas daquelas que integram o rol de patrocinadores oficiais da Copa nas áreas de competição, prejudicando empresas brasileiras na divulgação de seus produtos. Há quem diga (e não são poucos) que, diante de tantos privilégios concedidos à FIFA e o atendimento (quase) inquestionável de suas exigências pelo País, o Brasil, até dezembro de 2014, terá parte de sua soberania abdicada pela *Fédération Internationale de Football Association* (FIFA).

No tocante à flexibilização da lei na concessão de autorização de trabalho para obtenção de visto temporário ao estrangeiro que venha exercer sua atividade no Brasil exclusivamente na preparação, organização, planejamento e execução da Copa do Mundo 2014, acreditamos que a obrigatória agilidade na concessão de permissões de trabalho, bem como diminuição da burocracia hoje exigida, servirá de experiência positiva para que tais atos se mantenham ágeis e desburocratizados a permitir um desenvolvimento tecnológico mais rápido e significativo nos setores em que demanda por qualificação estrangeira se faz necessária.

Mas pode-se prever também que surgirão inúmeras situações jurídicas na esfera trabalhista com as quais ainda não nos deparamos e que sequer há previsão legal absoluta. Apenas exemplificativamente, como serão tratados os acidentes de trabalho que porventura aqui ocorrerem com estes empregados estrangeiros contratados temporariamente à luz da nova Súmula 378? E os contratos de trabalho celebrados no exterior e remunerados no exterior em que o trabalhador estrangeiro vem apenas temporariamente exercer suas atividades no Brasil durante a copa, a justiça do trabalho ainda assim será competente? Qual a lei aplicável?

Não há dúvidas de que tais questões e muitas outras estarão em nossos tribunais a partir de 2015, quanto mais se considerarmos a quantidade ainda maior de estrangeiros que aqui virão trabalhar em função da copa e que se somarão aos emigrantes de uma Comunidade Europeia em declínio econômico e aos haitianos que já contam com merecidas facilidades de ingresso no país em face da ajuda humanitária mantida pelo Brasil após o terremoto de 2010.

A beleza do Direito está, além de na sua própria essência, na forma dinâmica como se traduz no dia a dia das relações humanas, e será na prática que os efeitos da "Lei da Copa" se consolidarão perante a Justiça do Trabalho brasileira, e aí sim veremos o confronto entre uma "toda poderosa FIFA" e uma "toda poderosa Justiça do Trabalho". Que ganhe a sociedade!

Referências

BRASIL. *Decreto nº 29.871, de 13 de agosto de 1929.* Promulga a Convenção de direito internacional privado, de Havana. Disponível em: <http://ascji.pgr.mpf.gov.br/ccji/legislacao/legislacao-docs/bustamante.pdf>. Acesso em: 15 mar. 2013.

BRASIL. *Decreto nº 7.783, de 7 de agosto de 2012.* Regulamenta a Lei nº 12.663, de 5 de junho de 2012, que dispõe sobre as medidas relativas à Copa das Confederações FIFA 2013, à Copa do Mundo FIFA 2014 e à Jornada Mundial da Juventude – 2013. Disponível em: < http://www.planalto.gov.br/ccivil_03/_Ato2011-2014/2012/Decreto/D7783.htm>. Acesso em: 15 mar. 2013.

BRASIL. *Lei nº 12.663, de 5 de junho de 2012.* Dispõe sobre as medidas relativas à Copa das Confederações FIFA 2013, à Copa do Mundo FIFA 2014 e à Jornada Mundial da Juventude – 2013, que serão realizadas no Brasil; altera as Leis nos 6.815, de 19 de agosto de 1980, e 10.671, de 15 de maio de 2003; e estabelece concessão de prêmio e de auxílio especial mensal aos jogadores das seleções campeãs do mundo em 1958, 1962 e 1970. Disponível em: < http://www.planalto.gov.br/ccivil_03/_Ato2011-2014/2012/Lei/L12663.htm>. Acesso em: 1º mar. 2013.

BRASIL. *Lei nº 6.815, de 19 de agosto de 1980.* Define a situação jurídica do estrangeiro no Brasil, cria o Conselho Nacional de Imigração. Disponível em: < http://www.planalto.gov.br/ccivil_03/leis/L6815compilado.htm>. Acesso em: 1º mar. 2013.

BRASIL. Ministério da Justiça. Nota de esclarecimento acerca dos procedimentos a serem adotados para a formulação de pedido de prorrogação de prazo de estada no País. Material em PDF disponível em: <http://portal.mj.gov.br/services/DocumentManagement/FileDownload.EZTSvc.asp?DocumentID={06376143-4D1C-443E-B4F0-9750C9DDC168}&S erviceInstUID={478D0 74B-29E8-4085-95A0-A7C7A8A65D8A}>. Acesso em: 21 mar. 2013.

BRASIL. Ministério do Trabalho e Emprego. *Autorização de trabalho a profissionais estrangeiros no Brasil:* Legislação Base. Brasília, DF, 2012. Material em PDF postado no hiperlink Trabalho Estrangeiro – Publicações. Disponível em: <http://portal.mte.gov.br/data/files/8A7C812D398D4D8E01399C60034F42E5/Autoriza%C3%A7%C3%A3o%20de%20Trabalho%20estrangeiro%20%E2%80%93%20Legisla%C3%A7%C3%A3o%20Base.pdf>. Acesso em: 13 mar. 2013.

BRASIL. Ministério do Trabalho e Emprego. *Base Estatística – CGIg.* Brasília, DF, 2012. Material em PDF postado no hiperlink Trabalho Estrangeiro – Estatísticas. Disponível em: <http://portal.mte.gov.br/data/files/8A7C812D3C3A6BBF013C828E72AC0C49/1%20-%20Resumos%20Gerais%20%E2%80%93%20Rela %C3%A7%C3%A3o%20das%20autoriza%C3%A7%C3%B5es%20de%20trabalhos%20concedidas%20at%C3%A9%202012.pdf>. Acesso em: 22 mar. 2013.

BRASIL. Ministério do Trabalho e Emprego. *Resolução Normativa n° 99, de 12 de dezembro de 2012.* Disciplina a concessão de autorização de trabalho para obtenção de visto temporário a estrangeiro com vínculo empregatício no Brasil. Disponível em: <http://portal.mte.gov.br/data/files/8A7C816A3BAA1B30013BBE67494508E1/RN%2099.pdf>. Acesso em: 19 mar. 2013.

BRASIL. Ministério do Trabalho e Emprego. *Resolução Normativa n° 98, de 14 de novembro de 2012.* Disciplina a concessão de autorização de trabalho para obtenção de visto temporário a estrangeiro no Brasil, que venha trabalhar, exclusivamente, na preparação, organização, planejamento e execução da Copa das Confederações FIFA 2013, da Copa do Mundo FIFA 2014 e dos Jogos Olímpicos e Paralímpicos Rio 2016. Disponível em: <http://portal.mte.gov.br/data/files/8A7C812D3ADC4216013 B1A17BBAB7061/RN%2098.pdf>. Acesso em: 19 mar. 2013.

CARRION, Valentin. *Comentários à consolidação das leis do trabalho.* 28. ed. São Paulo: Saraiva, 2003, p. 22.

PLÁ RODRIGUEZ, Américo. Princípios de direito do trabalho. Traduzido por Wagner D. Giglio. 3. ed. atual. São Paulo: LTr, 2000, p. 127.

— 2 —

A "identidade" das seleções nacionais de futebol no âmbito da crescente mobilidade internacional dos jogadores profissionais de futebol

ANA ISABEL PEREIRA
Advogada da CRBA – Sociedade de Advogados

MADALENA JANUÁRIO
Sócia e Advogada da CRBA – Sociedade de Advogados

Sumário: I – Introdução: o conceito da identidade das seleções nacionais; II – A evolução da mobilidade internacional dos jogadores profissionais de futebol na Europa; III – O caso particular do Brasil; IV – As relações Brasil – Portugal no âmbito da mobilidade internacional dos jogadores profissionais de futebol; V – O impacto da mobilidade internacional nas seleções nacionais.

I – Introdução: o conceito da identidade das seleções nacionais

Identidade nacional é o conceito que sintetiza um conjunto de sentimentos, os quais fazem um indivíduo sentir-se parte integrante de uma sociedade ou nação. O conceito de nação começou a desenvolver-se a partir do século XVIII, consolidou-se no século XIX, não existindo até então um conceito de nação propriamente dita. Este conceito é construído por meio de uma autodescrição da cultura patrimonial de uma sociedade, que se pode apresentar a partir de uma consciência de unidade identitária ou como forma de alteridade, buscando demonstrar a diferença com relação a outras culturas. A síntese da cultura consiste na definição de fatores de integração nacional, baseados na língua, monumentos históricos, folclore, modelos de virtudes nacionais, paisagem típica, série de heróis, hino e bandeira.

A identidade das seleções nacionais, ou o conceito de "identidade" destas é, hoje em dia, no mundo da globalização, também um conceito em evolução no sentido da participação e da promoção da heterogeneidade e a expansão cultural. Os heróis do futebol nacional, fruto da crescente mobilidade internacional, são, muitas vezes, os heróis dos "campeonatos estrangeiros", ou seja, do campeonato que não o campeonato do país de que o atleta é nacional, por isso, os heróis do futebol nacional são frutos deste mundo cada vez menos compartimentado e mais globalizado.

De acordo com os dados da FIFA,[1] em janeiro de 2013 foram efetuadas 1.748 (um mil, setecentas e quarenta e oito) transferências, envolvendo 145 clubes à volta do mundo e movimentando cerca de 417 milhões de dólares. Estes dados revelam também um acréscimo global de 3% face aos valores verificados em igual período no ano anterior.

Como iremos verificar, o patrimônio histórico comum, a utilização da mesma língua e o convívio social existente entre Portugal e o Brasil, mormente criado pelos fluxos de emigração existentes entre os dois países, têm originado um crescente estreitamento entre a identidade destes dois países que se faz sentir também na área do desporto-rei: o futebol. No caso dos dois *países-irmãos*, a mobilidade internacional facilitou, inclusivamente, a própria aquisição de um estatuto de igualdade e portanto a aquisição de dupla nacionalidade .

Em termos gerais, a mobilidade internacional dos jogadores profissionais de futebol é uma realidade crescente mas relativamente recente, facilitada por diversos instrumentos jurídicos criados com vista à promoção da participação e integração social e, como tal, importa ver, ainda que resumidamente, quais os fatores jurídicos que estão na base deste *boom* da mobilidade internacional dos jogadores profissionais de futebol e se a mesma tem efeitos nas seleções nacionais, nomeadamente no que respeita à identidade das mesmas.

II – A evolução da mobilidade internacional dos jogadores profissionais de futebol na Europa

A expressão "mobilidade internacional" a que nos referimos mais não é do que a possibilidade de um jogador profissional de futebol de qualquer nacionalidade jogar num clube fora do seu país de origem, utilizando o mecanismo da transferência.

Ora, apesar dos dados significativos das transferências efetuadas e da normalidade com que encaramos esta mobilidade internacional, a verdade é que esta internacionalização e o próprio mercado de transferências são o resultado de uma evolução legislativa que vem ocorrendo um pouco por todo o mundo desde meados da década de 90.

Centrando a nossa análise no desporto-rei (o futebol), é impreterível partirmos dos regulamentos do organismo internacional que rege este desporto: a FIFA (*Fédération Internationale de Football Association*).

[1] Disponível em <http://www.fifa.com/aboutfifa/organisation/footballgovernance/news/newsid=2013338/index.html?cid=rssfeed&att=>

Os primeiros regulamentos de transferências de jogadores criados pela FIFA[2] permitiam que cada confederação sob a sua alçada[3] criasse as suas próprias regras quanto às transferências de jogadores, desde que respeitasse as regras gerais por si impostas.[4] Uma destas regras estipulava que uma transferência internacional (entre duas Federações Nacionais de Futebol diferentes) só podia ocorrer se a antiga Federação Nacional emitisse um certificado de desvinculação que atestasse o cumprimento de todas as obrigações de ordem financeira, incluindo uma eventual indenização de transferência.[5] Mais se estabelecia que nenhuma Federação Nacional podia passar ao jogador uma licença desportiva sem ter recebido este certificado.[6]

Em abril de 1991, a FIFA elaborou um novo Regulamento de Transferências, o qual foi revisto em dezembro de 1993, tendo esta última versão entrado em vigor a 1º de janeiro de 1994. Nos termos do Regulamento de 1994, os jogadores que pretendiam mudar de uma Federação nacional para outra, apenas poderiam obter a qualificação para jogar num clube de outra federação se esta tivesse em seu poder "um certificado de desvinculação internacional, emitido pela antiga federação".[7] Mais se estipulava que apenas a nova federação poderia solicitar aquele certificado,[8] cuja emissão só poderia ser recusada se o jogador em causa não tivesse cumprido integralmente as suas obrigações contratuais para com o antigo clube, ou se existisse, entre o antigo clube e o novo, "em relação com a transferência, um conflito de natureza não financeira".[9] Ademais, no caso de transferência de um jogador que não fosse amador, o antigo clube tinha direito a uma indenização de formação e/ou de promoção.[10]

Como se referiu, estas eram as regras gerais a que estavam sujeitas todas as Confederações de Futebol, sob a alçada da FIFA, sem prejuízo de cada uma destas confederações poder regulamentar de forma autônoma as transferências de jogadores profissionais de futebol, no estrito cumprimento do estipulado pela FIFA.

Foi o que fez a UEFA, Confederação governante do futebol europeu.

[2] Regulamento da FIFA, elaborado em 14 e 15 de novembro de 1953 e alterado, pela última vez, em 29 de maio de 1986.

[3] Existem seis Confederações de Futebol, cada uma englobando as Federações Nacionais de um determinado continente: a AFC (*Asian Football Confederation*), a CAF (*Confédération Africaine de Football*), a CONCAF (*Confederatioin of North, Central American and Caribbean Association Football*), a CONMEBOL (*Confederación Sudamericana de Fútbol*), a OFC (*Oceania Football Confederation*) e a UEFA (*Union des Associations Européennes de Football*)

[4] Artigo 1º do Regulamento da FIFA de 1986

[5] Artigo 12º, nº 5, do regulamento da FIFA de 1986

[6] Artigo 12, nº 1, terceiro parágrafo, do regulamento da FIFA de 1986

[7] Artigo 7º, nº 1, do regulamento da FIFA de 1994

[8] Artigo 8º, nº 1, do regulamento da FIFA de 1994

[9] Artigo 7º, nº 2, do regulamento da FIFA de 1994

[10] Artigo 14º, nº 1 do regulamento da FIFA de 1994

Com efeito, em 24 de maio de 1990, o Comitê Executivo da UEFA aprovou um documento com o título "Princípios de Colaboração entre as Federações Membros da UEFA e os seus Clubes", que tratava, entre outros assuntos, das transferências de jogadores profissionais.

Nos termos deste Regulamento, terminado o contrato, o jogador poderia celebrar outro contrato com um clube da sua escolha,[11] desde que o novo clube pagasse ao antigo uma indenização de formação (no caso da primeira transferência do jogador) ou de promoção (em cada uma das seguintes transferências do jogador), como forma de compensar o clube antigo pela formação e progresso que este proporcionou ao jogador.[12] O valor desta indenização era alcançado mediante acordo dos clubes e, na falta de entendimento entre estes, o montante da indenização seria fixado por uma comissão de peritos constituída pela UEFA.[13]

Esta regulamentação foi substituída pelo "Regulamento da UEFA para fixação de uma indenização de transferência", elaborado em 16 de junho de 1993, no seguimento da aprovação do Regulamento da FIFA de 1991. Nos termos deste Regulamento da UEFA, a transferência internacional de jogadores passava a obedecer às regras previstas no Regulamento da FIFA, e o Regulamento da UEFA de 1993 regulava exclusivamente o processo e o modo de cálculo da indenização de formação e/ou de promoção, devida nos termos do art. 14º do Regulamento da FIFA.[14]

Da análise do enquadramento normativo aplicado às transferências internacionais na Europa, pelo menos até 1994, resulta que estas eram particularmente onerosas para os clubes que pretendiam contratar jogadores estrangeiros, uma vez que apesar de se encontrar cessado o contrato de trabalho entre o jogador e o clube antigo, o novo clube teria sempre que pagar àquele uma indenização pela formação e/ou pela promoção do mesmo, sob pena de não ser passado o Certificado de Desvinculação Internacional, que permitiria ao jogador inscrever-se na nova Federação.

Para além destas limitações do ponto de vista econômico, havia uma outra grande limitação às transferências internacionais na Europa: a regra do "3+2".

Com efeito, em 1991, a UEFA estabeleceu uma regra segundo a qual, a partir de 1º de julho de 1992, o número de jogadores estrangeiros cujo nome podia constar da relação de jogadores (ficha técnica) de cada equipe era limitado da seguinte forma:

- 3 jogadores estrangeiros
- 2 jogadores estrangeiros que tivessem jogado no país em causa durante cinco anos consecutivos, três dos quais em equipas de juniores.

[11] Artigo 12º do regulamento de transferências da UEFA de 1990

[12] Artigo 1º, alínea e), do anexo ao regulamento de transferências da UEFA de 1990

[13] Artigo 14º do regulamento de transferências da UEFA de 1990

[14] Artigo 1º, nºs 1 e 2, do regulamento de transferências da UEFA de 1993

Significa isto que, independentemente do número de jogadores estrangeiros existentes no plantel, por cada partida apenas podiam alinhar um máximo de 5, com as restrições acima mencionadas. Esta regra seria aplicada nos clubes da primeira divisão de cada Federação da Europa na época 1992/1993 e, até final da época 1996/1997, seria alargada a todas as divisões não amadoras.

Esta concessão da UEFA era um limite mínimo, podendo cada Federação Nacional, em regulamentação própria, permitir um maior número de estrangeiros. A título de exemplo, refira-se que na Escócia, ao contrário das restantes Federações, não havia qualquer limite ao número de estrangeiros. De qualquer forma, nas competições organizadas pela UEFA (Liga dos Campeões e Taça UEFA), aplicava-se a regra do "3+2".

Assim, é fácil compreender que durante este período o número de transferências internacionais de jogadores profissionais de futebol fosse muito mais baixo do que o verificado atualmente; por um lado, os clubes sabiam que para contratar um jogador estrangeiro teriam que pagar ao clube no qual o mesmo se encontrava uma indenização e, por outro lado, atendendo às restrições da utilização de jogadores estrangeiros nos campeonatos nacionais e nas competições organizadas pela UEFA, não compensava aos clubes terem muitos jogadores estrangeiros no plantel, pois estes não podiam ser utilizados.

Contudo, a partir do final da década de 90, o regime das transferências em vigor na Europa foi profundamente alterado, fruto do que ficou conhecido como o *Caso Bosman*.

Como seria de esperar, a maior parte dos jogadores discordava das regras das transferências em vigor na Europa. Um desses jogadores foi Jean-Marc Bosman, um jogador belga que levou o seu descontentamento em relação às regras da FIFA e da UEFA até ao Tribunal de Justiça da União Europeia.

Muito sucintamente, a questão que se colocou foi a seguinte:[15] Bosman era um jogador profissional de futebol ao serviço do clube belga RC Liége, com contrato até 30 de junho de 1990, nos termos do qual recebia uma remuneração mensal de 120.000 Francos Belgas (BFR). Em abril de 1990, antes de cessar o contrato entre as partes, o RC Liége propôs a Bosman um novo contrato por uma época, passando a retribuição base deste a ser de 30.000 BFR, o mínimo previsto nos Regulamentos da Federação Belga de Futebol. Bosman recusou a proposta e, em 30 de julho de 1990, celebrou com o clube francês US de Dunquerque um contrato, no âmbito do qual ganharia um salário mensal médio de 90.000 BFR. Paralelamente, o US de Dunquerque chegou também em acordo com o RC Liége quanto ao valor da indenização (1.200.000 BFR), que seria devida a partir da entrada do certificado de desvinculação internacional da Federação Belga.

[15] Acórdão do Tribunal de Justiça da União Europeia, proferido a 15 de Dezembro de 1995, no âmbito do processo nº C-415/93, disponível para consulta em português em <http://eur-lex.europa.eu/LexUriServ/LexUriServ.do?uri=CELEX:61993CJ0415:PT:HTML>.

Acontece que, invocando dúvidas sobre a capacidade de o US de Dunquerque proceder ao pagamento da indenização acordada, o RC Liége não solicitou o certificado de desvinculação à Federação Belga, o que implicou que tanto o acordo entre os clubes como o contrato celebrado entre o US de Dunquerque e Bosman ficasse sem efeito. Para além disso, o clube belga suspendeu Bosman, impedindo-o de jogar na nova temporada.

Após percorrer o sistema judicial belga, perdendo numas instâncias e ganhando noutras, o caso de Bosman chegou ao Tribunal de Justiça da União Europeia (TJUE) para que este se pronunciasse quanto à conformidade com os artigos 48º, 85º e 86º do Tratado de Roma[16] das regras sobre a obrigação do pagamento de uma indenização a um clube de futebol, mesmo quando o contrato que o ligava a determinado jogador já tivesse cessado, e das normas limitativas do acesso aos jogadores estrangeiros às competições.

Analisando o caso, decidiu o TJUE o seguinte:

> 1) O artigo 48. do Tratado CEE opõe-se à aplicação de regras adotadas por associações desportivas nos termos das quais um jogador profissional de futebol nacional de um Estado-Membro, no termo do contrato que o vincula a um clube, só pode ser contratado por um clube de outro Estado-Membro se este último pagar ao clube de origem uma indenização de transferência, de formação ou de promoção.
>
> 2) O artigo 48. do Tratado CEE opõe-se à aplicação de regras adotadas por associações desportivas nos termos das quais, nos encontros por elas organizados, os clubes de futebol apenas podem fazer alinhar um número limitado de jogadores profissionais nacionais de outros Estados-Membros.
>
> 3) O efeito direto do artigo 48. do Tratado CEE não pode ser invocado em apoio de reivindicações relativas a uma indenização de transferência, de formação ou de promoção que, na data do presente acórdão, já tenha sido paga ou seja devida em execução de uma obrigação nascida antes desta data, exceto se, antes desta data, já tiver sido proposta ação judicial ou apresentada reclamação equivalente nos termos do direito nacional aplicável.

Como era de esperar, a decisão do caso Bosman teve imediatas consequências no futebol europeu e mundial. Em nível europeu, a revogação da regra do "3+2" implicou que deixasse de haver restrições ao número de estrangeiros que podiam disputar os jogos dos campeonatos nacionais e das competições organizadas pela UEFA. Já no que concerne à FIFA, apenas em 2001, com a aprovação do Regulamento sobre o *Status* e a Transferência dos Jogadores, é que se deu cumprimento à decisão do TJUE sobre as indenizações pagas pelas transferências de jogadores.

---

[16] O art. 48º do Tratado de Roma estabelecia o seguinte: 1. A livre circulação dos trabalhadores deve ficar assegurada, na Comunidade, o mais tardar no termo do período de transição. 2. A livre circulação dos trabalhadores implica a abolição de toda e qualquer discriminação em razão da nacionalidade, entre os trabalhadores dos Estados-membros, no que diz respeito ao emprego, à remuneração e demais condições de trabalho. 3. A livre circulação dos trabalhadores compreende, sem prejuízo das limitações justificadas por razões de ordem pública, segurança pública e saúde pública, o direito de: a) Responder a ofertas de emprego efetivamente feitas; b) Deslocar-se livremente, para o efeito, no território dos Estados-membros; c) Residir num dos Estados-membros a fim de nele exercer uma atividade laboral, em conformidade com as disposições legislativas, regulamentares e administrativas que regem o emprego dos trabalhadores nacionais; d) Permanecer no território de um Estado-membro depois de nele ter exercido uma atividade laboral, nas condições que serão objeto de regulamentos de execução a estabelecer pela Comissão. 4. O disposto no presente artigo não é aplicável aos empregos na administração pública.

Assim, desde o Acórdão do Caso Bosman, a Europa, de forma progressiva, abriu o seu mercado de transferências e viu aumentar de forma exponencial o número de estrangeiros que atuam nos clubes das mais diversas ligas Europeias. Por exemplo, na época 1995/1996 (logo após o acórdão Bosman), as principais Ligas Europeias apresentavam as seguintes percentagens de jogadores estrangeiros:[17] Alemanha 25,2%; Inglaterra 31%; Espanha 19,6%; Itália 15,4%; França 13,8%. Atualmente, 2012/2013, os valores são os seguintes:[18] Alemanha 46%; Inglaterra 55,1%; Espanha 33,3%; Itália 52,2%; França 27,4%.

Da análise dos dados acima expostos é manifesto o aumento do número de estrangeiros nas principais ligas da Europa, fenômeno este que se verificou transversalmente por todas as Ligas Europeias, de tal forma que em 2012 o número de estrangeiros a atuar na Europa atingiu o máximo histórico de 36,1%.[19]

III – O caso particular do Brasil

Se há país que vive e respira futebol, esse país é o Brasil. De tal forma que o esporte é um dos principais elementos distintivos da sua cultura nacional, como o sublinha José Lins do Rego, ao considerar que "*O conhecimento do Brasil passa pelo Futebol*".

No âmbito da mobilidade internacional dos jogadores profissionais de futebol, constatamos que o número de atletas que sai do Brasil para jogar noutros campeonatos tem vindo a aumentar de forma considerável. Com efeito, se em 1992 saíram do Brasil, ao abrigo do mecanismo das transferências internacionais, 235 jogadores,[20] em 2011 o número ultrapassava já os 1.500 jogadores, tornando o Brasil o país que mais jogadores "exporta" para outros campeonatos nacionais.[21]

Importa por isso ver, também de forma muito resumida o que justifica, em termos legislativos, que em 20 anos o número de jogadores a sair do país seja 6 vezes superior.

Se na Europa a reviravolta se deu com o Caso Bosman, no Brasil a alteração de paradigma deu-se com a Lei Pelé, como ficou conhecida a Lei nº 9.615, de 24 de março de 1998, assim denominada pelo precursor da Lei, o Ministro Extraordinário dos Esportes na época: Edson Arantes do Nascimento (Pelé).

---

[17] "*Expert Opinion regarding the Compatibility of the "6+5 Rule" with European Community Law*". Institute for European Affairs, 2008, p. 28.

[18] "*Demographic Study 2013*", CIES – International Centre for Sports Studies, Football Observatory, 2013, p. 21.

[19] Ibidem.

[20] Cfr. dados das transferências internacionais disponíveis em <http://www.cbf.com.br>.

[21] "*Global Transfer Market 2011*", FIFA Transfer Matching System GmbH, 2012, p. 11 e 12, disponível para consulta em <https://www.fifatms.com>.

Até a Lei Pelé, estava em vigor no Brasil o regime do "passe",[22] entendendo-se como tal "a importância devida por um empregador a outro, pela cessão do atleta durante a vigência do contrato ou depois do seu término, observadas as normas desportivas pertinentes".[23] Ora, este regime mais não era do que aquilo que o próprio Regulamento da FIFA previa, respeitante às indenizações pelas transferências durante e após a cessação do contrato.

Significava isto que, à semelhança do que previa o Regulamento da FIFA, também a própria legislação brasileira estabelecia um regime que de certa forma "blindava" os jogadores e ligava-os de forma unilateral ao clube, uma vez que, mesmo após cessado o contrato de trabalho entre ambos, o jogador continuava vinculado ao clube, não se podendo transferir sem o aval deste e sem que o novo clube pagasse àquele uma determinada quantia.

Com a Lei Pelé, foi decretada a extinção gradual do passe. Com efeito, nos termos desta Lei, quando o contrato do jogador termina, este pode transferir-se para outro clube sem o consentimento do atual e sem necessidade de pagamento de uma indenização.[24]

Apesar de toda a problemática que a Lei Pelé levantou, tanto ao nível de admissibilidade constitucional, como ao nível das consequências que traria para os clubes (que tinham no passe uma – se não a sua principal – fonte de receita), e que, por fugir ao escopo da presente análise, nos abstemos de comentar, a verdade é que, independentemente de todas essas questões, a Lei Pelé entrou efetivamente em vigor, estando ainda hoje vigente, não obstante ter sido já por diversas vezes alterada.

Significa isto que, tal como na Europa após o Acórdão Bosman, também no Brasil, após a Lei Pelé, a forma como se passou a encarar o futebol, a relação entre os jogadores e os clubes e, consequentemente, a mobilidade dos jogadores profissionais, mudou significativamente, levando à modernização do futebol e, nomeadamente, a uma maior preponderância das questões econômicas da modalidade.

De fato, e centrando mais uma vez a nossa análise no Brasil, vemos que após a aprovação da Lei Pelé, e consequentemente, após a extinção do regime do passe, os jogadores profissionais de futebol brasileiros têm uma maior liberdade na escolha das equipes que pretendem representar, tanto em nível interno como em nível internacional. Liberdade essa que, como se comprova pelas estatísticas da Confederação Brasileira de Futebol e da FIFA, os jogadores brasileiros têm usufruído de forma plena, o que faz com que sejam os jogadores mais transferidos em nível mundial.[25]

---

[22] O regime do passe foi criado com o Decreto nº 53.820/64 e regulamentado pela Lei nº 6.354/76.

[23] Artigo 11º da Lei nº 6.354/76.

[24] Artigo 28º, nº 2, da Lei 9.615/98 (versão original): "O vínculo desportivo do atleta com a entidade desportiva contratante tem natureza acessória ao respectivo vínculo empregatício, dissolvendo-se, para todos os efeitos legais, com o término da vigência do contrato de trabalho".

[25] <http://www.cbf.com.br> e *"Global Transfer Market 2011"*, p. 11.

Quanto aos motivos que levam os jogadores brasileiros a querer sair do Brasil e integrar outros campeonatos, principalmente os europeus, prendem-se, na maior parte das vezes, não só com a qualidade dos referidos campeonatos, mas também pelas condições remuneratórias que os mesmos oferecem.[26]

Consequentemente, isto faz com que a Confederação Brasileira de Futebol (CBF) seja a Federação em todo o mundo que maior número de transferências efetua. De acordo com os dados de 2012, a CBF registrou nos primeiros seis meses de 2012 um total de 230 transferências de saída do país, no valor total de 64,95 milhões de dólares.[27]

A título de curiosidade, importa apenas referir que, tal como na Europa antes do Caso Bosman, a atual regulamentação do Futebol brasileiro prevê uma limitação ao número de estrangeiros que podem atuar a serviço dos respectivos clubes. De fato, o Regulamento Geral das Competições estatui que "os clubes poderão incluir até três atletas estrangeiros nas suas partidas, dentre os relacionados na súmula".[28]

Esta medida acaba por ser importante para a preservação do campeonato brasileiro, uma vez que, apesar da visível saída de jogadores brasileiros do país, o campeonato brasileiro consegue ainda ser dos campeonatos mundiais que retêm um maior número de jogadores nacionais.[29]

IV – As relações Brasil – Portugal no âmbito da mobilidade internacional dos jogadores profissionais de futebol

Da análise dos dados da FIFA e da CBF, para além de se constatar um grande volume de saída de jogadores brasileiros para outros países, registra-se um outro elemento relevante: a maior parte dos atletas nacionais vai para a Europa e, dentro da Europa, para Portugal.

Não obstante o campeonato português ser um campeonato de qualidade, o mesmo não é considerado um campeonato de topo como a *Premier League* (Inglaterra), *La Liga* (Espanha), a *Serie A* (Itália) ou a *Bundesliga* (Alemanha), pelo que a compensação remuneratória, na maior parte dos casos, não pode rivalizar com a praticada pelas equipes dos referidos campeonatos.

Não deixa por isso de ser curioso que grande parte dos jogadores brasileiros vá para Portugal. De fato, dos dados recolhidos pela FIFA, a percentagem de es-

[26] "*Global Transfer Market 2011*", p. 13.

[27] "*Mid-year review of the international Transfer Market*", FIFA Transfer Matching System GmbH, 2012, p. 9

[28] Artigo 45 do Regulamento Geral de Competições

[29] Em 2012, dos 22 clubes da Serie A brasileira, 7 não tinham qualquer jogador estrangeiro no seu plantel e os clubes com mais estrangeiros eram o Atlético-PR, Figueirense e Internacional, com quatro e o Cruzeiro, Flamengo, Palmeiras e Vasco, com três atletas de fora do país. – Informação retirada de <http://www.cbf.com.br>

trangeiros que atuam no campeonato português é de cerca de 53,8%,[30] sendo que desses estrangeiros 43,81% são jogadores brasileiros.[31]

Ora, há motivos óbvios para a transferência de jogadores brasileiros para Portugal, como a língua e a cultura, que facilitam a comunicação e a própria integração dos jogadores nas equipes e no próprio país. Mas para além disto, não é difícil descortinar outros motivos subjacentes a estas transferências.

Desde logo, Portugal tem-se mostrado nos últimos anos como a plataforma por excelência para o lançamento de jogadores brasileiros no mercado europeu.

Com efeito, a transferência para Portugal permite a muitos jogadores atuarem a serviço dos clubes portugueses nas competições organizadas pela UEFA (Liga dos Campeões e Liga Europa), o que lhes dá toda uma visibilidade que não seria possível no seu país de origem. Basta pensar no recente caso de Hulk, que tendo saído do Brasil em 2002 para o Japão, ingressou no FC Porto em 2008. O reconhecimento foi quase imediato, e a sua ascensão, meteórica, levando a que passasse a ser regular nas convocatórias da seleção brasileira e sendo a sua transferência para o Zenit de São Petersburgo uma das mais caras da história do Futebol.

Do mesmo modo também David Luiz saiu do Brasil em 2006 emprestado pelo Vitória ao SL Benfica, tendo permanecido no clube português até a temporada 2010/2011 quando ingressou no Chelsea de Inglaterra. Em 2010, ainda a serviço do SL Benfica, foi pela primeira vez convocado para a Seleção Principal.

Para além destes casos de sucesso, há muitos outros de jogadores que tendo *vingado* em Portugal alcançaram o sucesso profissional não só ali, mas também na Europa e na própria *canarinha.*

Se é verdade que Portugal é uma plataforma de lançamento de jogadores oriundos do Brasil, não é menos verdade que o é porque foram criadas as condições para que tal acontecesse, pelo menos do ponto de vista legal.

Efetivamente, ao contrário do que acontece noutros países da Europa, a entrada de um cidadão brasileiro em Portugal não depende da obtenção prévia de visto, desde que a estada em Portugal não se prolongue por um período superior a 90 dias.[32] Contudo, o cidadão brasileiro beneficiário da isenção de visto não pode exercer qualquer atividade remunerada.

O fato de qualquer cidadão brasileiro, desde que titular de um passaporte válido, poder entrar em Portugal e ali permanecer legalmente por um período de 90 dias, faz com que seja muito comum os clubes portugueses, antes de contratarem os jogadores brasileiros, convidarem os referidos jogadores para passarem algumas semanas em experiência no clube. Isto possibilita que o clube veja e

---

[30] "*Demographic Study 2013*", p. 21

[31] Cf. <http://www.lpfp.pt>.

[32] Artigo 7º do Tratado de Amizade, Cooperação e Consulta entre a República Portuguesa e a República Federativa do Brasil, aprovada em Portugal pela Resolução da Assembleia da República nº 83/2000, de 14 de dezembro.

afira as qualidades do jogador e permita que este, sem qualquer custo adicional, possa dar provas da sua qualidade e testar a sua eventual integração na cidade e no país.

Nos restantes casos em que os jogadores brasileiros se transferem definitivamente para Portugal, a sua entrada depende da prévia obtenção de um visto de residência para o exercício de uma atividade profissional subordinada.[33] Na maior parte das vezes, os próprios clubes tratam da documentação necessária para obtenção do visto e que passa, para além da documentação geral, por um contrato de trabalho desportivo assinado por ambas as partes.

Após a chegada a Portugal, o jogador brasileiro pode permanecer por 4 meses (bastando-lhe para isso apresentar o visto de residência) e durante esse tempo deve solicitar junto à autoridade competente (o Serviço de Estrangeiros e Fronteiras – SEF) uma autorização de residência. Esta autorização de residência, depois de concedida, é válida por um período de um ano e renovável por períodos sucessivos de 2 anos.[34]

Ora, se o regime de entrada em Portugal ao abrigo de um visto de residência é igual para qualquer cidadão não português, o mesmo já não se poderá dizer das possibilidades que o regime legal prevê para os cidadãos brasileiros após a sua entrada em Portugal.

Com efeito, cientes da aproximação entre ambos os países, o Governo da República Portuguesa e o Governo da República Federativa do Brasil assinaram, em Porto Seguro, a 22 de abril de 2000, um Tratado de Amizade, Cooperação e Consulta, com vista a promover o desenvolvimento econômico, social e cultural, bem como o estreitamento dos vínculos entre os dois povos.[35]

Um dos mecanismos criados para o efeito prende-se com o "Estatuto de igualdade entre portugueses e brasileiros". Nos termos deste estatuto, os brasileiros que residam em Portugal podem requerer o estatuto de igualdade, de modo a gozar dos mesmos direitos e a ficar sujeitos aos mesmos deveres dos portugueses.[36]

Para que um cidadão brasileiro residente em Portugal obtenha este estatuto de igualdade deve ter uma autorização de residência válida e requerer a atribuição desse estatuto (através de formulário próprio entregue no SEF) ao Ministério da Administração Interna. Para tal, deve apenas anexar ao requerimento a fotocópia do Título de Residência e o Certificado de Nacionalidade (original e fotocópia)

[33] Artigo 59º do Regime Português de entrada, permanência, saída e afastamento de estrangeiros do território nacional, aprovado pela Lei nº 23/2007, de 4 de julho, na redação dada pela Lei nº 29/2012, de 9 de agosto. – Lei dos Estrangeiros

[34] Artigo 75º, nº 1, da Lei dos Estrangeiros

[35] Artigo 1º do Tratado...

[36] Artigo 12º do Tratado...

emitido pelo Consulado do Brasil, certificando que o cidadão não se encontra impedido de exercer os seus direitos civis.[37]

A partir do momento em que um jogador brasileiro obtém o estatuto de igualdade, apesar de manter a nacionalidade brasileira, para efeitos de inscrição nos órgãos desportivos portugueses, passa a contar como português. Este foi um fato extremamente importante na altura em que em Portugal o número de extracomunitários por clube estava limitado. Desta forma, ao obter o estatuto de igualdade, o jogador brasileiro era inscrito como português, o que permitia ao clube contratar mais estrangeiros e possibilitava ao jogador entrar na quota dos nacionais, e não dos extracomunitários.

Apesar de atualmente não existirem restrições ao número de jogadores estrangeiros que podem ser inscritos pelos clubes portugueses, nada garante que, face ao número massivo de estrangeiros a jogar em Portugal, não se volte atrás e se volte a estabelecer os limites que outrora existiam.

Pelo exposto, apesar de existirem diversos motivos para as transferências internacionais de jogadores brasileiros para Portugal, não restam dúvidas de que os mecanismos legais de entrada e permanência dos mesmos em Portugal são uma das justificações para o grande número de jogadores brasileiros que anualmente se transfere para Portugal.

V – O impacto da mobilidade internacional nas seleções nacionais

Como resulta de todo o exposto, a mobilidade internacional dos jogadores profissionais de futebol não afeta todos os países, e, consequentemente, todos os campeonatos do mesmo modo. Se atentarmos apenas em Portugal e no Brasil, vemos os dois extremos do espectro: por um lado, o campeonato do Brasil com uma percentagem de estrangeiros a rondar os 3,4% e, por outro lado, o campeonato português com uma percentagem de estrangeiros de 53,8%.

A questão que se levanta, e que tem sido motivo de análise pelos Governos, Sindicatos e Associações Patronais, Federações e Confederações do ramo do futebol, é a de saber se esta mobilidade internacional dos jogadores de futebol afeta a "identidade" das seleções nacionais e, se sim, de que forma.

A seleção nacional, seja ela de que país for, mais não é do que o conjunto de jogadores que representam o seu país em determinada competição. Ora, será que um jogador que não joga no seu país (às vezes nem nunca jogou a não ser na fase de formação) e que não vive no seu país tem as mesmas condições para representar a sua seleção que um seu colega nacional que vive e joga no país?

Atendendo a tudo o que foi dito nos pontos anteriores, considerando a modernização do futebol, a mobilidade dos jogadores e a crescente vertente eco-

[37] Artigos 4º a 8º do Decreto-Lei nº 154/2003, de 15 de julho, que regulamenta a aplicação do Tratado

nômica inerente ao desporto-rei, constata-se que tal como qualquer trabalhador, também os jogadores de futebol passaram a ter a liberdade para procurar as melhores oportunidades de emprego, em qualquer lugar do mundo, tanto em nível profissional como em nível salarial e pessoal. Isso significa que a saída de muitos jogadores deve-se, para além da vertente econômica, a um desejo de progredir na carreira e de ter a formação e a possibilidade de jogar com os melhores do mundo.

Assim, atendendo a estes contornos, parece-nos evidente que a mobilidade internacional dos jogadores profissionais de futebol é um fenômeno que veio para ficar e que, a ser alterado, será sempre em termos do aumento do volume de transferências. Como tal, seria não só injusto, como disfarçado da realidade, considerar que um jogador só estaria em condições de representar a sua seleção nacional se vivesse e jogasse no seu país. Seria um contrassenso permitir a liberdade de mobilidade dos jogadores e depois impor restrições quanto à possibilidade de os mesmos representarem a sua seleção nacional.

Aliás, para concluir isso mesmo, basta analisarmos de forma muito breve a composição das seleções mais bem cotadas no *ranking* da FIFA: Espanha, Alemanha, Argentina, Inglaterra, Itália, Colômbia e Portugal.

Tendo em conta os recentes jogos disputados por estas equipes no âmbito da qualificação para a Copa do Mundo de 2014, vamos socorrer-nos destas últimas convocatórias:

- A Espanha, nº 1 do *Ranking* FIFA, campeã do Mundo e da Europa apresenta uma lista de 24 jogadores convocados em que apenas 8 jogam no estrangeiro.[38]
- A Alemanha, nº 2 do *Ranking*, semifinalista do Mundial 2010 e do Euro 2012, apresenta uma convocatória de 23 jogadores em que apenas 4 jogam no estrangeiro.[39]
- Já a Argentina, nº 3 do *Ranking*, convocou 21 jogadores, todos eles a serviço de clubes estrangeiros.[40]
- Na posição oposta, a Inglaterra, nº 4 do *Ranking*, apresenta uma lista de 26 jogadores, todos eles a serviço de clubes do campeonato inglês.[41]
- Em situação semelhante, a Itália, nº 5 do *Ranking*, convocou 27 jogadores, sendo que apenas 1 joga no estrangeiro.[42]
- Por seu lado, a Colômbia, nº 6 do *Ranking*, fez constar da convocatória 26 jogadores, dos quais apenas 4 jogam no campeonato colombiano.[43]
- Por fim, Portugal, nº 7 do *Ranking*, convocou 23 jogadores, dos quais que apenas 5 jogam em Portugal.[44]

[38] Disponível em <http://www.rfef.es>

[39] Disponível em <http://www.dfb.de>

[40] Disponível em <http://www.afa.org.ar>

[41] Disponível em <http:// www.thefa.com>

[42] Disponível em <http://www.figc.it>

[43] Disponível em <http:// www.fcf.com.>

[44] Disponível em <http:// www.fpf.pt>

Da pequena amostra aqui apresentada resulta que, mais do que o fato de os jogadores atuarem no seu país, importa a qualidade dos mesmos, que necessariamente vai variar consoante o campeonato em que estão inseridos. Com efeito, ninguém tem dúvidas de que todos os campeonatos do mundo têm jogadores de reconhecida categoria, contudo, há certos campeonatos que, em função da sua competitividade e qualidade, atraem um maior número de jogadores internacionais pelas suas seleções. Prova disso são os números referentes à Liga Inglesa: 42,5% dos jogadores que jogam na Inglaterra são internacionais pelas suas respectivas seleções.[45]

No que diz respeito, ao Brasil enquanto organizador da Copa do Mundo de 2014, tem a qualificação assegurada, o que significa que os jogos realizados são amigáveis com vista à preparação da *canarinha* para a grande festa do Futebol mundial. Não obstante, os jogos são levados a sério, a e as convocatórias refletem o desejo de ter a melhor equipe para conseguir o 6º título mundial. Ora, da última convocatória para os jogos a realizar no mês de março de 2013, dos 22 jogadores convocados por Felipão, apenas 7 jogam no campeonato brasileiro.[46] A título de curiosidade, em 2002, quando o Brasil foi campeão mundial pela última vez (também com Luiz Filipe Scolari ao leme da seleção), dos 23 jogadores que partiram rumo à Coreia e ao Japão, 12 jogavam no Brasil.[47]

Resulta assim com alguma clareza que a modernização do futebol teve como principal consequência a mobilidade internacional dos jogadores profissionais, tendo os mesmos, atualmente, a possibilidade de se transferirem para qualquer campeonato do mundo. Se esta é uma consequência positiva para os jogadores, o mesmo já não poderá ser dito com tanta certeza em relação aos clubes e aos campeonatos. A mobilidade internacional acabou por fortalecer os clubes e os campeonatos que à partida tinham mais meios e possibilidades para contratar os melhores jogadores (independentemente da sua nacionalidade) e veio desproteger as equipes e os campeonatos mais pequenos e com menos poder de compra no mercado internacional. Consequentemente, são vários os campeonatos em que se assiste a uma autêntica descaracterização: os campeonatos nacionais passaram a ser disputados por jogadores estrangeiros.

Do mesmo modo, é forçoso que o mesmo suceda no âmbito das seleções nacionais. Se o que se procura para qualquer seleção nacional é o melhor grupo de jogadores que possa representar o país em determinada competição, é inevitável que um grande número desses jogadores se encontre a jogar no estrangeiro, nos melhores campeonatos mundiais. Exceções a estas situações são as seleções de países com campeonatos muito fortes e competitivos e, por isso, apelativos, que conseguem reter os seus nacionais (casos da Inglaterra, Alemanha, Espanha e Itália).

---

[45] "Demographic Study 2013", p. 19.

[46] Disponível em <http://www.copa2014.gov.br>

[47] Disponível em <http:// www.worldcup-2002.co.uk/teams-brazil.htm>

Parece-nos assim que, da mesma forma que o futebol evoluiu e se modernizou, também a forma como se encara a "identidade" das seleções nacionais tem que evoluir para acompanhar as alterações que se têm registrado e por isso enquanto as seleções forem compostas por jogadores nacionais e/ou nacionalizados dispostos a "dar o sangue" pela seleção que integram, de nada importa se jogam ou não nos campeonatos do seu país.

Assim, a identidade da seleção nacional não é feita de meras referências geográficas entre os jogadores que a integram, até porque nem sempre é constituída pelo conjunto dos melhores atletas dos campeonatos nacionais, mas dos campeonatos "estrangeiros". A identidade das seleções é, hoje em dia, um conceito em permanente desenvolvimento e mutação, reflexo da globalização das economias e do lugar ocupado pelo futebol em cada uma delas. A crescente mobilidade internacional dos jogadores profissionais leva a que o elemento de identidade entre os jogadores seja, muitas vezes, apenas e tão só, a vontade de lutar por uma nação em que acreditam apesar de não viverem nem trabalharem para ela, ou, noutros casos, e pelo contrário, por nela terem sido integrados e contribuírem ativamente para o seu desenvolvimento e crescimento.

A "identidade" das seleções nacionais é hoje também um fenômeno de identidade de futebol do qual a Copa do Mundo de 2014 será um bom teste para a aferição da influência da localização geográfica do local de trabalho dos jogadores de futebol na prestação das respectivas seleções.

— 3 —

Da concessão dos serviços públicos de administração das novas arenas das Copas da Confederação e do Mundo e impacto para as comunidades do entorno

BERNARDO ROCHA DE ALMEIDA

Advogado sócio do escritório Marcelo Tostes Advogados Associados. Mestrando em Direito Ambiental e Desenvolvimento Sustentável pela Escola Superior Dom Helder Câmara. Pós-graduado em Direito Ambiental pelo Curso de Atualização em Direito – CAD – e Universidade Gama Filho. Pós-graduado em Direito Público pelas Faculdades Milton Campos.

MATHEUS DOS REIS LEITE

Advogado associado do escritório Marcelo Tostes Advogados Associados. Pós-graduado em Direito Internacional Público e Privado pelas Faculdades Milton Campos. Pós-graduando em Direito Público pela Pontifícia Universidade Católica de Minas Gerais.

1. Introdução

Com a escolha do Brasil para sediar dois grandes eventos do futebol mundial, além da Olimpíada de 2016, certamente, os entes públicos e entidades privadas patrocinadoras e organizadoras dos eventos, mas, sobretudo os governos municipais, onde estão localizados os estádios de futebol, devem se preparar para implantar infraestrutura mínima para receber as partidas de evidência internacional.

Sabe-se que não são somente as novas arenas que devem ser modernizadas e adequadas ao padrão FIFA,[1] mas também toda a infraeestrutra de mobilidade urbana, hoteleira, gastronômica, turística, de serviços em geral, não só do município que sediará jogos como também aqueles lugares próximos que ofereçam algum atrativo turístico ou cultural para que possa entreter os mais de 600 mil

[1] *Fédération Internationale de Football Association* (FIFA).

estimados[2] estrangeiros que visitarão o Brasil durante os meses de junho e julho, quando acontece a Copa do Mundo de 2014, além dos turistas domésticos que irão assistir às partidas.

Antes, em junho de 2013, acontecerá nas modernas arenas reformadas para a Copa do Mundo de 2014, nas cidades de Belo Horizonte, Brasília, Fortaleza, Recife, Rio de Janeiro e Salvador, a Copa das Confederações, a qual servirá de eficaz teste para a realização da Copa do Mundo no ano seguinte.

Segundo dados divulgados pela mídia, os governos federal, estaduais, municipais e algumas entidades privadas estão investindo na reforma das arenas multiuso, em projetos e execução de obras para melhor e mais eficiente mobilidade urbana, e em aeroportos das cidades sedes das partidas uma cifra que ultrapassa os R$ 30 (trinta) bilhões.

À primeira vista, é, realmente, um montante bastante considerável para ser despendido na sua maior parte pelos cofres públicos, todavia, em contrário do que outros acreditam, os benefícios sociais, financeiros e culturais que serão legados pela realização de eventos mundiais como as Copas das Confederações e do Mundo são inestimáveis.

Especialmente para as cidades sedes das partidas e lugares próximos que sirvam de atrativo turístico, ou mesmo de outra ordem, o benefício que haverá na aceleração da economia local instigada, sobretudo, naquilo que diz respeito a serviços e comércio relacionados aos eventos.

No entanto, o objetivo cerne é apresentar quais seriam os benefícios e eventualmente desvantagens que seriam causados àquelas comunidades que vivem no entorno dos palcos principais das Copas das Confederações e do Mundo e, como consequência de outros eventos supervenientes que irão acontecer.

É cediço que o custo para a implantação de uma arena multiuso para eventos de grande porte como a Copa do Mundo é altíssimo, além de que a arena deve se adequar a diversas exigências internacionais feitas pela FIFA e demais organismos internacionais no que concerne a aspectos como: padrão de conforto interno do estádio, mobilidade urbana nos entornos e vias de acesso ao estádio, serviços indispensáveis, dentre outros.

Como o investimento tanto para reformas de antigos estádios quanto para construir novos é altíssimo, os governos, com base em concessões administrativas a entes privados, com ajuda de empréstimos feitos por instituições financeiras, pode viabilizar a modernização dos estádios públicos brasileiros mais importantes. Obviamente, aqui não se consideram os casos das arenas privadas, como os casos dos estádios de Porto Alegre, Curitiba e São Paulo, embora tenham tido incentivos fiscais dos governos.

As parcerias realizadas entre os entes públicos e privados para a implantação de novas arenas são um passo para que os serviços públicos de administração

[2] Ministério do Turismo. Dados disponíveis em: <www.turismo.gov.br>. Acesso em 19 de abril de 2013.

das arenas seja mais eficiente, profissional e correspondente aos padrões internacionais estabelecidos pelas entidades como a FIFA.

Com isso, uma arena sendo administrada por um concessionário-privado que empenhe esforços para que os serviços de atendimento dos estádios sejam eficientes é uma bela demonstração de que esse instituto baseado no direito administrativo alcance mais legitimidade e que isso não só beneficie os usuários das arenas, mas, sobretudo, aquela população residente nas comunidades do entorno, as quais, muito provavelmente serão também bastante beneficiadas com a concessão administrativa.

2. Das formas de concessão dos serviços de administração das novas arenas

As novas arenas modernizadas para a Copa do Mundo, seguramente, trarão benefícios de todas as ordens, especialmente, para a população local afetada. Para que os serviços disponibilizados aos usuários sejam de qualidade e eficientes foi concluído ao longo do tempo de preparação para os eventos, pelas autoridades públicas e baseando-se nas práticas de outros casos similares, sobretudo nos países europeus da implantação da concessão dos serviços de administração das arenas a um ente particular especializado na prestação de tais serviços.

Torna-se relevante para a análise do presente trabalho os casos daquelas arenas que são de propriedade pública dos entes estaduais e que terão seus serviços concedidos a um ente privado capaz de administrá-las, como os estádios: Mineirão, em Belo Horizonte, Maracanã, no Rio de Janeiro, Fonte Nova, em Salvador, Arena Pernambuco, em Recife, e Castelão, em Fortaleza.

Os serviços disponibilizados aos usuários destas novas arenas não só serão disponibilizados para os jogos que serão realizados durante as Copas das Confederações e do Mundo. As concessões das arenas são feitas em média de 25 a 30 anos, tempo durante o qual a concessionária poderá explorar o uso das arenas para outros tipos de eventos. Isso é o que torna interessante e viável ao concessionário administrar e explorar os serviços oferecidos. Para se entender o que se trata de concessão administrativa, antes deve-se entender, de acordo com o direito administrativo, o conceito, dado pela doutrina de serviço público:

> Toda atividade material que a lei atribui ao Estado para que a exerça diretamente ou por meio de seus delegados, com o objetivo de satisfazer concretamente às necessidades coletivas, sob regime jurídico total ou parcialmente público.[3]
>
> É toda atividade de oferecimento de utilidade ou comodidade material destinada à satisfação da coletividade em geral, mas fruível singularmente pelos administrados, que o Estado assume como pertinente a seus deveres e presta por si mesmo ou por quem lhe faça as vezes, sob um regime de

[3] DI PIETRO. Maria Sylvia Zanella. *Direito Administrativo*. 21. ed. São Paulo: Atlas, 2008, p. 94.

Direito Público – portanto, consagrador de prerrogativas de supremacia e de restrições especiais –, instituído em favor dos interesses definidos como públicos no sistema normativo.[4]

Visto acima o que significa serviço público, pode-se dizer que aquelas arenas de propriedade pública que comportam eventos esportivos, de entretenimento e de qualquer outra ordem, podem repassar a exploração de tais serviços a um delegatário particular para que o faça, tendo-se em contrapartida a compensação pecuniária.

Em alguns casos, as concessões das arenas públicas do Brasil foram realizadas pelo tipo parceria público privado – PPP –, como é o caso dos estádios Mineirão, Fonte Nova e Castelão. A concessão por via PPP foi instituída pela Lei nº 11.079/2004 e nos termos do artigo 2º, §§ 1º e 2º, esta estabelecida que as concessões na modalidade PPP podem ser por concessão patrocinada ou administrativa.

A primeira diz respeito à concessão de serviços públicos ou de obras públicas de que trata a Lei nº 8.987/1995, quando envolver, adicionalmente à tarifa cobrada dos usuários, contraprestação pecuniária do parceiro público ao parceiro privado. A segunda é o contrato de prestação de serviços de que a Administração Pública seja a usuária direta ou indireta, ainda que envolva execução de obra ou fornecimento e instalação de bens.[5] Além disso, as concessões via modalidade PPP estabelecem o cumprimento de alguns requisitos mais rigorosos comparados aos que são exigidos pela concessão administrativa mais convencional.

Nos casos das outras arenas públicas, o modelo de concessão dos serviços será realizado via concessão administrativa convencional, previsto na Lei nº 8.987/1995, seja para explorar os serviços somente, seja no caso de precedidas obras públicas necessárias para a modernização ou criação das arenas. A concessão administrativa convencional em termos gerais pode ser definida da seguinte forma:

> (...) pode-se definir concessão, em sentido amplo, como o contrato administrativo pelo qual a administração confere ao particular a execução remunerada de serviço público ou de obra pública, ou lhe cede o uso de bem público, para que explore pelo prazo e nas condições regulamentares e contratuais.[6]

Nesse viés, para que sejam oferecidos e disponibilizados aos usuários das novas arenas construídas e modernizadas para as Copas da Confederação e do Mundo, a solução que se encontrou foi a realização da concessão a um ente particular capaz de executar o contrato administrativo de administração adequada das arenas, e, nalguns casos, a formação de consórcio público que executasse a obra de modernização. Aos entes privados cabe a justa remuneração pelo serviço mais eficiente prestado, haja vista que o Estado, devido a diversos fatores, não consegue proporcionar na mesma qualidade serviços disponibilizados aos usuários pelos concessionários privados.

---

[4] MELLO. Celso Antônio Bandeira. *Curso de direito administrativo*. 26. ed. São Paulo: Malheiros, 2009, p. 665.

[5] DI PIETRO. Maria Sylvia Zanella. *Direito Administrativo*. 21. ed. São Paulo: Atlas, 2008, p. 274.

[6] Idem, p. 276.

Assim, para o ponto cerne do trabalho, cabe ao concessionário das novas arenas mitigar e solucionar também perante as comunidades do entorno problemas de ordem social, como exemplo mais recorrente a questão de poluição sonora e problemas de tráfego na região.

Em síntese, tudo isso deve ser tratado pelo concessionário que também deve demonstrar que eventuais problemas gerados pela realização de eventos, ao mesmo tempo, trazem benefícios inestimáveis que alavancam consideravelmente a economia local da população do entorno, além de disponibilizar enriquecimento cultural e social para as comunidades.

3. Dos impactos e benefícios causados pelas Arenas às comunidades do entorno e respectivo relacionamento entre as partes

As arenas multiuso têm como objetivo principal proporcionar lazer para determinada cidade ou localidade, além de gerar riqueza para as partes envolvidas no momento em que alavancam a economia local, seja em serviços gerais oferecidos, comércio regular de produtos, além de outros. O relacionamento transparente com a comunidade do entorno é essencial para a promoção e desenvolvimento das regiões nas quais são instaladas as arenas multiuso.

Antes de iniciar o projeto de implantação ou reforma de arenas multiuso é necessário avaliar os possíveis impactos e benefícios que vão causar à população, sobretudo a população residente no seu entorno. As arenas já existentes têm a seu favor a tradição e o histórico de relacionamento com o entorno, contudo é evidente a desvantagem de estarem impossibilitadas de atender novas condições de segurança, conforto, mobilidade urbana e outras facilidades que fazem com que os serviços disponíveis aos usuários sejam de qualidade e excelência, de modo que possam ser adequados de acordo com os padrões da FIFA.

É sabido que uma nova arena, ao ser implantada, pode ser dimensionada a estas novas exigências, porém pode enfrentar problemas especialmente pela carência de transporte público e segurança, o que, infelizmente é uma mácula arraigada na infraestrutura pública do país como um todo.

Existem exemplos frustrantes no tocante ao pós-uso das arenas, como o ocorrido na África do Sul na última Copa do Mundo de futebol, onde foram instaladas sem cumprir seus fins sociais, econômicos, ambientais e culturais, e sem a representatividade da população local, em total desrespeito a direitos básicos, como dignidade da pessoa humana e direito à habitação.

Ao revés disso, vale salientar e também avaliar os casos de sucesso, como as rentáveis arenas da Europa e da América do Norte, nas quais foram desenvolvidos projetos que consistiram anteriormente em estudos de aproveitamento dos impactos ocasionados à população local das arenas.

Avaliando os principais *cases*, verifica-se, quando da implantação ou reforma de arenas multiuso em determinados locais, um crescimento socioeconômico e cultural, mediante a criação de novas opções de lazer, oportunidades de negócios, valorização imobiliária, melhoria na infraestrutura de transporte e segurança e aumento do fluxo de turistas e visitantes.

As arenas devem gerar renda e oportunidades de trabalhos para a população que vive próximo às suas operações, além de fortalecer o relacionamento com os fornecedores locais, a partir da inserção de pequenas e médias empresas em sua rede de negócios.

Ocorre que qualquer novo empreendimento, mesmo que feito com as melhores técnicas e investimentos, traz transtornos e impactos para a comunidade do entorno onde inserido, especialmente na mobilidade urbana, segurança e nas condições ambientais, razão pela qual é necessária a criação de ações de mitigação e compensação de impactos negativos.

É fato que as arenas transformam radicalmente a vida da localidade e da população onde são instaladas, modificando culturalmente a região, podendo trazer impactos de difícil reparação, o que deve ser sempre levado em consideração.

Toda localidade tem sua cultura e costumes próprios, e as arenas, assim como as entidades e líderes locais, devem contribuir para a manutenção destes, resguardando a história, além de evitar que a relação se torne apenas comercial de lucro e consumo, ao invés de desenvolvimento socioeconomico-cultural da localidade e comunidade.

Para isso, imprescindível, quando do início da implantação, reforma e posterior desenvolvimento das atividades de uma arena, convocar as comunidades do entorno, por suas entidades e líderes, para participar dos processos decisórios, com o intuito de debater os impactos e transtornos gerados, construindo soluções conjuntas entre empreendedores e comunidades, garantindo uma relação harmônica e perene entre os mesmos.

Um dos bons exemplos deste relacionamento vem da cidade de Belo Horizonte/MG, onde foi criada a Comissão Facilitadora da Participação da Sociedade Civil (CFPSC), que é o órgão consultivo e representativo das comunidades do entorno da Arena Independência, uma das arenas que servirá de apoio à cidade de Belo Horizonte para que as equipes tenham mais opções de jogos durantes as Copas da Confederação e do Mundo. Além de que, em se tratado de outros eventos que não esportivos, é uma outra excelente opção à capital mineira, já que disponibiliza um espaço para comportar eventos de proporções médias a grandes.

A comissão é formada por entidades representativas do entorno da Arena, pela concessionária Arena Independência, pelo Governo do Estado Minas Gerais, por intermédio da Secretaria de Estado Extraordinária da Copa do Mundo de 2014 – SECOPA – e pela consultoria responsável pelas ações socioambientais da Arena.

O objetivo da CFPSC é acompanhar as atividades da concessionária Arena Independência relacionadas à segurança pública, produtos e serviços oferecidos, calendário de eventos, impactos na circulação, bem como problemas locais ligados ao estádio, o que tem tido resultado positivo.

Para isso foi criado um canal de comunicação no *site* do empreendimento, bem como disponibilização de atendimento por telefone, além de serem realizadas reuniões periódicas entre os membros dessa comissão, garantindo a participação ativa da comunidade nos processos de melhoria, evitando maiores desgastes.

Desse modo, considerando-se que as principais arenas modernizadas e adequadas aos padrões FIFA para a realização das Copas da Confederação e do Mundo, além de serem utilizadas em outros tipos de eventos, devem zelar por ações que guarneçam e preservem o interesse da população local do entorno, esta a mais afetada no que diz respeito a eventuais transtornos que são gerados, embora já tenham sido ressaltados previamente os inúmeros benefícios.

4. Conclusão

Em vista de que, a partir de agora, o Brasil se prepara para sediar dois grandes eventos do futebol mundial, além de uma Olimpíada em 2016 e outros eventos de grande porte, é hora de concessionárias e administradoras das novas arenas prezarem pela prestação de serviços de excelência para seus usuários que, por estes, pagam razoáveis quantias.

O bom relacionamento entre concessionária das arenas multiuso com a comunidade é essencial para que a conjugação de interesses mútuos possa sempre ser favorecida, proporcionando mais vantagens do que desvantagens às partes envolvidas.

É obvio que existem impactos gerados que, às vezes, podem ser negativos, mas se considerar que os eventos acontecem com frequência reduzida, no máximo uma ou duas vezes por semana, os impactos ocasionados, em alguns casos, merecem ser desconsiderados, sobretudo em razão dos benefícios que também proporcionam à comunidade local do entorno.

O principal aspecto que beneficia a população da comunidade do entorno das arenas multiuso é o fomento constante que se evidencia nos negócios da região, seja em serviços relacionados diretamente aos eventos realizados nas arenas, seja em relação a serviços gerais de qualquer outra natureza, além de valorização imobiliária, implantação de melhor e mais adequada infraestrutura de mobilidade urbana, dentre outros.

Nesse cenário, pode-se dizer que o ensejo de modernização e adequação aos padrões e *standards* de excelência e qualidade que devem, a partir de agora, disponibilizar as concessionárias administradoras das arenas multiuso, paralelamente, também são responsáveis pelo bom relacionamento com a população local das comunidades do entorno.

Assim, devem viabilizar a mitigação de quaisquer transtornos gerados, zelando sempre pela união de interesses mútuos daqueles que são diretamente afetados pela realização de eventos de grande porte.

5. Referências

BRASIL – Ministério do Turismo. Dados disponíveis em: www.turismo.gov.br. Acesso em 19 de março de 2013.

BRASIL – Lei 8.666, de 21 de junho de 1993. Regulamenta o art. 37, inciso XXI, da Constituição Federal, institui normas para licitações e contratos da Administração Pública e dá outras providências. Publicado no D.O.U. de 22.6.1993 e republicado em 6.7.1994 e retificado em de 6.7.1994.

BRASIL – Lei 8.987, de 13 de fevereiro de 1995. Dispõe sobre o regime de concessão e permissão da prestação de serviços públicos previsto no art. 175 da Constituição Federal, e dá outras providências. Publicado no DOU de 14.2.1995 e republicado no DOU de 28.9.1998.

BRASIL – Lei 11.079, de 30 de dezembro de 2004. Institui normas gerais para licitação e contratação de parceria público--privada no âmbito da administração pública. Publicado no DOU de 31.12.2004.

BRASIL Sustentável: Impactos socioeconômicos da Copa do Mundo 2014. Disponível em <http://fgvprojetos.fgv.br/publicacoes/brasil-sustentavel-impactos-socioeconomicos-da-copa-do-mundo-2014>. Acessado dia 25 de Abril de 2013.

DI PIETRO. Maria Sylvia Zanella. *Direito Administrativo.* 21. ed. São Paulo: Atlas, 2008.

MELLO. Celso Antônio Bandeira. *Curso de direito administrativo.* 26. ed. revista e atualizada. São Paulo: Malheiros, 2009.

Consultas diversas:

www.arenaindependencia.net

www.minasarena.com.br

www.sebrae.com.br

http://pt.fifa.com/worldcup/organisation/sustainability/index.html

http://www.brasil.gov.br/noticias/arquivos/2012/09/13/estadios-da-copa-vao-ter-praticas-sustentaveis

www.portal2014.org.br

— 4 —

O crime de *marketing* de emboscada e suas inconstitucionalidades

CARLO HUBERTH LUCHIONE

Especialista em Direito Penal Econômico e Pós-Graduado em Direito Penal Econômico e Europeu pela Universidade de Coimbra, Portugal (2008). Advogado sócio fundador do escritório Luchione Advogados (1983).

FELIPE MACHADO CALDEIRA

Mestre em Direito Penal pela UERJ e Pós-Graduado em Direito Penal Econômico e Europeu pelas Universidades de Coimbra, Portugal (2008) e Castilla- La Macha, Espanha e Milão, Itália. Advogado Sócio do escritório Luchione Advogados.[1]

1. Introdução

Este estudo aborda ponto fundamental da Lei 12.663, de 5 de junho de 2012, que dispõe sobre as medidas a serem adotadas durante a Copa das Confederações FIFA de 2013, a Copa do Mundo FIFA de 2014 e a Jornada Mundial da Juventude de 2013, a serem realizadas no Brasil: o crime de *marketing* de emboscada por intrusão.

Os eventos guardam grande interesse esportivo, porém sua grandiosidade e internacionalidade acabam por torná-los importantes instrumentos de publicidade, gerando inúmeros interesses comerciais contrapostos e exigindo um reposicionamento dos Estados-Sede na relação com as entidades responsáveis por sua organização.

O *marketing* de emboscada surge em meio a uma guerra publicitária, com um caráter transgressor que implica uma delicada relação com os ideais da moral

[1] Colaborador: Eduardo Bronchtein – Acadêmico de Direito do Instituto Brasileiro de Mercado de Capitais – IBMEC-RJ.

e da ética. Sob o ponto de vista econômico, oferece soluções originais, criativas e de custo vantajoso ao não patrocinador oficial dos eventos e, por outro, prejudica a concorrência que tem se integrado ao quadro de patrocinadores oficiais.

Desta delicada relação, surgiu no cenário nacional duas modalidades de crime de *marketing* (artigos 32 e 33 da Lei 12.663/12), inseridos na ordem jurídica como norma jurídico-penal de caráter temporário (art. 36 da Lei 12.663/12).

De acordo com o seu entendimento original, o *marketing* de emboscada não possuía conotação negativa dada ao termo atualmente, associada como uma fraude comercial, atividade ilegal ou antiética. O termo era entendido como uma estratégia de *marketing* legítima. Às vezes, termos como *marketing* parasita ou *marketing* de guerrilha também são usados como sinônimos de *marketing* de emboscada. Esta visão mudou a partir do momento nos quais grandes esportes e eventos culturais passaram a admitir privilegiados patrocinadores, que possuem exclusividade em seus segmentos, proporcionando maiores lucros para os organizadores e melhor exposição das marcas patrocinadoras. Neste cenário surge o conflito entre uma importante estratégia de *marketing*, tradicional e largamente utilizada, com os interesses de pequenos grupos econômicos; leia-se, dos organizadores e dos patrocinadores oficiais.

Deste mal-estar gerado por força deste conflito, sobrepõe-se a posição a favor dos organizadores e dos patrocinadores oficiais, visto tratar-se do grupo com força política e econômica para defender seus interesses junto ao Estado-Sede. No Brasil, não foi e nem poderia ter sido diferente: editou-se a Lei 12.663/12, conhecida como "Lei Geral da Copa", que disciplina uma série de situações cuja questão de fundo foi permitir que os eventos nela dispostos pudessem ser realizados no País.

2. Direito econômico e a regulação da economia pelo Estado

O Direito da "Concorrência" nasceu nos EUA a partir da necessidade de regulamentação da concorrência, através do comportamento de seus agentes econômicos no mercado, e também como instrumento de implementação de uma política pública. Decisiva para o reconhecimento desse novo ramo foi a alteração dos objetivos da intervenção estatal na economia, desde suas primeiras medidas puramente corretivas das falhas do mercado ou episódicas para a solução de crises – alteração essa que se consolidou após a Segunda Guerra Mundial. Nesta época, a ação estatal passou a ser finalista e – ao menos se pretendia – racional, servido-se muitas vezes de instrumentos como o plano para a consecução de suas metas. Estas, mais frequentemente, referiam-se ao crescimento econômico ou desenvolvimento e industrialização no caso dos países do Terceiro Mundo, implicando, assim, alterações estruturais e uma vocação a controle mais amplo da economia nacional.

Mesmo junto a setores que o vislumbravam outrora como protagonista do processo econômico, político e social, o Estado moderno perdeu o charme, passando-se a encarar com ceticismo o seu potencial como instrumento do progresso e da transformação. O discurso deste novo tempo é o da desregulamentação, da privatização e das organizações não governamentais. No plano da cidadania, desenvolvem-se os direitos ditos difusos, caracterizados pela pluralidade indeterminada de seus titulares e pela indivisibilidade de seu objeto. Neles se inclui a proteção ao meio ambiente, ao consumidor e aos bens e valores históricos, artísticos e paisagísticos. Após a Constituição de 1988 e, sobretudo, ao longo da década de 90, o tamanho e o papel do Estado passaram para o centro do debate institucional. Ao lado da flexibilização de monopólios públicos e a abertura de setores ao capital estrangeiro, criaram-se normas de proteção ao consumidor em geral e de consumidores específicos, como os titulares de planos de saúde, os alunos de escolas particulares e os clientes de instituições financeiras; introduziu-se no país uma política específica de proteção ao meio ambiente; limitativa da ação dos agentes econômicos, e se estruturou um sistema de defesa e manutenção das condições de livre concorrência.

Este modelo do Estado foi incorporado pela Constituição da República Federativa do Brasil, de 1988, que dedicou seu Título VII à ordem econômica e financeira. Em seu artigo 170, informa os princípios aplicáveis à ordem econômica, dentre os quais se insere o da livre concorrência, desdobramento do princípio da livre iniciativa e, para garanti-la, no § 4º do artigo 174, a CRFB/88 dispôs que a lei reprimirá o abuso do poder econômico que vise à dominação de mercados, à eliminação da concorrência e ao aumento arbitrário dos lucros.

Com efeito, está claro que a opção do Poder Constituinte Originário foi a de estimular o mercado pela livre iniciativa e concorrência, dotando o sistema de mecanismos para prevenção e repressão de atitudes anticoncorrenciais. Por outro lado, adotou o regime de monopólio – esta estatal – para determinadas atividades consideradas estratégicas sob o ponto de vista da soberania nacional.

3. Lei Geral da Copa

Entretanto, sobreveio a Lei 12.663/12, que encampou exceções ao princípio da livre concorrência e, em especial, ao regime de monopólio estatal, não contemplados pela CRFB/88. Não restam dúvidas de que o princípio da soberania restou afastado, parcialmente, para se admitir a total ingerência das entidades organizacionais na edição da Lei, bem como na condução de seu processo legislativo e, quiçá, de sua eventual e futura arguição de inconstitucionalidade junto ao Poder Judiciário. Contudo, não interessa ao presente estudo este debate, pois sua centralidade recai apenas sobre o estudo dos crimes de *marketing* de emboscada.

De início, faz-se necessário sua leitura a partir do filtro constitucional, com destaque aos princípios relacionados à atividade econômica, de todas as disposições de conteúdo econômico para posterior reflexão dos comandos de caráter penal.

Conforme indicado pelo artigo 11 da Lei:

> A União colaborará com os Estados, o Distrito Federal e os Municípios que sediarão os Eventos e com as demais autoridades competentes para assegurar à FIFA e às pessoas por ela indicadas a autorização para, com exclusividade, divulgar suas marcas, distribuir, vender, dar publicidade ou realizar propaganda de produtos e serviços, bem como outras atividades promocionais ou de comércio de rua, nos Locais Oficiais de Competição, nas suas imediações e principais vias de acesso. (sem destaque no original).

A partir da edição da Lei, apenas a FIFA e seus patrocinadores oficiais poderão desenvolver atividades promocionais ou de comércio de rua, nos Locais Oficiais de Competição (artigo 2º, inciso XIV, da Lei), nas suas imediações e principais vias de acesso, num perímetro máximo de 2 (dois) quilômetros (artigo 11, § 1º, da Lei). Com a criação destas *áreas de exclusividade*, limita-se todo e qualquer caráter concorrencial nestes espaços, de natureza pública, inclusive.

A vedação legal ao *marketing* por associação se inicia no § 2º, do artigo 11, da Lei:

> A delimitação das áreas de exclusividade relacionadas aos Locais Oficiais de Competição não prejudicará as atividades dos estabelecimentos regularmente em funcionamento, desde que sem qualquer forma de associação aos Eventos e observado o disposto no art. 170 da Constituição Federal. (sem destaque no original).

Posteriormente, nos arts. 32 e 33, passou a criminalizar a referida conduta.

> *Marketing* de Emboscada por Associação
>
> Art. 32. Divulgar marcas, produtos ou serviços, com o fim de alcançar vantagem econômica ou publicitária, por meio de associação direta ou indireta com os Eventos ou Símbolos Oficiais, sem autorização da FIFA ou de pessoa por ela indicada, induzindo terceiros a acreditar que tais marcas, produtos ou serviços são aprovados, autorizados ou endossados pela FIFA:
>
> Pena – detenção, de 3 (três) meses a 1 (um) ano ou multa.
>
> Parágrafo único. Na mesma pena incorre quem, sem autorização da FIFA ou de pessoa por ela indicada, vincular o uso de Ingressos, convites ou qualquer espécie de autorização de acesso aos Eventos a ações de publicidade ou atividade comerciais, com o intuito de obter vantagem econômica.
>
> Marketing de Emboscada por Intrusão
>
> Art. 33. Expor marcas, negócios, estabelecimentos, produtos, serviços ou praticar atividade promocional, não autorizados pela FIFA ou por pessoa por ela indicada, atraindo de qualquer forma a atenção pública nos locais da ocorrência dos Eventos, com o fim de obter vantagem econômica ou publicitária:
>
> Pena – detenção, de 3 (três) meses a 1 (um) ano ou multa.

Tais disposições não se sustentam após o teste de constitucionalidade, pois as bases que sustentam a ideologia capitalista – consagrada pela CRFB/88 –, garantindo a coerência e o desenvolvimento do sistema, compõem-se de dois elementos primordiais: a propriedade privada e a livre iniciativa. O primeiro é, de acordo com a ideologia liberal, um desdobramento da liberdade natural do indivíduo. Esse direito, que inclui a apropriação dos meios de produção, se situa na grande maioria dos sistemas jurídicos dos países capitalistas no plexo dos direitos fundamentais do homem. O outro elemento, a livre iniciativa, traduz, também, o ideal de liberdade econômica, e seu reconhecimento pela ordem jurídica importa assegurar aos indivíduos a livre escolha da atividade que queiram desenvolver para seu sustento, e limitar a atuação do Estado no campo das opções econômicas dos agentes. Ressalvadas as razões de ordem pública que reservam ao Estado a iniciativa econômica e o controle do exercício de certas atividades, há de ser assegurado a todo indivíduo o direito de livremente iniciar a atividade econômica que lhe aprouver. Naqueles limites, os únicos requisitos necessários ao exercício de uma atividade econômica são o talento e o capital, não podendo o Estado vedar o acesso dos indivíduos aos meios de produção e instrumentos de trabalho, tal qual realizado pela Lei 12.663/12.

3.1. Princípio constitucional da intervenção mínima e bem jurídico tutelado

Ademais, um dos princípios mais importantes do Direito Penal democrático é o da intervenção mínima, consubstanciando-se em "princípio fundamental" pelo artigo 1°, *caput*, da CRFB/88. Tamanha é a drasticidade da interferência do Direito Penal na vida do cidadão e na dinâmica da sociedade que só deve incidir quando houver ofensa grave a bem jurídico relevante, dotado de substância constitucional. Trata-se de imposição do fenômeno da constitucionalização do Direito Penal. Qualquer criminalização de conduta que não objetive tutelar valor constitucional será inconstitucional.

Como cediço, a real intenção do princípio da intervenção mínima é a limitação de um possível arbítrio do legislador, fato este que veio a efetivamente ocorrer no caso em comento, onde os interesses privados – de uma entidade privada e suas patrocinadoras – foram elevados ao *status* de interesse público justificadores de uma intervenção estatal repressiva.

Ocorre que é absolutamente nítido que as demais formas de controle social – dentre elas citamos o direito administrativo e o próprio direito civil – são suficientemente adequadas para o resguardo dos bens jurídicos privados que se quer proteger, o que revela ser desnecessária a intervenção, *prima ratio,* do direito penal.

Em outras palavras, a criminalização de condutas só está constitucionalmente legitimada para prevenir e reprimir ameaças de dano ou danos efetivos aos bens jurídicos fundamentais, o que não se faz presente nos estreantes tipos penais em xeque.

Saliente-se que o princípio da intervenção mínima tem como destinatário inicial o próprio legislador, que mais uma vez promíscuo, criminalizou atos carecedores de qualquer relevância para o direito penal, cabendo ao operador do direito e aos órgãos judicantes, em conjunto com o princípio da subsidiariedade, ao analisarem concretamente os casos que lhes forem submetidos, defender a ausência de tipicidade material das condutas.

Indicadas as duas vertentes constitucionais – princípios da livre iniciativa e da intervenção mínima do Direito Penal –, torna-se necessária a análise dos artigos 32 e 33 da Lei 12.663/12.

A afronta ao princípio da intervenção mínima é patente. Não existe bem jurídico-penal constitucional tutelado, apenas um comportamento que possa ser considerado antiético sob o ponto de vista econômico e concorrencial, o que não justifica a sua criminalização. Os valores verdadeiramente protegidos são dos interesses exclusivamente privados da FIFA e de seus patrocinadores oficiais. Não se tutela, sequer, o valor patrimonial, visto que sua eventual lesão ou perigo de lesão são meras presunções e, caso ocorram, o âmbito civil seria adequado e suficiente à sua reparação. Cria-se um precedente perigoso de utilização do Direito Penal única e exclusivamente para resguardar interesses particulares, estranhos aos fins do Direito Penal.

Em que pese a objetividade jurídica tutelada nos crimes em estudo ser a propriedade industrial, sendo a marca suscetível de registro aquela considerada como "sinais distintivos visualmente perceptíveis, não compreendidos nas proibições legais",[2] fato é que os símbolos oficiais de titularidade da *Fédération Internationale de Football Association* (FIFA) são enquadrados em uma das hipóteses de sinais não registráveis como marca.[3]

Por mais que se faça um exercício teleológico, a única conclusão lógica extraída da Lei Geral da Copa é que o bem jurídico tutelado são os interesses da FIFA, bastando, para afastar qualquer dúvida, a simples leitura do art. 15 que regula o "incidente de celeridade processual", onde os atos processuais pertinentes poderão ser realizados nos finais de semana e até mesmo nos horários em que não há expediente forense! Em um país onde o sistema judicial tem como mazela principal a demora, é um contrassenso sem precedentes a exceção criada aos interesses exclusivos da FIFA, para que os processos decorrentes da malsinada Lei tramitem mais rapidamente.

Se não há bem jurídico tutelado, não há que se falar em tipo penal e consequentemente em adequação social, aumentando aí o potencial de inconstitucionalidade da Lei.

4. Conclusão

Nada soa mais estranho à soberania de um Estado Democrático de Direito, que tem como norte uma Constituição que prima acima de tudo pelos direitos e garantias fundamentais do homem, dispor de uma lei penal que tutela interesses

[2] Artigo 122 da Lei n. 9.279, de 14 de maio de 1996.

[3] Artigo 124, inciso I, da Lei n. 9.279, de 14 de maio de 1996.

exclusivos de uma entidade comercial, contra tudo e todos e principalmente contra a Constituição.

No que interessa ao tema, os artigos 32 e 33 da Lei 12.663/12 não se mostram conforme o princípio da livre iniciativa. Pelo contrário, é um disparate à lógica capitalista. Tal qual afirmado, o regime de monopólio no Brasil é exclusivamente estatal em situações excepcionalíssimas. O que a Lei 12.663/12 inseriu na ordem jurídica infraconstitucional foi um monopólio privado completamente estranho à regulação econômica realizada pela CRFB/88. Garantir a livre iniciativa e a livre concorrência é preservar o sistema econômico, inclusive o princípio da isonomia. Em consequência, tem-se por inconstitucionais os referidos dispositivos criminalizantes.

Referências bibliográficas

BITENCOURT, Cezar Roberto. *Tratado de Direito Penal: parte geral*, 17ª ed., São Paulo: Saraiva, 2012.

LEGISLAÇÃO FEDERAL. Lei nº 12.350, de 20 de dezembro de 2010. Disponível em: <http://www2.camara.leg.br/legin/fed/lei/2010/lei-12350-20-dezembro-2010-609723-norma-pl.html>.

HTTP://internativa.com.br/artigo_marketing_esportivo_05_06.html. "Marketing de emboscada na África do Sul dá cana", em htpp://WWW.inpgblog.com.br/marketing-de-emboscada-na-africa-do-sul-da-cana/

MEDEIROS,Marcio. Lei Geral da Copa. Disponível em: <www.marciomfelix.wordpress.com/.../lei-geral-da-copa-alguns-pontos-Artigo_Silvano_Andrade_do_Bomfim_(Lei_Geral_da_Copa_Soberania_Nacional_e_a_Constituicao).pdf>.

SIENA, David Pimentel Barbosa de. Lei Geral da Copa: disposições penais temporárias. Jus Navigandi, Teresina, ano 17, n. 3271, 15 jun. 2012 . Disponível em: <http://jus.com.br/revista/texto/22016>. Acesso em: 2 abr. 3913.

ZAFFARONI, Eugenio Raúl. *Manual de Direito Penal brasileiro.* 7ª ed., São Paulo: Revista dos Tribunais, 2007.

— 5 —

Ambush marketing e a Lei Geral da Copa

CESAR PEDUTI FILHO

RAPHAEL LEMOS MAIA

Advogados da Peduti Sociedade de Advogados – Propriedade Intelectual.

2014. Brasil. Copa do Mundo. Após longos 64 anos, o Brasil, mais uma vez, sediará o evento esportivo mais importante e aclamado do mundo. No próximo ano, a atenção do mundo inteiro estará voltada para a nação brasileira.

Diversas empresas aproveitam a oportunidade do evento esportivo desta magnitude para divulgarem e promoverem suas marcas nesta "vitrine inigualável", conforme bem definiu Fernando Chacon, diretor executivo de *marketing* do Itaú-Unibanco.[1]

Mas junto com as festividades e celebrações, vem sempre uma corriqueira preocupação decorrente de atitudes oportunistas e, algumas vezes, desleais, praticadas por alguns na divulgação de suas marcas. Dentre estas encontra-se o "*ambush marketing*", também conhecido como "*marketing* de emboscada".

A Copa do Mundo, apesar da comoção e interesse nacionais, é um evento privado, organizado pela FIFA (*Fédération Internationale de Football Association*), com apoio de investimentos privados.

Para fazer parte desse grupo seleto de patrocinadores e apoiadores, as empresas devem estar dispostas a investir verdadeiras fortunas. Para a Copa do Mundo de 2014, as cotas de patrocínio oscilarão entre US$40 milhões e US$ 80 milhões (aproximadamente, R$80 milhões e R$160 milhões), dependendo da extensão da participação da empresa patrocinadora.[2]

Além do alto valor de aquisição da cota de patrocínio, as empresas, não raras vezes, devem ainda fornecer ao patrocinado os seus produtos ou serviços.

---

[1] Fonte: <http://www.estadao.com.br/noticias/impresso,nao-faltam-investidores-para-a-copa-de-2014,376272,0.htm>.

[2] Idem.

Evidentemente, o mínimo que cada patrocinador espera em troca é a exclusividade na divulgação e exploração de suas respectivas marcas. Do contrário, não haveria qualquer razão que justificasse um investimento em tão alta monta.

Por outro lado, porém, há aquelas empresas concorrentes que não se dispõem a pagar tamanha quantia para a aquisição da cota de patrocínio, seja por falta de condições financeiras, seja por mera falta de interesse para tanto. Muitas dessas empresas preferem, simplesmente, aproveitar a oportunidade para, de alguma forma, inserir sua marca no evento esportivo.

Naturalmente, tanto a FIFA, quanto os demais patrocinadores, agem de forma enérgica e incisiva para evitar a ocorrência desse tipo de *marketing* parasitário, o "*ambush marketing*".

Mas afinal, o que é "*ambush marketing*"? Sua tradução literal – *marketing* de emboscada – talvez não seja a definição mais adequada para a situação. Isso porque, não necessariamente, as empresas não patrocinadoras valer-se-ão de uma emboscada, no sentido lato da palavra, na divulgação das suas marcas. Via de regra, estas empresas procuram uma forma sorrateira para inserir suas marcas no evento, associando sua imagem à Copa do Mundo.

Por esta razão, muitos doutrinadores preferem traduzir o "*ambush marketing*" como "*marketing* de associação", ou então "*marketing* parasitário", termos que consideramos mais condizentes com a prática.

Para José Eduardo de V. Pieri, "o *marketing* de associação consiste na associação da imagem de uma empresa a evento de grande clamor popular, sem o pagamento de cota de patrocínio ao organizador".[3]

No mesmo sentido, leciona Constanza Woltzenlogel:

> O *Marketing* de Emboscada, também conhecido como "*marketing* parasitário" ou "*ambush marketing*" é, basicamente, a conduta de empresas que aproveitam a reputação e a repercussão de um grande evento para promoverem seu nome, suas marcas, seus produtos ou serviços, sem para tal incorrer nos custos e responsabilidades impostos a um patrocinador oficial.[4]

Talvez a melhor definição já dada para este tipo de prática é a independente de tradução. Confira:

> Ambush marketing can be defined as an attempt by a company to cash in on the goodwill or popularity of a particular event by creating an association between itself and the event, without permission from the relevant organization and without paying the fees to become an official sponsor.[5]

Não é preciso muito para concluir, com absoluta certeza, que a prática de "*ambush marketing*" é altamente prejudicial não só à FIFA, como também aos patrocinadores oficiais que investiram verdadeiras fortunas com o intuito de ga-

---

[3] PIERI, José Eduardo de V. Propriedade Intelectual frente ao *ambush marketing* e *broadcasting* da Copa do Mundo, *ABPI* nº 96, p. 11.

[4] WOLTZENLOGEL, Constanza. Uma Breve Visita ao *Marketing* de Emboscada, *ABPI* nº 84, p. 36

[5] VASSALLO, Edward; BLEMASTER, Kristin and WERNER, Patricia. An International Look at Ambush Marketing, in *The Trademark Reporter*, nº 6, vol. 95, p. 1338.

rantir a exclusividade na divulgação de suas marcas durante a realização da Copa do Mundo.

Assim, visando a dar maior segurança aos seus investidores, bem como a garantir meios eficazes para coibir a prática do "*ambush marketing*" pelas empresas oportunistas, a FIFA, como condição para que o Brasil pudesse ser escolhido como país sede da Copa do Mundo de 2014, exigiu das autoridades nacionais a assinatura de acordo, denominado "Hosting and Bidding Agreement", pelo qual o Brasil se obrigava a oferecer diversas garantias e contrapartidas.

Dentre tais garantias, destaca-se a obrigação de se promulgar a chamada "Lei Geral da Copa" – Lei nº 12.663, de 5 de junho de 2012 – por meio da qual foram definidos procedimentos especiais e garantidos diversos direitos, tanto à FIFA quanto aos patrocinadores oficiais, dentre os quais destacam-se:

> i) Procedimento especial junto ao Instituto Nacional da Propriedade Industrial – INPI – para proteção às marcas e símbolos oficiais relacionados aos eventos;
>
> ii) Colaboração da União com os Estados, Distrito Federal e municípios, para que haja exclusividade da FIFA em atividades comerciais e de promoção comercial nas áreas dos eventos;
>
> iii) Titularidade da FIFA sobre os direitos referentes às imagens, sons e radiodifusão relacionados aos eventos;
>
> iv) Criação de tipos penais para condutas que atentem contra a proteção das marcas e símbolos oficiais, inclusive o marketing de emboscada;
>
> v) Estabelecimento de sanções civis para outras práticas atentatórias às marcas e símbolos oficiais; dentre vários outros.

No que tange ao procedimento especial junto ao INPI, ficou definida a obrigatoriedade de serem as marcas da FIFA declaradas como sendo de alto renome, com o fim de ser garantida a proteção especial prevista no artigo 125 da Lei nº 9.279/96 (Lei da Propriedade Industrial – LPI).[6] Confira-se o disposto no artigo 3º da Lei Geral da Copa:

> Art. 3º O Instituto Nacional da Propriedade Industrial (INPI) promoverá a anotação em seus cadastros do alto renome das marcas que consistam nos seguintes Símbolos Oficiais de titularidade da FIFA, nos termos e para os fins da proteção especial de que trata o art. 125 da Lei no 9.279, de 14 de maio de 1996:
>
> I – emblema FIFA;
>
> II – emblemas da Copa das Confederações FIFA 2013 e da Copa do Mundo FIFA 2014;
>
> III – mascotes oficiais da Copa das Confederações FIFA 2013 e da Copa do Mundo FIFA 2014; e
>
> IV – outros Símbolos Oficiais de titularidade da FIFA, indicados pela referida entidade em lista a ser protocolada no INPI, que poderá ser atualizada a qualquer tempo.

Vale dizer que as anotações de alto renome feitas às marcas da FIFA produzirão efeitos até o dia 31 de dezembro de 2014, conforme expressamente disposto no artigo 5º da Lei Geral da Copa.

[6] A lista completa das marcas da FIFA, concedidas e declaradas de alto renome, já foi publicada e se encontra disponível no site do INPI, podendo ser consultada pelo endereço <http://www.inpi.gov.br/images/docs/inpi-marcas__marcas_de_alto_renome_da_fifa_em_vigencia__2013-03-26.pdf>.

A anotação de alto renome feita às marcas da FIFA não tem outro objetivo senão a de assegurar proteção, em qualquer segmento mercadológico, contra eventual reprodução ou imitação indevida que venha a ser feita por terceiros, e facilitar a cessação da prática do ilícito.

A Lei Geral da Copa prevê duas formas de *marketing* de emboscada: a por associação e a por intrusão.

O marketing de emboscada por associação está tipificado no artigo 32 da mencionada Lei:

> Art. 32. Divulgar marcas, produtos ou serviços, com o fim de alcançar vantagem econômica ou publicitária, por meio de associação direta ou indireta com os Eventos ou Símbolos Oficiais, sem autorização da FIFA ou de pessoa por ela indicada, induzindo terceiros a acreditar que tais marcas, produtos ou serviços são aprovados, autorizados ou endossados pela FIFA.
>
> Pena – detenção, de 3 (três) meses a 1 (um) ano ou multa.
>
> Parágrafo único. Na mesma pena incorre quem, sem autorização da FIFA ou de pessoa por ela indicada, vincular o uso de Ingressos, convites ou qualquer espécie de autorização de acesso aos Eventos a ações de publicidade ou atividade comerciais, com o intuito de obter vantagem econômica.

Ou seja, por meio do *marketing* de emboscada por associação, as empresas buscam associar-se ao evento de forma a levar o público consumidor a acreditar que se trata de um patrocinador oficial. Nesta modalidade, as empresas, muitas vezes, utilizam-se de imitações ou reproduções indevidas no nome, marca, insígnia, lema ou logo oficial do evento, ou mesmo da figura do mascote criado especialmente para aquele evento.

Um dos exemplos mais recentes de "*ambush marketing*" por associação ocorreu na Copa do Mundo de 2010, na África. A empresa Kukula Airlines, que não patrocinou o evento, passou a promover seus serviços anunciando-os com os seguintes dizeres: "Unofficial National Carrier of the You-Know-What".

Fonte: http://innovationdeviation.wordpress.com/2010/08/05/test/

Apesar de, expressamente, afirmar ser empresa não oficial do evento, é nítida a intenção de associação com o mesmo, ainda mais quando se nota a utilização de imagens de estádio de futebol, vuvuzelas e outras referências atreladas à África.

Outra modalidade de *marketing* de emboscada é a por intrusão, prevista no artigo 33 da Lei Geral da Copa:

> Art. 33. Expor marcas, negócios, estabelecimentos, produtos, serviços ou praticar atividade promocional, não autorizados pela FIFA ou por pessoa por ela indicada, atraindo de qualquer forma a atenção pública nos locais da ocorrência dos Eventos, com o fim de obter vantagem econômica ou publicitária.

Nesse tipo de campanha, as empresas tiram proveito da publicidade atraída pelo evento para divulgar ou promover seu próprio nome, marca ou logotipo, sem autorização dos organizadores do evento e sem pagar as cotas de patrocínio.

Um exemplo de caso prático relacionado ao "*ambush marketing*" por intrusão ocorreu na Copa do Mundo de 1994, época em que a KAISER e a ANTARCTICA tinham firmado contratos com a TV GLOBO e com a TV BANDEIRANTES para a veiculação de suas marcas pelas respectivas emissoras. Naquela ocasião, a campanha publicitária da BRAHMA identificava seu produto como sendo "A Número 1". A campanha publicitária nas mídias feita pela BRAHMA foi tão intensa e produtiva, que qualquer consumidor de cerveja, imediatamente, relacionava "a número 1" à cerveja BRAHMA.

Analisando-se a campanha de forma isolada, não se constata, inicialmente, qualquer irregularidade. No entanto, a BRAHMA conseguiu se infiltrar no evento, lançando no mercado produto identificado da seguinte forma:

Repare que o produto faz nítida alusão ao evento esportivo, ao utilizar as cores oficiais da seleção brasileira (verde e amarelo), e o slogan "Mais um, Brasil". Além disso, todos os jogadores da seleção brasileira, ao marcarem um gol, faziam o mesmo sinal de "Número 1" com a mão:

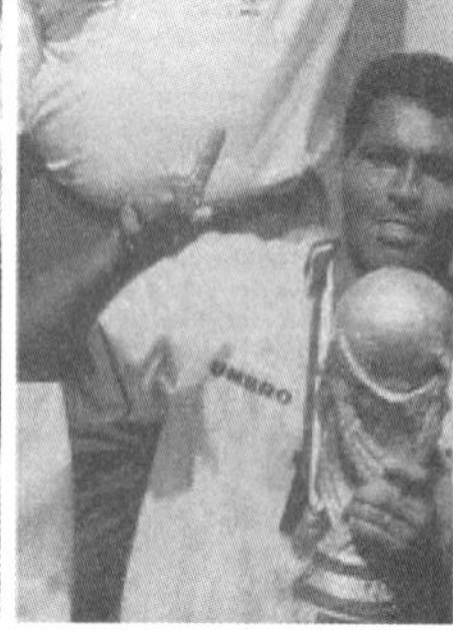

Fontes: http://www.zerozero.pt/text.php?id=5268
http://www.pakua-it.com/blog/post/Marketing-de-emboscada.aspx
http://www.culturamix.com/celebridades/ronaldo-fenomeno

Esta tática de *marketing* de emboscada foi condenada pelo CONAR – Conselho Nacional de Autorregulamentação Publicitária –, abrindo caminho para a alteração do artigo 31 de seu Código, conforme veremos mais adiante.

No nosso entendimento, esta modalidade de *marketing* de emboscada por intrusão é a mais usual em eventos esportivos.

Existem vários episódios relacionados a este tipo de campanha em eventos esportivos, cabendo aqui destacar apenas alguns exemplos que mais ficaram marcados, seja pela repercussão midiática, seja pela criatividade das empresas:

1) Jogos Olímpicos de Atlanta, 1996 – O atleta Linford Christie, após ter seu nome divulgado momentos antes do início da prova de atletismo, levantou sua cabeça e abriu os olhos, exibindo lentes de contato com a marca "PUMA", concorrente da "ADIDAS", patrocinadora oficial daquele evento esportivo.

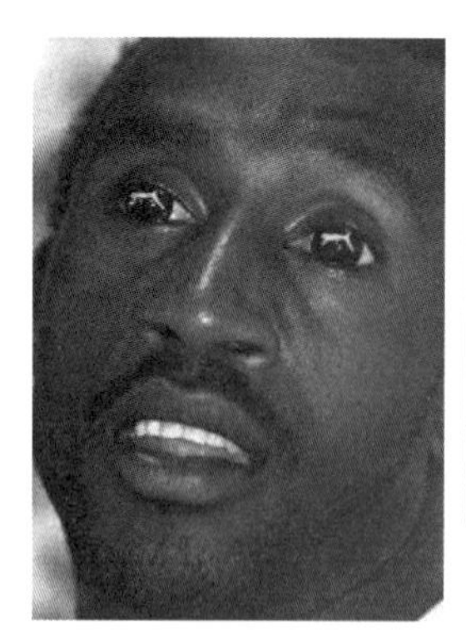
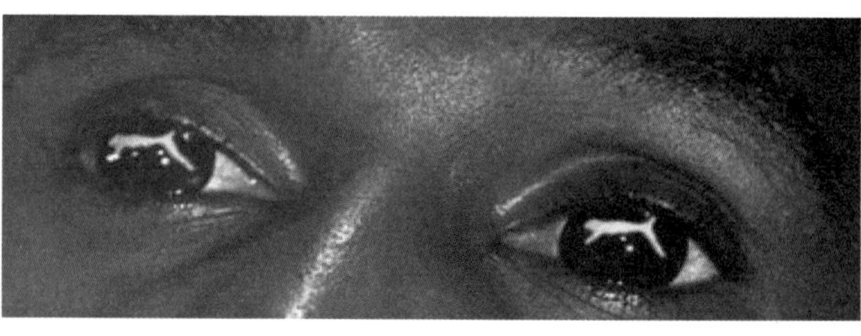

Fonte: http://www.marketingweek.co.uk/news/top-ambush-marketing-stunts/4002355.article

2) Copa do Mundo, 2010 – Diversas garotas são presas, acusadas da prática de "*ambush marketing*" por intrusão, por estarem vestidas, no estádio de futebol, com roupas que remetiam à marca da cerveja "BAVÁRIA", concorrente da "BUDWEISER", patrocinadora oficial daquele evento.

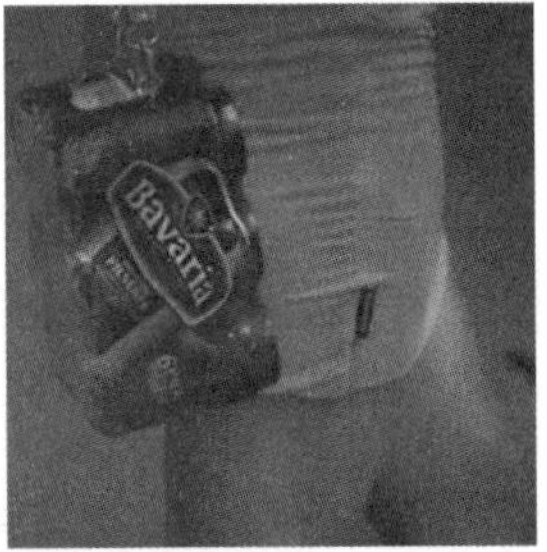

3) Copa ROLAND GARROS, 2009 – Ostensiva exibição, nos arredores da área do evento esportivo, da marca de calçados K. Swiss, concorrente das patrocinadoras oficiais daquele evento, "LACOSTE" e "ADIDAS".

Fonte: http://www.2dayblog.com/2008/06/21/ad-guerilla-k-swiss-shoes/

Estes são apenas alguns exemplos dos inúmeros casos de "*ambush marketing*" que, costumeiramente, ocorrem em eventos esportivos de grande notoriedade, como é o caso da Copa do Mundo.

Há, ainda, outra modalidade de *marketing* de emboscada que, muito embora não tenha sido prevista na Lei Geral da Copa, é definida e aceita pela maioria dos doutrinadores. Trata-se do *marketing* de emboscada por oportunidade, caso em que as empresas se aproveitam da repercussão do evento para atrair consumidores para seus estabelecimentos ou para promover a venda de seus produtos ou sérvios mediante promoções e ofertas relacionadas ao evento.

Confiram-se alguns exemplos:

Em ambos os exemplos acima, não há uma tentativa das empresas de se associarem ou se infiltrarem ao evento. Percebe-se, tão somente, o claro oportunismo das empresas – daí o porquê do nome *marketing* de emboscada por oportunidade – em razão dos eventos esportivos realizados.

É importante mencionar que a Lei Geral da Copa é a primeira lei que veio regulamentar e definir a prática do *marketing* de emboscada. No entanto, referida lei foi promulgada com o fim específico de assegurar e prevenir a prática de tais atos por ocasião da Copa das Confederações FIFA 2013, Copa do Mundo FIFA 2014 e da Jornada Mundial da Juventude – 2013.

Como fazer, então, quando o *marketing* de emboscada for realizado em eventos não previstos pela Lei Geral da Copa?

De início, entendemos que a Lei nº 12.663/12 trouxe um avanço inovador para o tema, ao definir e tipificar, expressamente, como ilícito penal e civil, essa qualidade de publicidade.

Assim, embora relacionadas diretamente com os eventos organizados pela FIFA, somos da opinião de que a Lei Geral da Copa poderá ser interpretada e adotada em situações análogas, mesmo quando não houver participação e interesse, direto ou indireto, da FIFA. Portanto, acreditamos que a prática de "*ambush marketing*" em qualquer situação, mesmo em eventos de menores e restritas proporções, poderá ser coibida com base nas disposições da Lei nº 12.663/12, no que couber.

Mas existem diversas outras normas legais que também podem ser aplicadas, subsidiariamente, tanto aos casos envolvendo os interesses da FIFA e suas subsidiárias, quanto aos demais casos.

Como mencionado anteriormente, em determinadas situações, poderá ser utilizado o Código do CONAR que, embora não tenha força de lei, funciona como uma diretriz para que o julgador possa analisar o caso e decidir pela ilicitude ou legalidade do ato da empresa concorrente.

O artigo 31 do mencionado Código foi modificado após a tática publicitária adotada pela BRAHMA, na Copa do Mundo de 1994, e passou a adotar a seguinte redação:

Art. 31. Este Código condena os proveitos publicitários indevidos e ilegítimos, obtidos por meio de "carona" e/ou "emboscada", mediante invasão do espaço editorial ou comercial de veículo de comunicação.

Também poderá ser aplicada a Lei nº 9.615/98, conhecida como "Lei Pelé". Sua aplicação, em caráter subsidiário, está disposta, expressamente, na própria Lei Geral da Copa.[7]

Desta Lei Pelé, merecem destaque seus artigos 42 e 87:

Art. 42. Às entidades de prática desportiva pertence o direito de negociar, autorizar e proibir a fixação, a transmissão ou retransmissão de imagem de espetáculo ou eventos desportivos de que participem. (...) § 2º – O disposto neste artigo não se aplica a flagrantes de espetáculo ou evento desportivo para fins, exclusivamente, jornalísticos ou educativos, cuja duração, no conjunto, não exceda de três por cento do total do tempo previsto para o espetáculo.

Art. 87. A denominação e os símbolos de entidade de administração do desporto ou prática desportiva, bem como o nome ou apelido desportivo do atleta profissional, são de propriedade exclusiva dos mesmos, contando com a proteção legal, válida para todo o território nacional, por tempo indeterminado, sem necessidade de registro ou averbação no órgão competente.

Evidentemente, em se tratando de situações que envolvam uso indevido de marca alheia, ou meramente a concorrência desleal e fraudulenta, deverão, ainda, ser aplicadas as disposições da Lei de Propriedade Industrial – Lei nº 9.279/96.

Em determinadas ocasiões, em que houver o uso de obras e/ou imagens protegíveis sob o manto dos Direitos Autorais, aplica-se, ainda, a Lei nº 9.610/98. Esta questão está diretamente relacionada com o Direito de Arena (direito de fixar e transmitir ou retransmitir imagens do espetáculo), disciplinado pela Lei Pelé, cuja análise completa e aprofundada do tema demandaria novo estudo.

Nossos Tribunais já tiveram a oportunidade de analisar casos sobre o tema ora abordado, cabendo aqui trazer à baila alguns exemplos mais relevantes. Vejamos:

Caso 1 – Poupançudos da Caixa.

Agravo de Instrumento n.º 2010.02.01.007712-2 – TRF 2ª Região, Rel. Des. Liliane Roriz. Partes: Confederação Brasileira de Futebol – CBF vs Caixa Econômica Federal.

[EMENTA] AGRAVO DE INSTRUMENTO. ANTECIPAÇÃO DOS EFEITOS DA TUTELA. CONCORRÊNCIA DESLEAL. CAMPANHA PUBLICITÁRIA. REPRODUÇÃO. MARCA. COPA DO MUNDO.

1. A antecipação de tutela somente pode ser concedida quando atendidos os requisitos estabelecidos na legislação processual civil, dentre os quais se destaca a aferição da verossimilhança das alegações da parte autora e a inexistência de risco de irreversibilidade da medida a ser antecipada.

[7] Aplicam-se subsidiariamente às Competições, no que couber e exclusivamente em relação às pessoas jurídicas ou naturais brasileiras, exceto às subsidiárias FIFA no Brasil e ao COL, as disposições da Lei nº 9.615, de 24 de março de 1998.

2. Ao julgar o agravo de instrumento, cabe ao órgão colegiado perquirir se estão presentes os mesmos requisitos necessários para a antecipação do pleito autoral, evitando imiscuir-se no mérito da ação principal, pendente de julgamento na instância inferior

3. Visto se tratar de ação de abstenção de uso, com base em eventual concorrência desleal, descabe avaliar a possibilidade de confusão dos signos, matéria mais afeita à validade de um registro marcário. Em outras palavras, não é o caso de se avaliar – ao menos por ora – se as marcas em confronto colidem ou não, mas sim se está havendo um aparente aproveitamento indevido dos signos diversos da autora, sem a necessária autorização para tal, consistente na aquisição de cota de patrocínio.

4. A campanha publicitária da ré, veiculada durante a Copa do Mundo, ao vestir com a camisa da seleção brasileira (mesmo que não seja idêntica) os simpáticos bonecos chamados de "poupançudos" e colocá-los dentro de um campo de futebol, como se constituíssem a própria seleção brasileira, além de elaborar e distribuir uma tabela dos jogos do evento, conduz a uma associação de sua imagem não só com o evento esportivo, mas também com a própria seleção e demais símbolos pertencentes à CBF.

5. Mesmo com o encerramento da Copa do Mundo, a lesão perpetrada contra a agravante não desaparece.

6. Agravo de instrumento provido.

[VOTO] Não é o caso de se avaliar – ao menos por ora – se as marcas em confronto colidem ou não, mas sim se está havendo um aparente aproveitamento indevido dos signos diversos da autora, sem a necessária autorização para tal, consistente na aquisição de cota de patrocínio.

Partindo dessa premissa, entendo que a campanha publicitária da ré, veiculada durante a Copa do Mundo, ao vestir com a camisa da seleção brasileira (mesmo que não seja idêntica) os simpáticos bonecos chamados de "poupançudos" e colocá-los dentro de um campo de futebol, como se constituíssem a própria seleção brasileira, além de elaborar e distribuir uma tabela dos jogos do evento, conduz a uma associação de sua imagem não só com o evento esportivo, mas também com a própria seleção e demais símbolos pertencentes à CBF, podendo ter-lhe causado prejuízo.

Vislumbra-se, também, a necessidade de se assegurar que outras entidades não se aproveitem indevidamente do prestígio e status gerados por esses símbolos, tão fortemente marcados no imaginário popular brasileiro, tutelando, ainda, os direitos e interesses das instituições patrocinadoras do evento em tela."

Caso 2 – Cristal.

Agravo de Instrumento n.º 0033118-16.2010.8.19.0000 – TJ/RJ, Rel. Des. Paulo Sérgio Prestes dos Santos. Partes: CBF vs Cervejaria Petrópolis.

[VOTO] A decisão que deferiu a antecipação dos efeitos da tutela de mérito não merece ser reformada, eis que em razão do registro no INPI e em razão da agravante não possuir registro no INPI de símbolos ou outro elementos gráficos nem sequer parecidos com os da agravada, verifica-se que não há como se falar em aplicação da teoria da distância e sim em utilização indevida da marca e símbolos e elementos gráficos devidamente registrados.

Aduza-se que a utilização de símbolos praticamente idênticos com os da agravada pela agravante nas propagandas de suas cervejas, demonstra a toda evidência, a idéia de associar à marca e imagem e símbolos da agravada com as suas cervejas, objetivando auferir lucro coma associação da sua marca à da agravada, justamente à época da Copa do Mundo de Futebol, principalmente, levando-se em conta que é fato público e notório que a agravada é patrocinada pela AMBEV, com a cerveja BRAHMA, concorrente da agravante.

Há de se ressaltar que o princípio da livre concorrência, insculpido no inciso IV, do art. 170, da CFRB/88, dispõe que o Estado não deve intervir de forma desnecessária e não deve proibir ou discriminar uma atividade empresarial sem justos fundamentos. O Estado deve coibir práticas empresariais incompatíveis com o regime econômico em vigor, em observância à função social da empresa.

Por tais razões, verifica-se que a decisão agravada está em perfeita consonância com as provas dos autos, produzidas de forma sumária pela agravada, em cognição inicial, são robustas a fim de embasar a medida antecipatória, salutar ao bom direito.

Caso 3 – Coca-Cola e ex-jogadores da Seleção.

Apelação Cível n.º 0383190-62.2009.8.19.0001 – TJ/RJ, Rel. Des. Celso Ferreira Filho. Partes: CBF vs Coca-Cola Ind. Ltda.

[VOTO] Salienta que a primeira apelante/ ré fez veicular na mídia comercial de seu principal produto, o refrigerante Coca- Cola, fazendo uma cópia elaborada do uniforme da seleção brasileira utilizado na conquista da Copa do Mundo de 1994, de maneira a tentar desvinculá-lo do original utilizado pelos jogadores, sendo certo que o comercial, além das inserções normais, era veiculado nos momentos que antecediam os intervalos e após os jogos da seleção brasileira nas eliminatórias da Copa do Mundo de 2010.

(...)

Observando-se o DVD e CD de fls. 35/36, fica demonstrado que a propaganda realizada pela Coca-Cola, com os ex-jogadores Bebeto, Biro-Biro e Dario leva os expectadores, sem dúvida alguma, acreditar tratar-se daquela seleção. O simples fato de a primeira recorrente alegar que não utilizou o uniforme oficial da segunda recorrente, que o short e a calça utilizada na propaganda são verdes, enquanto no uniforme oficial o short é azul, não tem o condão de retirar o uso indevido da imagem, porque a propaganda, por sinal, bem feita, leva exatamente ao objetivo: a seleção brasileira, bebendo Coca-cola e sendo vitoriosa.

Outro fato é que o jogador Bebeto utiliza na camisa amarela e verde (colarinho) o número sete, que foi o seu na seleção brasileira, na Copa de 1994, quando foi grande ídolo.

Logo, todas as argumentações da primeira apelante em relação a não ter utilizado o uniforme oficial caem por terra, exatamente porque, se tivesse utilizado o uniforme oficial, teria que pagar à segunda recorrente.

Utilizando-se de uma forma de imitação do uniforme oficial de propriedade da segunda apelante, tem a primeira apelante a obrigação de indenizar.

Uma interessante discussão surge no momento em que os direitos de propriedade de empresas distintas entram em rotas de colisão. Imagine, de um lado, a patrocinadora oficial do evento esportivo, e de outro lado, a patrocinadora do atleta.

Em época de eventos, empresas costumam contratar atletas renomados que participarão de determinado evento, muitas vezes negociando com este um patrocínio e exclusividade. Dessa forma, tais empresas conseguem expor suas marcas, associando-as a um dos atletas do evento, sem que, com isto, necessitem investir milhões na aquisição da cota de patrocínio oficial do evento.

Veja, por exemplo, o que ocorre com o jogador de futebol Neymar, que foi convocado para jogar na Copa do Mundo de 2014 e, não obstante, é patrocinado por uma série de empresas, tais como Nike, Red Bull, Ambev, Unilever e Santander, dentre outras.

Nenhuma dessas empresas que patrocinam o atleta Neymar é patrocinadora oficial da Copa do Mundo.[8] Entretanto, inevitavelmente, suas marcas serão, em algum momento, exibidas durante a Copa do Mundo 2014, associada ao atleta.

[8] De acordo com o *site* oficial da FIFA <http://pt.fifa.com>, as marcas que patrocinam a Copa do Mundo FIFA 2014 são: Adidas, Coca-Cola, Hyundai/Kia Motors, Emirates, Sony e Visa, como parceiros FIFA; Budweiser,

Como resolver o impasse? Tal ato poderia ser caracterizado como *marketing* de emboscada?

O tema aqui abordado, no entanto, comporta interpretação para ambos os lados. Há aqueles que defenderão a ideia de que as empresas teriam agido de modo premeditado, já com o intuito de se beneficiarem da Copa do Mundo que está por vir.

Outros, por outro lado, entenderão que, em princípio, não há qualquer ilicitude nesta prática, desde que respeitados os direitos das patrocinadoras oficiais do evento, isto é, não sejam usados símbolos e marcas oficiais de terceiros, e não sejam exibidas as imagens do atleta, por essas empresas, dentro do ambiente do evento. Com o devido respeito àqueles que defendem o contrário, nosso entendimento se coaduna com esta segunda vertente.

Já tivemos a oportunidade de acompanhar a discussão judicial travada entre a Brasil Telecom, patrocinadora pessoal da ginasta brasileira Daiane dos Santos, e Coca-Cola, patrocinadora da equipe brasileira de ginástica olímpica, à época das Olimpíadas de Atenas.

O motivo da disputa foi o anúncio veiculado pela Coca-Cola, em que a ginasta aparece, sob indiscutível destaque, carregando a tocha olímpica.

Como patrocinadora pessoal da Daiane, a Brasil Telecom tinha direito exclusivo de uso da imagem individual da atleta. A Coca-Cola, por sua vez, afirmava que, pelo contrato firmado com a Confederação Brasileira de Ginástica – CBG –, com interveniência do Comitê Olímpico Brasileiro – COB –, "lhe foi assegurado o direito de uso da imagem, tanto coletiva, quanto individual, de todos os atletas destas equipes, os quais também firmaram instrumentos individuais".[9]

A ação judicial, movida pela Brasil Telecom, foi julgada procedente sob o seguinte fundamento:

> (...) De fato, o COB e a CBG autorizaram a ré a utilizar a imagem coletiva da equipe olímpica de ginástica artística, divulgando sua marca. Ocorre que a segunda autora não assinou o instrumento e nem recebe remuneração pelo uso de sua imagem. Portanto, com base na teoria da relatividade dos contratos, não pode ser obrigada a tolerar o uso de sua imagem individual, afeto a seu direito de personalidade.
>
> Como corolário, a utilização da imagem da atleta fica condicionada a sua participação como integrante da Equipe de Ginástica Artística Feminina, afigurando-se absolutamente sem efeito a cessão da imagem individual dos atletas concedida pelas entidades na cláusula 2.1.4.
>
> (...) A autorização para veiculação da imagem da autora como integrante da Equipe Olímpica deve ser interpretada literalmente, sem conotação de nítido destaque à campeã e muito menos a utilização de voz com fins promocionais para a ré. Nunca é demais lembrar que o direito de utilização da imagem individual da atleta pertence à Brasil Telecom, conforme já asseverado na decisão liminar.[10]

Castrol, Continental, Johnson & Johnson, Mc Donald's, Oi, Seara, Yingli, como patrocinadores oficiais da Copa do Mundo; e FIFA.com, Apex Brasil, Itaú, Liberty Seguros, Chocolates Garoto, Wise Up e Football for Hope, como Apoiadores nacionais.

[9] Nota oficial divulgada pela Coca-Cola

[10] Processo nº 2004.001.0600326-4, 10ª Vara Cível do Rio de Janeiro, DOE 16.07.2004. A apelação interposta não chegou a ser julgada, na medida em que as partes transacionaram em juízo.

Pela decisão acima, a campanha da Coca-Cola foi considerada abusiva, por não ter sido respeitado o direito de exclusividade no uso da imagem individual da ginasta. O direito conferido à Coca-Cola limitava-se ao uso da imagem de toda a equipe, sendo indevido e desarrazoado o destaque dado à Daiane dos Santos.

Com o intuito de se evitar conflitos como este, a questão de patrocínio, seja ele do evento ou do atleta, deve ser minuciosamente definido, para que sejam preservados e respeitados os direitos de exclusividade de cada patrocinador.

Conclusão

O presente trabalho teve como escopo apresentar um panorama geral do tema envolvendo o "*ambush marketing*", ou *marketing* de emboscada. Trata-se de tema que, embora relevante, é pouco conhecido ou noticiado.

A preocupação com o assunto aumenta sempre às vésperas de grandes eventos esportivos, tais como a Copa do Mundo de 2014.

A Lei Geral da Copa representa uma verdadeira inovação e, sem dúvida, um avanço ao mundo jurídico desportivo, ao conceituar e tipificar como sanção penal e civil o *marketing* de emboscada.

Certamente, o tema admite longas discussões, jurídicas e doutrinárias, sendo plenamente possível discorrer um verdadeiro tratado a respeito da matéria.

Resta a nós, por ora, a expectativa da maior festa de 2014, e acompanhar os próximos passos das empresas que, certamente, e com muita criatividade, recepcionarão com suas ações, no Brasil, milhares de turistas do mundo todo.

— 6 —

A Lei Geral do Turismo e sua aplicação para uma regular prestação de serviço turístico na Copa do Mundo

CLÁUDIO JOSÉ RODRIGUES JUNIOR

Advogado, graduado em Direito pela Universidade Federal de Ouro Preto e sócio do Escritório Marcelo Tostes Advogados, em Belo Horizonte.

Em meio ao *frisson* causado pela aproximação da ocorrência da Copa do Mundo a ser realizada em solo nacional, debates acalorados acerca da viabilidade do evento tomam corpo entre aqueles que defendem os benefícios que podem advir desse acontecimento de alcance global e aqueles que anteveem os malefícios que ele pode causar. A não se falar em malefícios, questiona-se a aplicação de recursos públicos em eventos desta grandeza, num país de contrastes sociais tão gritantes.

Os que saem na proteção do torneio argumentam que, em razão do seu porte, é inevitável que uma série de investimentos seja feita no país a fim de colocá-lo em condições de receber os visitantes estrangeiros que lotarão nossas ruas.

Assim, aeroportos, estradas, transporte público, saúde, segurança pública e outros segmentos cuja deficiência na prestação do serviço público é clara se desenvolveriam em razão do Mundial, que deixaria um legado positivo para a população brasileira.

Num contraponto, os que são aversos à ideia do evento em solo tupiniquim partem do pressuposto de que os vultosos investimentos que serão aplicados no melhoramento de nossos serviços públicos para a Copa deveriam ser empregados diretamente para o benefício da população, sem necessidade de passar por vias oblíquas.

A pouco mais de um ano do acontecimento, tais discussões se tornam supérfluas se se considerar que inexoravelmente a Copa do Mundo vai ocorrer no Brasil de uma forma ou de outra.

Sob esse influxo, em se tratando de Copa do Mundo, o que menos importa é o futebol. Parece mais sensato, a esta altura, debater meios de que ela seja mais proveitosa possível para o país, notadamente sob os aspectos econômico e social.

Além de criar mecanismos para a proteção dos espectadores, de proporcionar-lhes um trajeto confortável e seguro na chegada e na saída do país e no caminho para os estádios, e garantir-lhes um atendimento médico-hospitalar de qualidade, caso precisem, como bons anfitriões o papel do brasileiro é fazer com que os visitantes queiram retornar ao país, o que não é tarefa fácil.

As agruras por que passa a população diuturnamente não podem ser impingidas aos turistas transeuntes, de forma que estes se sintam desrespeitados em seus direitos e antagônicos à ideia de retornar ao país, ou nele permanecer para fazer turismo. Explorar o turismo, e não o turista, como é dito no setor turístico, vale também para o Poder Público. E se isso é respeitado, fica a boa herança para os cidadãos brasileiros, seja em infraestrutura urbana, hospitalar, até mesmo na existência de bons estádios.

Tal como a comercialização de matérias-primas, de produtos industrializados, de serviços e outros, a exploração do turismo, se bem feita, é fonte de renda para muitos países.

O turismo é uma "indústria", e as pessoas que tiram dele sua fonte de renda visam a lucros, e para que essa atividade se torne competitiva e gere os lucros esperados, mister que ofereça um produto de qualidade. Nesta indústria, percebe-se a existência dos meios de hospedagem, dos guias de turismo, transportadores turísticos, bares e restaurantes, uma série de atores que se inter-relacionam e que entre si fazem negócios com fins de bem atender ao turista.

Em meio às diversas tentativas públicas e privadas de fazer do Brasil o país do presente, importante destacar o mandamento constitucional que estabelece que o Estado brasileiro deve promover e incentivar o turismo como fator de desenvolvimento social e econômico.

Pode-se dizer que, mais do que um fator, o turismo é uma ferramenta do desenvolvimento.

Para o Brasil, fazer valer o turismo como fator de desenvolvimento social, para que se torne o país do presente, tem que aprender a cuidar do turismo, a cuidar do turista e a cuidar do empreendedor turístico.

É inegável que o país recebe menos turistas estrangeiros do que poderia e, por outro lado, os viajantes brasileiros têm preferido cada vez mais os destinos no exterior.

É uma conta simples: são necessários mais turistas/consumidores para fazer do turismo um bom negócio, e para termos mais turistas precisamos de mais segurança, inclusive jurídica.

A Lei Geral do Turismo – Lei nº 11.771 – é de 17 de setembro de 2008 e foi regulamentada pelo Decreto 7.381 de 02 de dezembro de 2010, e, desta forma, em dezembro último chegou-se a dois anos da sua regulamentação. Também vale observar que, da promulgação da Constituição de 1988, na qual o turismo recebeu a bonita indumentária de ser fator de desenvolvimento social e econômico até sua atual regulamentação, passaram-se cerca de 20 anos, tempo que não faz jus à sua relevância

Trata-se de uma evolução legal, um pouco atrasada, e com algumas imperfeições. Foram anos e anos sob a égide de um amontoado de portarias, deliberações normativas, resoluções, órgãos sem estrutura e sem recursos.

Antes da edição da Lei, a atividade turística era exercida de forma amadora, e sem um marco regulatório que norteasse os que se aventurassem por ela, seja na condição de prestadores de serviços ou de consumidores.

Entre as prerrogativas do Direito está a de apresentar à sociedade certezas para a solução dos conflitos, definindo previamente as condutas vedadas e as permitidas pelo ordenamento, permitindo conhecer-se previamente a forma como se deve agir em cada caso. Falha o Direito quando o cidadão, diante de uma situação, não sabe o que é certo ou errado, agindo de improviso, arriscando-se a ser punido.

Conhecer as regras com antecipação é a maneira mais adequada de prevenir futuras celeumas. Porém, antes da edição da lei que trata especificamente da atividade turística, e de seu decreto, havia inúmeras lacunas sobre as questões mais ordinárias. Havia normas excessivamente genéricas que não solucionavam os infortúnios mais banais.

Em que pese a Lei Geral do Turismo não ser perfeita, deve ser aplaudida. E aplicada!

Um observador desatento diria que o Brasil, com todas as belezas naturais com as quais foi agraciado, é um atrativo automático àqueles que querem desfrutar de um bom descanso fora de seu país.

Quem analisa a questão de fora, tem a tendência de acreditar que o país é um dos destinos turísticos mais visitados do mundo, e que explora adequadamente seu potencial econômico! Tomara um dia se torne realidade esta exclamação.

Contudo, na prática não é bem assim que ocorre. Basta saber que a legislação que trata do tema foi editada em 2008 e regulada apenas dois anos depois.

Com a promulgação da Constituição de 1988, o "Turismo" foi alçado no ordenamento pátrio à condição de "Fator de Desenvolvimento Social e Econômico do País".

Isso quer dizer que para o legislador constituinte o "Turismo", ao lado de outras atividades que podem gerar emprego e renda, alavancando a economia do país, mereceu proteção especial, inclusive como meio de mitigação das desigualdades sociais.

A Constituição, ao prever em seu artigo 180 que "A União, os Estados, o Distrito Federal e os Municípios promoverão e incentivarão o turismo como fator de desenvolvimento social e econômico", revela a existência de três núcleos da atividade turística brasileira: i) O turismo enquanto fator de desenvolvimento social e econômico; ii) a promoção estatal do turismo; e iii) o incentivo estatal ao turismo. Desta forma, é preciso compreender o significado da cada eixo norteador da atividade, vez que todos eles amarram o tratamento jurídico infraconstitucional do turismo, a atuação dos órgãos e das pessoas jurídicas de direito privado.

A ideia é corroborada pela Lei 11.771/08, que regula a atividade turística no Brasil, e que em seu artigo 2º, além de definir o que seja turismo, ainda traça os objetivos que são almejados com o fomento da atividade.

Consoante se extrai do artigo 2º da Lei, considera-se *turismo* as atividades realizadas por pessoa físicas durante as viagens e estadia em locais diversos de sua residência, por um período inferior a um ano, com finalidade de lazer, negócios ou outras, sendo que essas viagens devem gerar movimentação econômica, trabalho, emprego, renda e receitas públicas, constituindo-se instrumento de desenvolvimento econômico e social, promoção e diversidade cultural e preservação da biodiversidade.

Da referida lei, é possível extrair ainda que além dos objetivos acima elencados, visa a atividade turística também a:

a) ampliar os fluxos turísticos, a permanência e o gasto médio dos turistas nacionais e estrangeiros no país, mediante a promoção e o apoio ao desenvolvimento do produto turístico brasileiro;

b) propiciar os recursos necessários para investimentos e aproveitamento do espaço turístico nacional de forma a permitir a ampliação, a diversificação, a modernização e a segurança dos equipamentos e serviços turísticos, adequando-os às preferências da demanda, e, também às características ambientais e socioeconômicas regionais existentes.

Mais do que tentar atrair apenas o capital do turista estrangeiro para o solo nacional, o escopo da lei é, também, fazer com que o nacional se interesse em fazer turismo pelo país, mas, para tanto, deve proporcionar aos viajantes um tipo de bem-estar tal que lhes dê prazer em sua empreitada.

O turista estrangeiro, dependendo de onde venha, acostumado a um certo grau de organização e pronto atendimento de suas necessidades em outros países, há de querer que esse mesmo tratamento lhe seja colocado à disposição no Brasil, devendo-se buscar um alinhamento por cima da qualidade dos serviços a serem aqui ofertados.

Em tempo de Copa do Mundo, no qual o país se tornará uma vitrine de si mesmo e terá a oportunidade única de potencializar a atividade turística interna, tem-se, mais do que nunca, de fazer com que a legislação que trata do tema seja aplicada da forma mais adequada, principalmente respeitando as determinações da Lei Geral da Copa do Mundo.

É bom lembrar que tudo o que se fizer de melhoramento para a Copa do Mundo, em maior ou menor escala, será aproveitado nas Olimpíadas que ocorrerão no Rio de Janeiro.

Em 2016, dois anos após a Copa do Mundo, outro evento esportivo de difusão global será realizado no Brasil e, com isso, espera-se que os erros que ocorram no Mundial não se repitam nas Olimpíadas.

Todo o esforço que está sendo empreendido para tornar o país atrativo ao visitante na Copa deve servir para estimular os mesmos visitantes a retornarem dois anos depois, certos de que o país tem condições de receber os turistas e proporcionar-lhes uma estadia prazerosa.

Como o Brasil ainda engatinha em termos de prestação de serviço turístico, principalmente se se recordar que a Lei que trata do tema foi editada há menos de seis anos, um evento como a Copa do Mundo pode ser um divisor no atingimento da maturidade no que tange a essa matéria.

O Decreto 7.381/10, que regulamenta a Lei 11.771/08, estabelece as bases para que a atividade turística se desenvolva plenamente, prevendo, por exemplo, no que se refere aos meios de hospedagem, que todo e qualquer preço de serviço prestado e cobrado deverá ser previamente divulgado e informado com a utilização de impressos ou meios de divulgação de fácil acesso ao hóspede.

Nos mesmos moldes do CDC, o Decreto privilegia o direito de informação ao turista. *Mutatis mutandis* reconhece-o como parte mais frágil da relação, conferindo-lhe garantias.

Importante considerar que a Lei Geral do Turismo e o seu decreto de regulamentação não revogam os dispositivos legais de proteção ao consumidor, muito pelo contrário, os complementam.

A lei que cuida das relações de consumo é o Código de Defesa do Consumidor, Lei 8.078/90. Esse regime é aplicável a qualquer atividade que, por sua essência, se constitua em relação de consumo.

O Código de Defesa do Consumidor não estabelece expressamente o conceito de *relação de consumo*, mas define quais são os personagens: o consumidor e o fornecedor; e o seu objeto: a contratação de produtos e serviços.

Nos termos do artigo 2° do Código de Defesa do Consumidor, considera-se consumidor toda pessoa física ou jurídica que adquire ou utiliza produto ou serviço como destinatário final. Sendo assim, o que caracteriza o consumidor é a circunstância de ser o destinatário final do produto ou serviço contratado, não o destinando a terceiros, e não servindo o produto ou serviço de forma de aprimoramento de eventual atividade comercial que exerça.

Noutro norte, fornecedor será, conforme o artigo 3° do Código de Defesa do Consumidor, toda pessoa física ou jurídica, pública ou privada, nacional ou estrangeira, bem como os entes despersonalizados, que desenvolvem atividade de produção, montagem, criação, construção, transformação, importação, exportação, distribuição ou comercialização de produtos ou prestação de serviços.

Por produto entende-se qualquer bem, móvel ou imóvel, material ou imaterial. Serviço é qualquer atividade fornecida no mercado de consumo, mediante remuneração, inclusive as de natureza bancária, financeira, de crédito e securitária, salvo as decorrentes das relações de caráter trabalhista, conforme definem os §§ 1º e 2º do artigo 3º do Código de Defesa do Consumidor.

Extraídos tais conceitos de lei, não fica difícil a tarefa de definir o que seja relação de consumo, que trata da transação negocial de produtos ou serviços estabelecida entre fornecedor e consumidor de forma que este utilize o produto ou serviço como destinatário final.

Por consumo deve-se entender, tanto econômica quanto juridicamente, a última fase do produto da industrialização, com a efetiva entrega dos produtos fabricados ou com a prestação de determinado serviço ao consumidor.

Desse modo, a relação de consumo típica, a que faz alusão o CDC, é aquela em que um fornecedor põe à disposição produtos ou serviços dos quais se valha em sua atividade econômica, e pela comercialização dos quais almeja lucro.

Contextualizados esses conceitos, dúvidas não há de que a atividade turística se amolda ao que se entende por relação de consumo, convolando-se o prestador do serviço em fornecedor, e o turista que contrata este serviço em consumidor.

Partindo desta premissa, decerto que nas atividades turísticas os preceitos do CDC deverão ser observados, sob risco de frustrar-se tanto a aplicação desse Código como as próprias dicções da Lei Geral do Turismo.

Nesse prisma, tem-se que é obrigatório ao prestador da atividade de turismo, por exemplo, o desempenho de sua atividade de forma transparente, dando ao turista todas as informações de que necessitar.

A isso se dá o nome de dever de informação e visa a proporcionar ao consumidor uma situação de vantagem jurídica, de forma a colocá-lo em pé de igualdade com o fornecedor, considerando que, no mais das vezes, é o fornecedor quem detém todas as informações sobre os seus produtos e serviços.

Também em decorrência desse dever de informação, estabelece a lei que os produtos e serviços colocados no mercado de consumo não acarretarão riscos à saúde ou segurança dos consumidores, exceto os considerados normais e previsíveis em decorrência de sua natureza e fruição, obrigando-se os fornecedores, em qualquer hipótese, a dar as informações necessárias e adequadas a seu respeito, nos termos do artigo 8º do CDC.

Em sendo o produto ou serviço potencialmente lesivo ou perigoso à saúde ou segurança do consumidor (turista) o fornecedor tem o dever de informar, de maneira clara e objetiva, a respeito da sua lesividade ou perigosidade, sem prejuízo da adoção de outras medidas cabíveis em cada caso concreto para diminuir os riscos.

Na hipótese de o prestador de serviço negligenciar a aplicação da lei, frustrando a efetivação de seus mecanismos, pode o consumidor lançar mão dos remédios que o Código de Defesa do Consumidor coloca à sua disposição, nos prazos ali estipulados.

Assim, o direito de reclamar pelos vícios aparentes ou de fácil constatação decai em 30 dias, tratando-se de fornecimento de serviço e de produto não duráveis; e em 90 dias, tratando-se de fornecimento de serviço e de produto duráveis.

Aqui, vale lembrar que tais prazos se aplicam aos casos de vícios aparentes, pois, em sendo ocultos, o Código de Defesa do Consumir estabelece que apenas se contam da data em que o vício ficar evidenciado.

É bom recordar também que caso o produto ou o serviço causem danos ao consumidor, este pode se valer de Ação Reparatória para se ver indenizado dos prejuízos que sofreu, ação esta que pode ser ajuizada no prazo de 5 anos.

Num contraponto a todos esses direitos dos turistas, na condição de consumidores, também aos prestadores de serviços turísticos são assegurados direitos, de forma a fomentar a atividade. Nesse prisma, têm a faculdade de ter acesso a programas de apoio e financiamentos, à menção de seus empreendimentos ou estabelecimentos empresariais, bem como dos serviços que exploram ou administram, em campanhas promocionais do Ministério do Turismo e da Embratur.

Ao Ministério do Turismo compete desenvolver o turismo como uma atividade econômica sustentável, com papel relevante na geração de empregos e divisas, proporcionando a inclusão social. O Ministério do Turismo inova na condução de políticas públicas com um modelo de gestão descentralizado, orientado pelo pensamento estratégico.

Em sua estrutura organizacional está a Secretaria Nacional de Políticas do Turismo, que assume o papel de executar a política nacional para o setor, orientada pelas diretrizes do Conselho Nacional do Turismo. Além disso, é responsável pela promoção interna e zela pela qualidade da prestação do serviço turístico brasileiro.

Para subsidiar a formulação dos planos, programas e ações destinados ao fortalecimento do turismo nacional há a Secretaria Nacional de Programas de Desenvolvimento do Turismo. O órgão possui atribuição de promover o desenvolvimento da infraestrutura e a melhoria da qualidade dos serviços prestados.

Já a Embratur, criada em 18 de novembro de 1966 como Empresa Brasileira de Turismo, tinha o objetivo de fomentar a atividade turística ao viabilizar condições para a geração de emprego, renda e desenvolvimento em todo o país.

Desde janeiro de 2003, com a instituição do Ministério do Turismo, a atuação da Embratur concentra-se na promoção, no *marketing* e no apoio à comercialização dos produtos, serviços e destinos turísticos brasileiros no exterior. (fonte: http://www.turismo.gov.br/turismo/o_ministerio/missao/).

Vê-se que, ao mesmo tempo em que cria medidas assecuratórias ao bem-estar dos turistas, a legislação cria forma de estímulos ao desempenho da atividade no país.

Esta percepção não se distancia do fato de que, como lei geral, muito deixou de fora e em alguns assuntos tocou apenas parcialmente, de modo que, ainda que nova, regulamentada e moderna, deixou que sobrevivessem diversos dispositivos legais, que não foram revogados integralmente.

A Lei não afastou a dificuldade de entendermos o que está ou não vigente. Para quem tem interesses no turismo brasileiro, essa insegurança é real.

Interessante perceber que a Lei Geral do Turismo estabelece quais são os sujeitos de direito no âmbito do turismo. Regula e delimita as agências de turismo, os meios de hospedagem, as empresas de transporte turístico, os acampamentos, as empresas organizadoras de eventos e até mesmo os parques temáticos, exigindo, dentre outras coisas, cadastro prévio no Ministério do Turismo pra poderem funcionar.

Quando da edição do decreto regulamentador, este detalhamento se mostrou ainda maior. Em alguns casos, como ocorreu com o Turismo de Aventura, chegou o decreto a tornar obrigatória a observância de sistemas de gestão da segurança, a exigir guias qualificados de acordo com normas técnicas existentes e a cobrar seguro para turistas, dentre tantos outros aspectos.

Noutros casos, nenhum detalhamento. Esta discrepância entre o que se pede de uma agência que comercializa turismo de aventura e o que se pede da agência que comercializa turismo de negócios é ruim e gera condições desiguais de competitividade entre os segmentos turísticos brasileiros, ferindo também a isonomia entre os segmentos turísticos. Superada esta avaliação sobre a igualdade de condições, falta-nos o desafio da efetividade.

A Lei Geral do Turismo traz uma série de penalidades para as empresas turísticas, como advertência, interdição, cancelamento de cadastro, dentre outros. Lista infrações e diz como deverá ser feita a fiscalização.

O ponto da efetividade é que não há no Brasil uma fiscalização organizada e coordenada para avaliar e fazer valer o cumprimento da Lei. Mais uma vez, corre-se o risco de uma lei não ser cobrada, não ser exigida, mas ser obervada pelo Judiciário quando de suas manifestações. Quando há um acidente, os detalhes são expostos, e as não conformidades da prestação de serviços são avaliadas pelo magistrado, o que é em si correto, porém deslocado do contexto adequado.

O Estado, diante da legislação colocada em vigor, deveria, tal qual a iniciativa privada – que é forçada a se enquadrar a uma série de novidades legais – cumprir sua parte das obrigações estampadas na Lei Geral e no que dela se extrai, promovendo e também fiscalizando as partes envolvidas para que o cumprimento da lei não se torne um fardo para poucos.

A Lei Geral dita a necessidade de se contratar por escrito com clientes e com fornecedores, de reparar danos e prevenir acidentes, de assumir os riscos pelas atividades e de garantir qualidade e segurança, obrigações que já eram reguladas de forma geral pelo Código de Defesa do Consumidor, mas que se tornam mais claras e evidenciadas com o advento da nova Lei.

Inovador e interessante é o fato de ter a empresa turística que informar aos consumidores a sua cadeia de fornecedores. Outra novidade é a determinação de que os contratos para os serviços ofertados pelas agências de turismo deverão prever no mínimo as condições para alteração, cancelamento e reembolso, eventuais restrições e modo de utilização dos serviços.

A despeito de ser louvável a intenção do legislador ao editar a lei, e, posteriormente, do Executivo de regulamentá-la, vê-se que em matéria de praticidade o regramento pouco solucionou, sendo necessário que evolua ainda mais.

Não obstante isto, mais do que fazer valer a aplicação da legislação que trata especificamente do turismo, com o evento de escala global que se avizinha, o Brasil tem a oportunidade de dar azo à prática todas as leis que no dia a dia se tornaram "obsoletas".

A Lei 10.671/03 é uma delas. O diploma que ficou conhecido como Estatuto do Torcedor é resultado de um histórico conturbado no futebol brasileiro, e tem por objetivo proteger os interesses do consumidor de esportes na condição de torcedor, impingindo as instituições responsáveis a estruturarem o esporte no país de maneira organizada, transparente e segura.

A norma, que veio em benefício dos cidadãos brasileiros frequentadores dos estádios de futebol, e cuja redação traz em si interessantes propostas em prol dos torcedores, tem sua aplicação negligenciada a todo momento, sendo ótima oportunidade para que seja observada em sua plenitude.

Contudo, ao menos em princípio, com o advento da Copa do Mundo, a própria aplicação do Estatuto do Torcedor fica mitigada quando em confronto com a Lei Geral da Copa, o que reforça a ideia de que o no país impera a insegurança jurídica.

A Lei Geral da Copa fará com que todas as outras leis conflitantes a ela tornem-se sem efeito, nos âmbitos Federal, Estadual e Municipal. A título de ilustração, após sua sanção, no que concerne à venda de bebidas alcoólicas nos estádios nos 12 Estados participantes da Copa do Mundo o dispositivo do Estatuto do Torcedor que determina a proibição fica suspenso.

Durante as negociações que confirmaram o Brasil como sede da Copa do Mundo, o governo brasileiro assumiu o compromisso de aceitar todas as condições impostas pela FIFA para a realização da Copa do Mundo, sendo uma delas a suspensão de alguns dispositivos de lei que viessem de encontro com a legislação da entidade.

O fato por si só de haver uma norma que regulamente determinada matéria não torna a questão indene, e, ainda assim, ao menos no Brasil, permite que aqueles que têm de se submeter ao regramento se sintam desconfortáveis com relação à sua aplicação caso os tribunais ainda não tenham sedimentado a matéria. Historicamente, a insegurança jurídica no Brasil sempre foi um fator que inibiu ou afugentou os investimentos estrangeiros do país, posto que ao empreender aqui o investidor nunca sabe se, ao tempo da execução, os pactos firmados continuarão sob a égide da mesma lei do tempo da celebração.

No campo dos investimentos, por exemplo, a perspectiva de incerteza leva a que os investidores vejam com certa dose de desconfiança o risco de investimento.

Guardadas as devidas proporções, no que se refere aos turistas, o raciocínio é o mesmo, na medida em que se não se estabelecerem regras claras acerca da atividade, perde-se em concorrência para outras localidades que apresentam essas regras bem definidas.

Na mesma linha de raciocínio, é pertinente lembrar que outro fator que gera desconfiança no estrangeiro é a lentidão da Justiça brasileira em solucionar os conflitos que lhe são apresentados.

Apesar de a Constituição prever em seu artigo 5º, inc. LXXVIII, que a todos, no âmbito judicial e administrativo, são assegurados a razoável duração do processo e os meios que garantam a celeridade de sua tramitação, sabe-se que por aqui a banda não toca exatamente dessa forma.

Buscando mitigar essa situação, o Conselho Nacional de Justiça, já para a Copa das Confederações, estabeleceu a instalação de Juizados Especiais nos aeroportos, de forma a tentar acelerar a resolução das celeumas ali instauradas.

Segundo informações do CNJ: "Nos primeiros três meses de 2013, mais de 6,2 mil passageiros foram atendidos pelos Juizados Especiais localizados nos aeroportos brasileiros que oferecem o serviço. As unidades buscam solucionar, ainda no aeroporto, problemas enfrentados pelas pessoas na hora de viajar, como atrasos, cancelamentos, extravios de bagagem, entre outros, por meio de audiências de conciliação com representantes de empresas aéreas. Atualmente, apenas os aeroportos de Brasília/DF, São Paulo/SP, Rio de Janeiro/RJ e Cuiabá/MT contam com esse serviço".

As unidades judiciárias instaladas nos aeroportos atendem gratuitamente, sem que seja necessário sair do aeroporto e constituir advogado. O principal objetivo é a conciliação entre as partes, desde que o valor da causa não exceda 20 salários mínimos. Além de receberem as reclamações, os funcionários dos juizados prestam orientações aos usuários.

A passos lentos, e no afã de se fazer um bom papel na Copa do Mundo, quando os olhos do Planeta Terra estarão voltados para o país, tem-se tentado criar mecanismos que proporcionem aos turistas uma boa impressão sobre o Brasil, seja sob o ponto de vista estrutural, ou de prestação de serviços públicos.

Por óbvio que, para que esses objetivos sejam alcançados, faz-se necessário que, além das imprescindíveis reformas de natureza estrutural, também sejam feitas algumas de cunho institucional, cultural, legal, político, social e jurídico.

Para que o Brasil possa sair vitorioso da Copa do Mundo, com ou sem a taça, mas apresentando-se como perspectiva confiável e viável de opção nos mais variados campos da economia, notadamente no turístico, não se pode abrir mão de uma evolução legislativa que, além de conceder ao empreendedor de turismo artifícios que lhe garantam o exercício de sua atividade, dê ao outro lado, o turista, meios de usufruir dos benefícios nacionais.

Deseja-se que nos próximos anos se torne a lei efetiva, servindo de ferramenta para o desenvolvimento do turismo nacional, o que, em tempos de Copa do Mundo e de Jogos Olímpicos, seria extremamente desejável.

— 7 —

Brasil, o gigante do futebol mundial com um mercado subaproveitado e inserido no *big bang* do Poder Judiciário

Porque a dignidade da pessoa humana não tarda está!

DAYAN LUZZOLI[1]

Advogada da Bola, Especialista em Direito do Trabalho, Direito Desportivo e Direito Constitucional. Membro da Comissão de Direito Desportivo da OAB/SC.

1. Introdução

O Brasil precisa aprender a usar o futebol a favor do Brasil.

O Desporto é uma instituição multifuncional que atende a interesses complexos como a saúde, a educação, a sociabilidade e a cultura, além de promover a circulação de valores e riquezas. E pensar no Desporto sem lembrar-se da paixão nacional[2] é quase impossível, ainda mais em vésperas de Copa do Mundo.

Com uma função social impactante em todo o Estado, é fato que o futebol se tornou o gigante do Desporto no Brasil, movimentando um mercado multimilionário e com potencial de gerar recursos em diferentes setores da economia. Mas, apesar desta portentosa realidade, algumas questões devem ser levadas em consideração, tais como: a maioria dos Clubes brasileiros está com graves problemas financeiros; a falta de calendário de jogos está causando a morte dos Clubes pequenos; não há no País política pública governamental que comprove a eficiên-

---

[1] Este trabalho é dedicado a meus pais, Maria e Valdir, por terem me ensinado que o grande poder reside na humildade que permite que a mente esteja sempre aberta às diferenças e aos novos ensinamentos; e, também, ao querido atleta e mentor Gilberto Silva. Pois "todos os homens são filósofos", mas este é um gigante da filosofia humana e do esporte. Obrigada queridos pela sabedoria compartilhada.

[2] Neste artigo, como exemplo ao Desporto, usar-se-á modalidade esportiva futebol.

cia da formação profissional de jovens e adolescentes realizadas nas Bases dos Clubes, já que 90% dos atletas brasileiros são economicamente desvalorizados; a Justiça Desportiva Brasileira que era moderna regrediu com o Constituinte de 1988, que reduziu o seu campo de abrangência; e, por fim, a Legislação Desportiva respinga em várias leis esparsas, provocando julgados regionais obsoletos e parciais.

Isto posto, far-se-ão breves apontamos quanto aos temas patentes acima, pelo o prisma do Poder Judiciário e da Constituição da República, sem o intuito de desaprovar o que se acha posto ou esgotar o tema. A intenção é sugerir uma nova interpretação aos dispositivos pétreos, para que o Estado caminhe no pilar da dignidade da pessoa humana e como Estado de Direito, atendendo a vontade da sua fonte promotora de poder: o povo. Não há como falar em mercado da bola e sua evolução, sem que se resolvam problemas estruturais do Estado que impedem o crescimento econômico do País.

2. O futebol no Brasil: dias atuais

> (...) O entendimento humano deve muito às paixões que, de comum acordo, também lhe devem muito.
>
> É por sua atividade que nossa razão se aperfeiçoa.[3]

Uma das profissões mais cobiçadas por jovens meninos no Brasil é marcada por uma acirrada competição acrescentada de uma *boa dose* de superação emocional. Literalmente, vencer como atleta neste País de tão poucos é um trabalho de gente grande.

Diferentemente das outras profissões, quem deseja ser atleta de futebol, com apenas 12 anos de idade já deve saber o que quer e estar focado na prática desportiva. Além disso, deve possuir um *futebol instintivo* (dom), pois, com exceção do goleiro, não se forma um jogador de futebol, apenas se aprimoram suas habilidades naturais.

Não obstante a pouca idade, a criança passa a ter uma rotina árdua composta: por treinos diários; preparação física rigorosa; alimentação diferenciada; vida social quase nula; atua com exclusividade e dedicação integral ao Clube que a está formando. Algumas delas conseguem receber a Bolsa Atleta[4] as quais têm direito quando completam 14 anos de idade, findando aos 19 anos (Ministério do

[3] ROSSEAU, Jean-Jacques. *A Origem da Desigualdade entre os Homens*. Trad. Ciro Mioranza. São Paulo: Lafonte, 2012, p. 44.

[4] Bolsa Atleta: "Visa garantir uma manutenção pessoal mínima aos atletas de alto rendimento, buscando dar condições para que se dediquem ao treinamento esportivo e a participação em competições visando o desenvolvimento pleno de sua carreira esportiva". Ministério do Esporte, Brasília: 2010. Portal: Bolsa Atleta. Disponível em: <http://www.esporte.gov.br/snear/bolsaAtleta/sobre.jsp>.

Esporte, 2010).[5] No caso de já ser atleta profissional, o que pode ocorrer quando completa 16 anos de idade, chega a trabalhar cerca de 5.000 horas por ano, em calendários de jogos massacrantes, que em sua maioria ocorrem em períodos noturnos e nos finais de semana. Observa-se, para fins de curiosidade, que um trabalhador *normal* labora em torno de 2.112 horas por ano.

Atualmente, são muitos os jogadores que dentro destes Clubes passam frio, fome, são abusados sexualmente, roubados ou convivem num ambiente de drogas, prostituição, dentre outras situações aterradoras. Acrescente ao fato de que a maioria vem de família humilde e usa o futebol como pseudoesperança de ter onde dormir, comer e, quem sabe, um futuro.

Trabalhar com o futebol é árduo, pois é impossível lograr esta realidade! Mas, infelizmente, são muitos os que cruzam os braços e ainda fazem do jogador de futebol mera *res*: coisa ou mercadoria! E o mais penoso é quando isso vem de um ex-jogador de futebol.

Conforme dados fornecidos pelo Portal Copa 2014, o Brasil hoje tem cerca de 2,1 milhões de jogadores registrados, 11,2 milhões de jogadores não registrados, mais de 100 competições anuais e 5 mil jogos profissionais por ano.[6]

Ainda, segundo Fernando Ferreira,[7] o Brasil tem 654 Clubes disputando Campeonatos Estaduais. Destes, apenas 100 voltam aos campos no restante do ano para disputar alguma divisão do Campeonato Brasileiro. Os outros 554 clubes quando terminam os Estaduais (duração em torno de 4 meses), ficam no desespero econômico e, sem calendários de jogos e recursos para manter o Clube, dispensam a maioria de seus atletas.

Fernando Ferreira[8] observa, também, que dos 12.888 atletas registrados na CBF, apenas 2.579 têm atividade garantida durante todo o ano; os outros 10.309 atuam no grupo de clubes sem calendário, tendo que buscar outra alternativa para sobreviver. Notório, assim, o quão pobre é o nosso futebol. E, apesar da promoção criada em torno desses jogadores, esses meninos são verdadeiros sobreviventes do esporte.

Neste sentido, alerta ainda o mesmo autor:

> Um verdadeiro massacre de clubes pequenos ocorre silenciosamente Brasil afora. De 2009 para cá, caiu de 734 para 654 o número de times que disputam alguma divisão dos campeonatos Estaduais, uma redução de 80 clubes (-11%) em apenas 3 anos. Ao contrário do que se possa pensar, isso não é resultado de uma mudança estrutural, onde os clubes de menor expressão não conseguem manter-se competitivos em função de seu porte, e por isso encerram suas atividades. É um movimento muito particular ao Brasil, reflexo de uma estrutura onde os campeonatos estaduais mínguam à despeito da

[5] Ministério do Esporte, 2010, *ibidem*.

[6] Cf. ANDRADA, Mário de. *O futebol Brasileiro*. 2010. Disponível em: <http://www.portal2014.org.br/o-fu-ebol-brasileiro/>.

[7] Cf. FERREIRA, Fernando. *O que fazer com 554 clubes e 10.309 jogadores sem calendário?* Curitiba: *Pluri Consultoria,* 2013a. Disponível em: <http://www.pluriconsultoria.com.br/relatorio.php?segmento=sport&id=27>.

[8] FERREIRA, 2013a, *ibidem*.

inércia das Federações. A cada ano que passa mais clubes se licenciam (a maioria não volta), voltam às disputas amadoras e até mesmo fecham as portas definitivamente. São Paulo encerrou sua 6ª divisão em 2003 e a 5ª em 2004, permanecendo o único Estado a ter 4ª divisão. A 3ª divisão só existe em 7 estados, sendo que em 3 está por um fio, e a 2ª já desapareceu em 4 Estados, e em outros 9 não deve sobreviver sequer 2 anos. No Amapá e em Roraima a 1ª divisão tem apenas 6 participantes, no Piauí sobraram 8. São candidatos sérios a primeiros Estados do Brasil sem campeonatos Estaduais por falta de clubes. E porque isso ocorre? Porque os campeonatos atuais não são atraentes para investidores, público e TV, fazendo com que se permaneça em uma espiral negativa na qual o último elo, o clube, é o maior prejudicado. E junto vão seus torcedores.

No mundo onde a organização e a estrutura do futebol funcionam, os clubes menores possuem papel importante na cadeia da indústria, coexistindo com os clubes grandes. Não é um ambiente de perde-perde como no Brasil. E aqui entra a maior crítica às Federações, que frequentemente usam um discurso que tenta traduzir vício em virtude, ao justificarem a não melhoria do calendário justamente por se alegarem defensoras dos interesses dos clubes menores. *Nada mais falso, pois se o calendário ruim machuca os clubes grandes, mata os pequenos*, uma vez que os primeiros ainda têm a capacidade de suportar algum nível de prejuízo, luxo a que os menores não podem se dar.[9] (Grifou-se)

O futebol é sem dúvida a maior manifestação cultural do século 20, cuja profissão se tornou uma das mais importantes do País, tendo em vista os diferentes setores da economia que atinge. Mas, a exiguidade do mercado futebolístico é corpulento. Segundo uma pesquisa realizada pela Fundação Getúlio Vargas (FGV) e publicada pela Revista Brasil Econômico[10] (2012), fatura-se cerca de 11 bilhões de reais por ano com o futebol, cujo potencial poderia ser de cinco vezes mais e atingir cerca de 1,1% do PIB brasileiro. Isto se dá por diversos fatores: falta de profissionalismo dos que atuam no setor; gestão ultrapassada; corrupção dentro dos Clubes; Clubes com formato de Associação o que causa insegurança jurídica para atrair investidores etc.

Entretanto, dados fornecidos pelo Governo Federal[11] (2009) salientam que apenas com a Copa do Mundo de 2014 pretende-se agregar cerca de 183 bilhões de reais ao PIB do Brasil até 2019. Outro dado interessante é que dos 30 jogadores mais valiosos da Copa *Bridgestone* Libertadores de 2013, 17 são brasileiros, sendo que entre os 15 primeiros têm 12 brasileiros.[12]

O fato é que, constatando o quadro vil de cerca de 90% dos atletas e dos Clubes no Brasil, esses dados parecem paradoxos. Mas, servem de alerta. Questões devem ser percebidas, tais como: o Brasil é o número 1 do mundo no futebol, mesmo diante desta realidade! Como? Com certeza, os atletas brasileiros são di-

[9] FERREIRA, Fernando. *O Calendário e a morte dos Clubes pequenos*. Curitiba: *Pluri Consultoria*, 2013b. Disponível em: <http://www.pluriconsultoria.com.br/relatorio.php?segmento=sport&id=227>.

[10] Cf. REVISTA BRASIL ECONÔMICO. *O PIB do futebol Brasileiro pode saltar de R$ 8 bi para R$ 50 bi*. 2012. Disponível em: <http://www.brasileconomico.ig.com.br/epaper/contents/paper133721805063.pdf>.

[11] Portal Copa, 2010, *ibidem*.

[12] FERREIRA, Fernando. *Libertadores, a Copa de R$ 3,3 bilhões*. Curitiba: Pluri Consultoria, 2013c. Disponível em: <http://www.pluriconsultoria.com.br/relatorio.php?segmento=sport&id=214>.

ferentes. O Brasil precisa aprender a usar o futebol em prol do Brasil como fonte de riquezas. Basta constatar que o futebol se tornou, indiretamente, uma matéria multidisciplinar já que envolve: saúde, escola, comunidade, favela, TV, teatro, novela, a música, indústria, grandes eventos etc.; e aparecer no *Ranking* Mundial de Clubes com apenas 4 Clubes entre os 50 primeiros listados, é irrisório tendo em vista o potencial brasileiro, senão veja-se: Corinthians (14º), Fluminense (31º), São Paulo (42º) e Santos (48º).[13]

O *Council of Europe*[14] (2012), por exemplo, aborda que o esporte tem um papel específico a desempenhar, pois fomenta a integração social e contribui na promoção de valores fundamentais, tais como: a democracia, os direitos humanos e o Estado de Direito, senão veja-se a íntegra:

> The Council is aware that sport has a distinctive role to play as a force for social integration, tolerance and understanding. It is open to all, regardless of age, language, religion, culture, or ability. It is the single most popular activity in modern society. Sport provides the opportunity to learn to play by commonly agreed rules, to behave admirably both in victory and in defeat and to develop, not only the physical being, but also social competences and ethical values. Its contribution to education is increasingly acknowledged. Sport has a key contribution to bring to the promotion of the core values of the Council of Europe: democracy, human rights and the rule of law. The Council of Europe acts against the negative aspects of sport – in particular violence and doping – through two Conventions: the European Convention on Spectator Violence and the Anti-Doping Convention.

Neste sentido, aproveitar este potencial do esporte, considerando a crise na Europa, e a Copa do Mundo de 2014 que será realizada aqui, é o gramado perfeito para começar o jogo e alavancar o Brasil como número 1 na formação de atletas, projetando-o, inclusive, para ser a Liga número 1 do mundo. Pois, dentro do Brasil se tem tudo que é preciso para desenvolver o esporte: recursos, espaços físicos, excelente clima, empresas, riquezas, atletas diferenciados e uma nação apaixonada por esta modalidade esportiva.

Mas, para que isso ocorra, algumas medidas devem ser realizadas pelo Governo com apoio da iniciativa privada, tais como: a) investir em infraestrutura, para que os cidadãos possam praticar o desporto; b) investir na base dos Clubes, para a adequada formação esportiva de crianças e adolescentes; c) investir nos Clubes, apoiando o desporto competição; e) criação de campeonatos regionais para o futebol amador e profissional; d) criação de políticas públicas de apoio ao esporte, principalmente, que comprovem que a formação da base como está, dá resultado; e) reformulação da Lei Pelé para que os Clubes deixem de ter o formato Associação, passando a ser empresa etc.

É preciso criar métodos eficazes de promoção do futebol brasileiro, começando pela fleuma legislativa que, por exemplo, não estimula e orienta de forma efetiva a estruturação dos Clubes no País, que na sua maioria ainda usa o formato de Associação. Isto gera muita insegurança jurídica para aquele que pretende in-

[13] FERREIRA, Fernando. *Ranking Mundial de Clubes 2012*. Curitiba: Pluri Consultoria, 2013d. Disponível em: <http://www.pluriconsultoria.com.br/relatorio.php?segmento=sport&id=221>.

[14] COUNCIL OF EUROPE. 2012. Disponível em: <http://www.coe.int/t/DG4/sport/default_en.asp>.

vestir nos Clubes e no setor, pois a fiscalização é muito mais difícil, e a corrupção vira praxe, em vez de exceção.

É de suma importância à percepção pelo legislador e de todos aqueles que operam o futebol brasileiro, que o uso de certos preceitos é um importantíssimo diferencial na capitação de recursos, uma vez que contribuem para a profissionalização da gestão do Desporto, além de fazer com que alcancem maior legitimidade perante seus *stakeholders*.[15]

Estudar as ligas de sucesso de outros Países é muito importante também. Na Inglaterra, por exemplo, desde sua origem, o Clube-Empresa é padrão e hoje não há Liga no mundo que seja mais rica que esta. Para ilustrar, basta observar a folha salarial do *Chelsea,* que é de 191 milhões de libras e a do *Manchester City* de 174 milhões de libras (Revista Placar, 2013).[16]

Alguns fatores marcantes podem ser extraídos do vizinho inglês quanto ao Clube-Empresa, tais como: facilita o planejamento de metas e eliminação de processos burocráticos, causando agilidade operacional; facilita a rapidez nas decisões; elimina a corrupção e produz um ambiente de empresa comprometida a dar lucro, fabricar craques e gerar vitórias.

O Brasil está prestes a sediar a Copa do Mundo e para garantir a infraestrutura necessária, o País necessita fazer alto investimento em infraestrutura, mobilidade urbana, turismo e arenas. Entretanto, não basta fazer grandes investimentos, é necessário beneficiar as populações locais e os pequenos Clubes, para que o futebol seja impulsionado, e o Brasil continue no Topo.

Uma das estratégias de sucesso está no desenvolvimento de planos regionalizados que permitam o investimento em infraestruturas locais. Sem esse tipo de apoio, os Clubes pequenos vão desaparecer e, com isto, desaparecerá uma fonte de recursos imensurável para o setor privado e setor público. Já que o esporte como fator de integração e inclusão social, em especial de jovens e adolescentes, acarreta em maior eficiência na educação, saúde e segurança pública.

Vale lembrar, que tal apoio deve começar na fonte, inclusive por intermédio da CBF, que hoje é a Confederação mais rica do País. O faturamento anual da CBF representa cerca de 63% de todas as Confederações brasileiras. Segundo a Revista Lancenet[17] de março de 2012, o valor ganho pela entidade em 2011 chegou a R$ 301 milhões. Este número é expressivo já que, unida a outras 12 fede-

[15] *Stakeholders:* "termo usado em diversas áreas como gestão de projetos, administração e arquitetura de *software* referente às partes interessadas que devem estar de acordo com as práticas de governança corporativa executadas pela empresa. (...) Uma organização que pretende ter uma existência estável e duradoura deve atender simultaneamente as necessidades de todas as suas partes interessadas. Para fazer isso ela precisa 'gerar valor', isto é, a aplicação dos recursos usados deve gerar um benefício maior do que seu custo". Disponível em: <http://pt.wikipedia.org/wiki/Stakeholder>.

[16] REVISTA PLACAR. *O dinheiro do futebol inglês*. 2013. São Paulo: Abril, 2013.

[17] Cf. GOUVEIA, Juliano. *Faturamento anual da CBF representa 63% de todas as confederações brasileiras.* Rio de Janeiro: Diário Lance, 2013. Disponível em: <http://esportestv.blogspot.com.br/2012/08/faturamento-anual-da-cbf-representa-63.html>.

rações que disponibilizaram números, o valor total é de R$ 478 milhões. Observe os dados trazidos pela Lancenet:[18]

DESEMPENHO FINANCEIRO	
	FATURAMENTO ANUAL
Futebol	R$ 301 milhões
Vôlei/Vôlei de Praia	R$ 56,5 milhões
Judô	R$ 36,6 milhões
Basquete	R$ 25,2 milhões
Atletismo	R$ 24,8 milhões
Tênis	R$ 17,1 milhões
Automobilismo	R$ 6 milhões
Rugby	R$ 3,1 milhões
Remo	R$ 2,5 milhões
Esgrima	R$ 2,1 milhões
Taekwondo	R$ 1,9 milhão
Pentatlo-Moderno	R$ 1,8 milhão

A CBF conta com patrocinadores importantes, tais como: Nike (R$ 59,4 milhões); Itaú (R$ 27,9 milhões); Vivo (R$ 24,3 milhões); Ambev (R$ 24 milhões), dentre outras. Entretanto, a Confederação ainda investe muito pouco no futebol brasileiro, pouco mais de 17% dos lucros, sendo que a maior parte destes recursos vai para o futebol profissional.[19]

Bom, apesar disso, de fato o Desporto está em expansão, e a economia vem aquecendo dia a dia, principalmente devido à Copa do Mundo de 2014. Graças ao evento, vários serão os setores da economia atingidos de forma positiva como: hotelaria, turismo, comércio etc.

Mas, não se deve perder de vista aqui, que apesar da emergente expansão econômica desportiva que se encontra o País do futebol, Este vem formando e capacitando crianças e adolescentes de forma desumana, a maioria dos Clubes continua com graves problemas financeiros, vários Clubes pequenos estão fechando as portas, o que afeta toda economia local e que a corrupção dentro destes Clubes ainda é latente. E tudo isso ocorre pública e notoriamente, sem qualquer punição, fiscalização ou responsabilidade daqueles que trabalham com futebol no País.

Assim, enquanto uma minoria frívola cruza os braços e comanda todo *show business*, são muitos os jovens atletas (crianças e adolescentes) que sofrem: alguns milhões.

---

[18] GOUVEIA, Juliano, 2013, *ibidem*.

[19] REVISTA BRASIL ECONÔMICO. *O PIB do futebol Brasileiro pode saltar de R$ 8 bi para R$ 50 bi*. 2012. Disponível em: <http://www.brasileconomico.ig.com.br/epaper/contents/paper133721805063.pdf>.

Devido a esta realidade, é importante valorizar o jogador brasileiro que marcou e marca a história do futebol mundial. Ele tem apreço por sua habilidade extraordinária, por sua disciplina e perseverança em vencer num mercado cuja base é um retrocesso ao que hoje chamamos de direitos humanos mínimos de qualquer criança, adolescente e profissional. Ele está além do *funk*, do "*tchum tcha tcha*", do "*correntão de ouro*" ou do carro importado. Estes atletas merecem respeito de todos aqueles que trabalham ou não com o esporte, como qualquer outro profissional.

Enfim, crescer economicamente no futebol é, acima de tudo, valorizar o trabalho destes meninos. Pois se fala aqui do esporte mais popular do mundo, cujo investimento público ou privado, com planejamento a longo prazo, com moldes de gestão profissional, trará resultados financeiros garantidos, beneficiando toda população.

3. Constituição da República & Justiça Desportiva: perspectivismo,[20] um bate-papo rumo ao progresso

> O objetivo não é rachar de plano o conjunto de boas intenções dos que lutam pelos direitos seguindo as pautas da teoria jurídica tradicional.(...) o que rechaçamos são as pretensões intelectuais que se apresentam como "neutras" em relação as condições reais nas quais as pessoas vivem".[21]

3.1. Um Brasil sem moral

O Desporto no Brasil é um mercado "X", ou seja, multiplicador por excelência, e não apenas quanto ao *business*, mas principalmente quanto à mão de obra que cresce de forma latente e, no caso do futebol, com uma força incrível nas várzeas brasileiras. Com a crise na Europa e com a economia brasileira em plena expansão, o Brasil consegue apresentar um bom panorama para os próximos anos. Esse otimismo deve-se em grande parte aos investimentos previstos em nosso País para esta década, especialmente, com ênfase para a Copa do Mundo de 2014, Olimpíadas de 2016 e na exploração da camada do pré-sal.

Apesar disso, o País precisa resgatar sua moral perante outros Estados do mundo. Em época de Copa do Mundo, para que seja respeitado como uma nação emergente e como o País do futebol, primordial aprender a cumprir os cronogramas, efetuar orçamentos que sejam coerentes, definir os empreendimentos públicos prioritários, para resolver as carências de infraestrutura do País, dos Estados e dos Municípios.

[20] Conceito atribuído a Leibniz, mas desenvolvido por Nietzsche, o perspectivismo defende que a percepção e o pensar estão sempre sujeitos a uma perspectiva que é variável. Grosso modo, uma realidade pode ser percebida de diferentes maneiras. Cf. LIMA, João Epifânio. A influência Nietzschiana nas ideias de Michel Foucault. *Revista de Filosofia*. n. 37. São Paulo: Escala Educacional, p. 44.

[21] FLORES, Joaquim Herreira. *A (re) invenção dos Direitos Humanos*. Florianópolis: Boiteux, 2009, p. 37.

Conforme Carlos Alberto Almeida[22] (2012), "o secretário-geral da Federação Internacional de Futebol (FIFA), Jerôme Valcke, deu um show de preconceito ao afirmar que o Brasil tinha que levar um chute no traseiro porque não estaria cuidando adequadamente dos preparativos para a Copa. Duvido que Valcke compreenda o Brasil. Exatamente por isso a afirmação foi inteiramente preconceituosa" .

Em verdade, apesar de Jérôme Valcke ter sido infeliz na sua manifestação, é isto que a ineficiência governamental brasileira vem demonstrando ao mundo. Basta lembrar que hoje o Estado brasileiro numa de suas funções de Poder – Judicant fere direitos humanos todos os dias.

Fábio Konder Comparato[23] (2004), neste sentido, aduz com muita propriedade que:

> Na idade moderna, só se pode considerar democrático *o regime político fundado na soberania popular, e cujo objetivo 'último consiste no respeito integral aos direitos fundamentais da pessoa humana.* A soberania do povo, não dirigida à realização dos direitos humanos, conduz necessariamente ao arbítrio da maioria. O respeito integral aos direitos do homem, por sua vez, é inalcançável quando o poder político supremo não pertence ao povo. (Grifou-se)

Neste contexto, pensar na Justiça Desportiva sem certa dose de frustração é difícil já que, tanto esta como o Poder Judiciário, influencia de forma impactante na economia, organização e crescimento do País e, claro, isso reflete no Desporto.

Entretanto, vale lembrar, que, apesar de se cobrar uma resposta do Judiciário, este na prática, apesar de autônomo, tem menor peso entre os três Poderes, ficando prejudicado pelas decisões e legislações que não participa dos outros Poderes, mas as quais tem que se sujeitar. Nesta via, ressalva, ainda, Fábio Konder Comparato[24] (2004):

> A Constituição Federal, em seu art. 99, estabeleceu a autonomia administrativa e financeira do Poder Judiciário. Isto não impediu, contudo, que o Executivo, pressionado pelo Fundo Monetário Internacional, e com a cumplicidade do Congresso Nacional, promulgasse a chamada Lei de Responsabilidade Fiscal (Lei Complementar nº 101, de 4/5/2000), *que fixou limites intransponíveis para as despesas de pessoal do Judiciário, sem que este houvesse participado oficialmente do processo de elaboração da lei.* O adequado funcionamento da Justiça para a proteção efetiva da dignidade humana, princípio supremo da ordem jurídica, não se compadece, claro está, com essa *visão fiscalista da coisa pública.* É indispensável e urgente iniciar uma vigorosa campanha nacional para a fixação, por lei complementar, de um *número mínimo de juízes de primeira* instância, na União, nos Estados e no Distrito Federal, *em função do número efetivo de habitantes*, e de uma correspondente proporção mínima de magistrados dos tribunais de segunda instância, em relação aos juízes de primeira instância, bem como de um número mínimo de membros dos tribunais superiores, em relação aos integrantes dos tribunais de segunda instância. Nunca é demais lembrar que a prestação de justiça é a mais nobre das atividades-fins do Estado, não podendo, portanto, em hipótese alguma, subordinar-se à regra instrumental de balanceamento das contas públicas. (Grifou-se)

---

[22] ALMEIDA, Alberto Carlos. *A Copa no Brasil será um Sucesso.* 2012. Disponível em: <http://www.portal2014.org.br/noticias/9688/A+COPA+NO+BRASIL+SERA+UM+SUCESSO.html>.

[23] COMPARATO, Fábio Konder. *O Poder Judiciário no Regime Democrático.* 2004. Disponível em: <http://www.scielo.br/scielo.php?pid=S0103-40142004000200008&script=sci_arttext>.

[24] COMPARATO, 2004, *ibidem.*

Portanto, pouco pode fazer o Judiciário quanto à sua estrutura devido à intervenção dos outros Poderes do Estado que, a princípio, parece ilegítima se levar em consideração ao que se propõe a tríade dos Poderes. Na verdade, a ideia trazida por Montesquieu[25] não acompanha mais o mundo dos fatos e amarra o crescimento e expansão do Estado. E não precisa ser *gênio* para perceber isto, basta perceber o caos que é o funcionamento do Estado brasileiro.

O País perdeu sua credibilidade perante outros Estados do mundo, por diversos fatores, e o mais grave deles é a crise do Judiciário. Pois, com o Direito em crise, logo a ética e a moral do País também estão. O Poder Judiciário é o reflexo de como o País vem sendo governado. Portanto, difícil exigir que agentes de outros Estados depositem credibilidade num País que além de não se proteger internamente é incapaz de cumprir acordos realizados com outros Órgãos e/ou Países. Assim, completamente entendível a postura de Jérôme Valcke (Secretário-Geral da FIFA), quanto ao Brasil e sua falta de responsabilidade em cumprir os prazos para que possa realizar a Copa do Mundo de 2014. O Governo do Brasil merecia sim um chute no *traseiro*, mas de todos os brasileiros!

O Governo do País precisa ser ético internamente e parar, principalmente, com o comércio partidário, se quiser ser visto lá fora como País sério, emergente e, principalmente, democrático.

Cesar Luiz Pasold[26] (2008), no brilhante livro *Ensaio sobre a Ética de Norberto Bobbio,* aborda a importância do abandono do individualismo por todos aqueles que integram a sociedade e o essencial comprometimento com o *bem comum* que devem ter aqueles que ocupam o Poder.

Vale ressaltar, nesta síntese, o que expõe Norberto Bobbio[27] quanto à democracia:

> Promessas não cumpridas. Mas eram elas promessas que poderiam ser cumpridas? Diria que não. Embora prescindindo do contraste, por mim mencionado páginas atrás, entre o que fora concebido como "nobre e elevado" e a "matéria bruta", o projeto político democrático foi idealizado para uma sociedade muito menos complexa que a de hoje. As promessas não foram cumpridas por causa de obstáculos que não estavam previstos ou que surgiram em decorrência das "transformações" da sociedade civil (neste caso creio que o termo "transformação" é apropriado). Destes obstáculos indico três. Primeiro: na medida em que as sociedades passaram de uma economia familiar para uma economia de mercado, de uma economia de mercado para uma economia protegida, regulada, planificada, aumentaram os problemas políticos que requerem competências técnicas. Os problemas técnicos exigem por sua vez expertos, especialistas, uma multidão cada vez mais ampla de pessoal especializado. Há mais de um século Saint-Simon havia percebido isto e defendido a substituição do governo dos legisladores pelo governo dos cientistas. Com o progresso dos instrumentos de cálculo, que Saint-Simon não podia nem mesmo de longe imaginar, a exigência do assim chamado governo dos técnicos aumentou de maneira desmesurada. Tecnocracia e democracia são antitéticas: se o protagonista da sociedade industrial é o especialista, impossível que venha a ser o cidadão qualquer.

[25] MONTESQUIEU, 2012, *ibidem*.

[26] Cf. PASOLD, Cesar Luiz. *Ensaio sobre a Ética de Norberto Bobbio*. Florianópolis: Conceito Editorial, 2008, p. 24-26.

[27] BOBBIO, Norberto. *O Futuro da Democracia:* uma defesa das regras do jogo. V.63. 6ª ed. Rio de Janeiro: Paz na Terra, 1986.

A democracia sustenta-se sobre a hipótese de que todos podem decidir a respeito de tudo. A tecnocracia, ao contrário, pretende que sejam convocados para decidir apenas aqueles poucos que detêm conhecimentos específicos. Na época dos estados absolutos, como já afirmei, o vulgo devia ser mantido longe dos arcaria impem porque considerado ignorante demais. Hoje o vulgo é certamente menos ignorante. Mas os problemas a resolver — tais como a luta contra a inflação, o pleno emprego, uma mais justa distribuição da renda — não se tornaram por acaso crescentemente mais complicados? Não são eles de tal envergadura que requerem conhecimentos científicos e técnicos em hipótese alguma menos misteriosos para o homem médio de hoje (que apesar de tudo é mais instruído)?

Em verdade, ao longo da história "desde a célebre disputa entre os três príncipes persas, narrada por Heródoto",[28] a discussão sobre qual é o melhor Governo esteve sempre em volta da *monarquia*, da *aristocracia* e da *democracia,*[29] notadamente das duas primeiras. Isto porque, a monarquia e a aristocracia foram os governos mais marcantes durante séculos.

Nesta reflexão, atualmente, é imprescindível que se continue questionando a Democracia juntamente com o povo, para que se acompanhe o movimento humano em busca da dignidade que, no Brasil, infelizmente, está muito aquém do mínimo.

É papel preponderante e responsabilidade latente de todos os juristas brasileiros, sejam eles estudantes ou não e, principalmente, daqueles que têm o papel de defender a Constituição da República, em quebrar paradigmas e fazer valer o Estado de Direito que há muito, sucumbindo. Aberrações e atrocidades que vêm sendo cometidas pelas pessoas que fazem frente do Governo brasileiro, principalmente, na gerência dos Poderes, precisam acabar. Esta deve ser a exigência preponderante do povo brasileiro em apoio àqueles que detêm o conhecimento jurídico hábil em reformular o Estado e entregar-lhe o que não tem mais: legitimidade material, logo, democracia!

Nas linhas abaixo sugestionar-se-á uma nova forma de olhar o Estado e interpretar suas cláusulas pétreas, uma vez que a tripartição de Poderes como está posta já não atende mais a demanda evolutiva do povo. Observa-se, que o foco será apenas a função judicante do Estado, já que se fala em economia do esporte, direito e em como o Poder Judiciário vem afetando negativamente o crescimento econômico do País.

3.2. O big bang do Poder Judiciário: porque a dignidade da pessoa humana não tarda está!

> Só aquele que se coloca pura e simplesmente ao serviço de sua causa possui, no mundo da ciência, "personalidade".[30]

Por ser o Desporto importante meio de integração social, atingindo de forma latente a economia do País, em 1988 o Constituinte inovou com louvor quan-

[28] BOBBIO, 1986, *ibidem*.

[29] Cf. BOBBIO, 1986, *ibidem*.

[30] WEBER, Max. *Ciência política*: duas vocações. Brasília: Cultrix, 2010, p. 34.

do institucionalizou a Justiça Desportiva no País reconhecendo-a como instância inicial e obrigatória para determinadas matérias. Inovou, também, ao limitar o conhecimento de algumas matérias pelo Poder Judiciário, enquanto não houver o exaurimento das instâncias desportivas (CRFB, art. 217, § 1º).[31]

Entretanto, retrocedeu quando retirou de sua competência e *espírito* matérias que deveriam estar sob sua égide como a trabalhista e a cível.

De fato, o Direito Desportivo se difere e muito do habitual, e o julgamento de alguns temas fora dessa *alma desportiva* gera decisões moribundas que prejudicam o atleta e toda instituição, o que reflete diretamente na sociedade e na economia do País. Um exemplo disso é o caso do jogador Oscar do Internacional em que fora necessário impetrar *habeas corpus*[32] contra a decisão da 16ª Turma do TRT da 2ª Região (SP), para que lhe fosse garantida a liberdade ao exercício profissional, de locomoção e pudesse trabalhar no Clube Internacional de Porto Alegre, desvinculando-se do São Paulo Futebol Clube.

Alguns autores alegam que o Poder Judiciário deve entrar em conformidade com as decisões dos auditores (ou juízes) da Justiça Desportiva para que haja um *encaixe* entre ambas as Justiças e possam caminhar harmoniosamente.[33] Entretanto, na prática isso não ocorre, não apenas por se tratarem de Justiças com naturezas completamente diferentes, mas, também, porque o Judiciário não dá qualquer respiro para quem o opera, que na pressa de proferir suas decisões e cumprir metas, muitas vezes fere gravemente o princípio do contraditório e da ampla defesa.

Atualmente, a Justiça Desportiva não tem competência para julgar questões salariais dos atletas, transferências, outros litígios envolvendo a profissão, ficando apenas com as questões de disciplina e organização das competições. Ou seja, ela pode afastar um atleta de uma competição, o que pode lhe causar sérios prejuízos emocionais, financeiros, inclusive rescisão contratual, mas não pode julgar um processo trabalhista. Não há proporção nisso, ainda mais considerando a situação vexatória do Poder Judiciário hoje.

A inafastabilidade do controle jurisdicional é considerada como a manifestação do Estado de Direito[34] e se apresenta como uma das mais relevantes

[31] CRFB, Artigo 217: "É dever do Estado fomentar práticas desportivas formais e não-formais, como direito de cada um, observados: I – a autonomia das entidades desportivas dirigentes e associações, quanto a sua organização e funcionamento; II – a destinação de recursos públicos para a promoção prioritária do desporto educacional e, em casos específicos, para a do desporto de alto rendimento; III – o tratamento diferenciado para o desporto profissional e o não-profissional; IV – a proteção e o incentivo às manifestações desportivas de criação nacional".

[32] *Habeas corpus:* é uma garantia trazida pela Constituição da República em favor daquele que sofreu violência ou ameaça de constrangimento ilegal na sua liberdade de locomoção, por parte de autoridade legítima.

[33] VIRGÍLIO, Renata Espíndola. *A tensão entre o princípio do contraditório e o princípio da duração razoável do processo no processo jurisdicional democrático.* Jus Navigandi: 01/03.

[34] "Ao contrário dos demais Poderes, ele tem estado, pela tradição constitucional, alheio ao procedimento de emenda ou reforma da Constituição. Entendo que, dada a posição relativamente inferior do Judiciário em relação aos demais Poderes do Estado no equilíbrio constitucional de competências, é indispensável estabelecer a regra de que toda e qualquer proposta de emenda à Constituição, relativa ao Poder Judiciário e à magistratura

garantias de proteção do Princípio da Separação dos Poderes (CRFB, art. 2º).[35] Noticiam alguns doutrinadores que o princípio teve sua origem na Constituição de *Weimar* e na Constituição de *Würtemberg*.[36] No âmbito internacional, o princípio encontra proteção em alguns documentos importantes, a exemplo: Declaração Universal dos Direitos do Homem, de 1948, artigo X; Convenção Europeia para a Proteção dos Direitos do Homem e das Liberdades Fundamentais, de 1950, artigo 6º, 1; Pacto Internacional sobre os Direitos Civis e Políticos, de 1966, artigo 14, 1; Convenção Americana sobre Direitos Humanos, de 1969, artigo 8º, 1 (Pacto de São José da Costa Rica).[37]

Devido à previsão Constitucional, não pode o legislador infraconstitucional mitigar o princípio em tela, nem mesmo por emenda à Constituição, visto se tratar de autêntica cláusula pétrea (CRFB, art. 60, §4º, II e IV).[38] Isto significa que as exceções admitidas são apenas aquelas inseridas na Lei Fundamental.

Neste sentido, esclarece Canotilho[39] (2003):

> Garantir uma melhor definição jurídico-material das relações entre Estado-cidadão e particulares-particulares, e, ao mesmo tempo, assegurar uma defesa dos direitos 'segundo os meios e métodos de um processo juridicamente adequado'. Por isso, a abertura da via judiciária é uma *imposição directamente dirigida ao legislador* no sentido de dar operatividade prática à defesa de direitos. Esta imposição é de particular importância nos aspectos processuais.

De fato, devido ao preceito, é possível extraírem-se algumas consequências, tais como: a) o destinatário principal é o legislador; b) assistência jurídica integral e gratuita; c) direito de ação em sentido processual, dentre outras.

---

nacional, seja de iniciativa exclusiva do Supremo Tribunal Federal, analogamente ao que estabelece a Constituição no que concerne ao Estatuto da Magistratura (art. 93)". COMPARATO, 2004, *ibidem*.

35 CRFB, art. 2º. "São Poderes da União, independentes e harmônicos entre si, o Legislativo, o Executivo e o Judiciário".

36 Cf. TUCCI, Rogério Lauria; TUCCI, José Rogério Cruz e. Constituição de 1988 e processo: regramentos e garantias constitucionais do processo. São Paulo: Saraiva, 1989, p. 08-12.

37 Declaração Universal dos Direitos do Homem, de 1948, artigo X: "Todo homem tem direito, em plena igualdade, a uma justa e pública audiência por parte de um tribunal independente e imparcial, para decidir de seus direitos e deveres ou do fundamento de qualquer acusação criminal contra ele"; Convenção Europeia para a Proteção dos Direitos do Homem e das Liberdades Fundamentais, de 1950, artigo 6º, 1: "Qualquer pessoa tem direito a que a sua causa seja examinada, eqüitativa e publicamente, num prazo razoável por um tribunal independente e imparcial, estabelecido pela lei, o qual decidirá, quer sobre a determinação dos seus direitos e obrigações de caráter civil, quer sobre o fundamento de qualquer acusação em matéria penal dirigida contra ela"; Pacto Internacional sobre os Direitos Civis e Políticos, de 1966, artigo 14, 1: "Todas as pessoas são iguais perante os tribunais de justiça. Todas as pessoas têm direito a que a sua causa seja ouvida eqüitativa e publicamente por um tribunal competente, independente e imparcial, estabelecido pela lei, que decidirá quer do bem fundado de qualquer acusação em matéria penal dirigida contra elas, quer das contestações sobre os seus direitos e obrigações de caráter civil"; Convenção Americana sobre Direitos Humanos, de 1969, artigo 8º, 1 (Pacto de São José da Costa Rica): "Toda pessoa tem direito a ser ouvida, com as devidas garantias e dentro de um prazo razoável, por um juiz ou tribunal competente, independente e imparcial, estabelecido anteriormente por lei, na apuração de qualquer acusação penal formulada contra ela, ou para que se determinem seus direitos ou obrigações de natureza civil, trabalhista, fiscal ou de qualquer outra natureza". TUCCI, 1989, *ibidem*, p. 11-12.

38 CRFB, Art. 60. "§ 4º – Não será objeto de deliberação a proposta de emenda tendente a abolir: I – a forma federativa de Estado; (...) IV – os direitos e garantias individuais.

39 CANOTILHO, José Joaquim Gomes. *Direito constitucional e teoria da constituição.* 7ª ed. Coimbra: Almedina, 2003.

Assim, à Justiça Desportiva foi atribuída apenas uma competência administrativa que deve ser rápida e esgotar a instância administrativa. Se assim não ocorrer, abre-se ao autor a faculdade de acionar a Justiça Comum para intervir na matéria que a princípio não era da competência desta. Por exemplo, se o julgador da Justiça Desportiva estourar o prazo para proferir sua resposta (60 dias) ou caso os interessados esgotem a esfera administrativa, abre-se para estes a faculdade de acionar a Justiça Comum para intervir na matéria que a princípio não era de sua competência. A justificativa para o deslocamento é a garantia do direito fundamental da pessoa humana ao acesso à justiça.

Entretanto, quem irá resguardar o direito fundamental da pessoa humana do atleta quando no deslocamento da competência para Justiça Comum ou Especializada o mesmo tiver que esperar cerca de 5, 10 ou 20 anos, em vez de 60 dias ou um pouco mais? Em que se preserva a dignidade? Não parece haver sentido. *Ideologicamente, a previsão é muito perspicaz. Entretanto, no mundo dos fatos, não funciona.*

Apesar das tentativas legislativas de propiciar maior celeridade processual ao Judiciário a exemplo da edição da Emenda Constitucional nº 45, de 2004, que trouxe o *princípio da razoável duração do processo* à categoria de direito fundamental, causando várias reformas processuais,[40] na prática, poucos foram os resultados positivos. O próprio Conselho Nacional de Justiça numa tentativa desesperada, passou a deliberar incansavelmente diversas metas de modernização do Judiciário com o intuito de diminuição do número de demandas, mas, não surtiram nenhum efeito satisfatório ao povo.

Fato é que, haja vista algumas interpretações da norma constitucional que impedem a efetividade do Direito no Estado brasileiro, pouco se pode fazer sem que se mude aquela realidade. Devido à rigidez na interpretação de normas pétreas,[41] o Estado não se molda à realidade social e acaba ferindo diversos direitos, inclusive a dignidade da pessoa humana. Obviamente, o Estado que não acompanha a movimentação de sua fonte de poder (o povo) não pode ser considerado Estado Democrático de Direito.

Para que isso cesse, é necessário levar em consideração a preocupação *latente* do Constituinte em preservar os direitos humanos, já que os cita desde o preâmbulo. Pois, apesar de o Constituinte ter petrificado alguns dispositivos, quando delegou o poder para o povo, deixou claro que a Constituição deve acompanhar a movimentação deste. Portanto, a interpretação normativa destes dispositivos

[40] Por meio da Lei nº 10.444/2002, Lei nº 11.232/2005, Lei nº 11.280/2006, Lei nº 11.382/2006, Lei nº 11.419/2006.

[41] A cláusula pétrea foi concebida com a máxima de inibir a mera tentativa de abolir os preceitos básicos ditados pelo Constituinte originário. No caso brasileiro (art. 60, § 4º, CF), proíbe-se inclusive apresentação de proposta tendente a abolir e a reduzir o significado e a eficácia da forma federativa do Estado, do voto direto, secreto, universal e periódico, a separação dos Poderes e os direitos e garantias individuais. Quanto aos direitos e garantias individuais, mudanças que minimizem a sua proteção, ainda que topicamente, também não são admissíveis.

deve ser realizada sob a ótica *perspectiva,*[42] tendo em vista a vontade daquele em manter a dignidade humana, logo o Estado Democrático de Direito e, por conseguinte, a *legitimidade* da Carta Magna.

O Estado não é absoluto e deve-se moldar à realidade social, cuja essência é humana e, por ser assim, mutante, compassiva e *está* em plena evolução e movimento.

Importante considerar, quanto aos dispositivos pétreos, que a atual Constituição da República é reflexo de um Governo autoritário, que vivia desde 1964 em plena ditadura militar. É fruto de uma época em que não existiam outros conceitos de família, direitos *homoafetivos*, leis de proteção à mulher; em que os computadores eram obsoletos; celulares no Brasil não havia; a Internet somente em 1995 deixou de ser privilégio das Universidades e da iniciativa privada. Época em que o Constituinte originário era resultado de um meio repressivo e, incentivado pelo *medo* do retrocesso e da *falta* de liberdade, petrificou alguns dispositivos. *Mas, não parece que o Constituinte petrificou a interpretação normativa dos dispositivos constitucionais, já que delegou ao povo o Poder.*

Pala ilustrar, vale lembrar o que Norberto Bobbio[43] aborda quanto à Democracia italiana, que pode ser reportado ao que acontece no Brasil:

> Onde os partidos são mais de um, o que é *conditio sine qua non* da democracia, e principalmente onde são muitos, como na Itália, a lógica que preside às suas relações é a lógica privatista do acordo, não a lógica publicística do domínio. Desta lógica do acordo não há traço nenhum na constituição: a constituição se ocupa do modo de formar as leis, mas da formação dos acordos (contratos bilaterais ou plurilaterais) se ocupa o código civil. Todavia, se não se leva em conta a sutilíssima rede de acordos da qual nascem as exclusões e as coalizões, não se entende nada do modo como se move, se desloca e se transforma lentamente uma constituição. Na carta constitucional italiana, a formação do governo (art. 92 e seguintes) é o resultado de uma série de atos unilaterais, que são os atos típicos da relação de domínio: o presidente da república nomeia o presidente do conselho de ministros; este escolhe os ministros e propõe a nomeação deles ao presidente da república; o governo assume o cargo quando as duas câmaras lhe concedem a confiança, cai quando a revogam. Esta seqüência de atos unilaterais de império esconde a realidade que os inspira, uma realidade de tratativas, negociações, acordos faticosamente obtidos cuja força depende, como ocorre em todos os acordos, do respeito ao princípio de reciprocidade, do *do ut des. Um governo pode cair porque um secretário de partido retira os seus ministros da coalizão: um ato que, se fosse avaliado com base nas normas constitucionais reguladoras da vida de um governo, seria uma aberração.* (Grifou-se)

Considerar os dispositivos pétreos como *dispositivos perspectivos* faz com que o Estado possa se movimentar na legalidade e acompanhar a evolução natural de seu povo, mantendo-se na legitimidade. Pois os dispositivos pétreos passam a ser pontos de partidas fundamentais do Estado, cuja interpretação normativa

[42] *Dispositivos perspectivos*: sugeri está denominação baseada na filosofia de Leibniz, tendo sido desenvolvido por Nietizsche, onde aborda que toda percepção e pensamento têm lugar a partir de uma perspectiva que é alterável. Trazendo esse pensamento para o Direito e analisando a preocupação do Constituinte em manter o Estado de Direito, conclui e sugeri que os dispositivos constitucionais pétreos devem ver ao longe, para que sua interpretação alcance os fatos sociais imanentes. Pois, se assim não for, a Constituição não passará de uma utopia que não assegura o Estado de Direito, pois não protege seu principal autor: o povo.

[43] BOBBIO, 1986, *ibidem*.

deva *ver ao longe*, podendo ser *flexibilizada* quando a sua *rigidez ferir direitos humanos e o Estado Democrático de Direito*.

Neste sentir, quando o Estado ao exercer uma de suas funções de Poder se deparar com uma *Causa da Dignidade*[44] ferindo-a, deve ocorrer a *flexibilização* na interpretação da norma constitucional,[45] a fim de se ajustar esta às necessidades sociais emergentes e notórias, sob pena de se tornar *ilegítima* e cair em *desuso*, ainda que seja pétrea, já que por vontade do próprio Constituinte, o poder emana do povo (CRFB, art. 1º, parágrafo único) e o pilar constitucional é a dignidade da pessoa humana. Afinal, um Estado que não protege a dignidade humana e, ainda, a fere de forma pública e notória, não pode ser considerado de Direito.

Flávia Piovesan[46] aborda que os Direitos Humanos "tratam-se essencialmente de um direito de proteção, marcado por uma lógica própria, e voltado à salvaguarda dos direitos dos seres humanos e não dos Estados".

Adverte Nélson Sampaio[47] que "cumpre evitar uma rigidez tão acentuada que seja um convite às revoluções, ou uma elasticidade tão exagerada que desvaneça a ideia de segurança do regime sob que se vive".

Ainda, vale a pena trazer aqui a ideia de Nietzsche[48] quanto ao *homem do futuro*:

> Pode-se muito bem, aqui, admirar o homem como um grande gênio construtivo, que consegue erigir sobre fundamentos móveis e como que sobre água corrente um domo conceitual infinitamente complicado: sem dúvida, para encontrar apoio sobre tais fundamentos, tem de ser uma construção como que de fios de aranha, tão tênue a ponto de ser carregada pelas ondas, tão firme a ponto de não ser espedaçada pelo sopro de cada vento. Como gênio construtivo o homem se eleva, nessa medida, muito acima da abelha: esta constrói com cera, que recolhe da natureza, ele com a matéria muito mais tênue dos conceitos, que antes tem de fabricar a partir de si mesmo.

Nietzsche compara o *homem do futuro* à aranha, porque esta não busca a fixidez, nem a conservação das suas bases. Pelo contrário, toda vez que a teia desmancha, a aranha constrói uma nova (ou uma nova ideia).

Trazendo metaforicamente Nietzsche para o tema em epígrafe, toda produção do Constituinte originário, notadamente referente às cláusulas pétreas, cuja fixidez engesse a interpretação constitucional e a evolução do Estado de Direito a ponto de atingir a dignidade da pessoa humana, não pode ser considerada legítima, *desmancha-se* automaticamente, e uma *nova ideia* de interpretação deve

[44] Termo criado para designar que algo está ferindo a dignidade da pessoa humana de toda nação.

[45] "São inconfundíveis os dispositivos constitucionais em relação às normas constitucionais: aqueles simplesmente indiciam estas, dão o roteiro do início de sua compreensão. Portanto, a Constituição não se resume ao seu escrito, à sua expressão gráfica ou ao seu conjunto de dispositivos, está muito além do papel que a expressa". SLAIBI FILHO, Nagib. *Norma Constitucional*. TJ/RJ informativo 35.

[46] PIOVESAN, PIOVESAN, Flávia. *Direitos Humanos e o Direito Constitucional Internacional*. 12ª ed. rev atualizada. São Paulo: Saraiva, 2011, p. 80.

[47] SAMPAIO, Nelson. *O Poder de Reforma Constitucional*. Bahia, Livraria Progresso Editora, 1954, p. 66.

[48] NIESTZSCHE, F. *Sobre Verdade e Mentira no Sentido Extramoral*. Col. Os Pensadores. São Paulo: Abril, 1983, p. 49.

surgir. Isto ocorre principalmente por não atender a vontade daquele que é responsável pelo Poder: o povo! Assim, exigiu o Constituinte originário.

Para que haja progresso no Direito é necessário que este aceite a inconstância da vida, pois ele é feito da vida e para vida. E se o direito não acompanhar essa tendência, ele não passará de uma ideologia.[49]

Vale lembrar que na evolução do Estado de Direito Formal para o Estado Constitucional Democrático, foi necessário flexibilizar o conceito de soberania Estatal para que se pudesse passar para as mãos do povo o poder. Isto tornou a Constituição da República legítima em duas vertentes: *formal* e *material*.[50] Assim, podendo flexibilizar o máximo para atender a um fato notório de uma emergente demanda social (transformação do Estado em Estado Democrático de Direito – digno), poderá ser flexibilizado em seu *minor*, ou seja, no exercício de uma de suas funções de Poder[51] (judicante), para que o Estado se mantenha em Estado de Direito e cumpra a vontade do Constituinte. Claro que, diferente daquela época, aqui não se propõe uma nova Constituinte. O que se sugere é uma nova interpretação normativa dos dispositivos pétreos para que o Estado pare de ferir direitos humanos e continue sob a égide do Direito.

Resgata-se, ainda, o que levou à flexibilização da norma trabalhista. Devido à excessiva rigidez das normas de proteção ao trabalhador na busca da justiça social, aquelas tiveram que ser flexibilizadas para evitar o desemprego e proteger a dignidade da pessoa humana.[52] Isto é tornar o Direito efetivo, logo proteger o Estado de Direito.

Ainda, se a dignidade humana é núcleo axiológico do constitucionalismo, sendo um valor constitucional supremo que informa a criação, a interpretação e a aplicação de toda a ordem normativa, sobretudo dos direitos fundamentais, sendo um atributo de todo ser humano,[53] questiona-se:

a) O fato do Poder Judiciário não poder absorver, delegar ou alargar a sua competência a fim de resguardar a vontade do Constituinte em preservar o Estado Democrático de Direito, logo a dignidade humana, fundamentado no princípio da inafastabilidade de jurisdição, não seria o mesmo que dizer que este princípio está acima do Estado, do povo e, por conseguinte, da própria Constituição?

b) A Justiça Desportiva não faz parte do Estado brasileiro? Porque a proibição de delegar competência para o próprio Estado? Não bastava qualificar a competência para garantir a dignidade humana?

---

[49] NIESTZSCHE, F. *Sobre Verdade e Mentira no Sentido Extramoral*. Col. Os Pensadores. São Paulo: Abril, 1983, p. 49.

[50] NOVELINO, Marcelo. Direito Constitucional. 3ª Ed. São Paulo: Método, 2009, p. 346.

[51] "O desenvolvimento dos meios de comunicação e de informação (rede mundial de computadores), a globalização política e econômica, fizeram com que *o conceito de soberania fosse ainda mais flexibilizado*, causando uma crise na delimitação deste conceito e impondo sua reavaliação em face da atual conjuntura". NOVELINO, 2009, *ibidem*, p. 346.

[52] GÓIS, Anselmo César Lins de. A flexibilização das normas trabalhistas frente à globalização. *Jus Navigandi*, Teresina, ano 5, n. 45, 1 set 2000. Disponível em jus.com.br. Acesso em: 7 fev. 2013, *apud* MARUANI, Margaret *et alii*. *La flexibilité en Italie / Débats sur l'emploi*. Paris, Syros/Alternative, 1989, p. 25.

[53] NOVELINO, 2009, *ibidem*, p. 347.

Como tanto proclamam os doutrinadores o Estado é um só e apenas no exercício de suas funções ele é tripartido. Entretanto, *no mundo dos fatos, acabou-se por criar 3 Estados com choques berrantes de interesses, que não atende a demanda social.* Em síntese: *somos todos um contra todos, diz o Estado! Desde que prevaleça o interesse particular de cada Poder.*

Atualmente, sem desprestigiar o brilhantismo da tripartição dos Poderes que para determinada época foi importantíssima, no mundo moderno, logo no mundo dos fatos, a teoria está proporcionando um absolutismo estatal, logo uma aberração jurídica que não funciona!

Alguns podem aduzir, ainda, que o princípio em tela é o próprio Estado. Mas parece claro que não. Quem conferiu tal legitimidade? O próprio Constituinte exigiu que todo o poder emane do povo. Assim, já que é o povo a fonte do Poder, parece óbvio que não é de sua vontade ter sua dignidade humana lesionada dia a dia por aquele que deveria proteger esta: o Poder Judiciário. Parece claro, também, que não é da vontade do povo continuar a ter um Estado inoperante, desestruturado, em guerra comercial partidária, ou seja: um *verdadeiro monopólio autoritário*. E pior, isto tudo acobertado de forma *ilegítima* por interpretações constitucionais que tornam o Estado brasileiro um dos mais cruéis, violentos, autoritários e sem lei da história, haja vista toda informação a que se tem acesso e evolução humana dos dias atuais.

Norberto Bobbio[54] é genial quando aborda o grande mercado que são os partidos políticos, em que estes transformam uma relação pública numa relação privada, senão veja-se:

> Enquanto entre partidos se desenvolve o grande mercado, entre partidos e cidadãos eleitores se desenvolve o pequeno mercado, aquele que hoje se chama de "mercado político" por excelência, através do qual os cidadãos eleitores investidos, enquanto eleitores, de uma função pública, tornam-se clientes, e mais uma vez uma relação de natureza pública se transforma numa relação de natureza privada. De resto, trata-se de uma forma de privatização do público que depende da precedente, isto é, da capacidade dos partidos de controlar os seus deputados e de deles obter o cumprimento das promessas feitas aos eleitores. Depende disto, na medida em que a transformação do eleitor em cliente apenas é possível através da transformação do mandato livre em mandato vinculado. Os dois fenômenos estão estreitamente ligados e são ambos expressão daquela dissolução da unidade orgânica do estado que constituiu o núcleo essencial da teoria e da ideologia (mais ideologia que teoria) do estado moderno, e ao mesmo tempo também uma forma de corrupção do princípio individualista do qual nasceu a democracia moderna, cuja regra do jogo é a regra da maioria, fundada sobre o princípio de que cada cabeça é um voto.

Nesta perspectiva, questiona-se, ainda: será que há interesse em efetivar a Democracia no País conforme foi proposta pelo Constituinte originário e resolver problemas discriminatórios gritantes do Estado?

O Constituinte não petrificou que interpretar esses dispositivos constitucionais de forma a proteger a dignidade humana de uma nação inteira era proibido. Muito pelo contrário., Aquele apenas quis garantir a manutenção do Estado de Direito, deixando para o intérprete e o legislador a efetividade de tais comandos.

---

[54] BOBBIO, 1986, *ibidem*.

Assim, como diria Nietzsche (2004): “é preciso livrar-se do mau gosto de querer estar de acordo com muitos”![55]

Neste sentido, apesar da importância que estes dispositivos pétreos têm, pois não se quer aqui censurá-los, sua exteriorização ao mundo, deve-se modelar a realidade social, já que nada são verdades absolutas, tudo está em pleno *movimento*, inclusive a dignidade da pessoa humana.

Sabe-se que não cabe ao Estado em todas as suas vertentes conferir dignidade humana, mas tem como dever e função primordial sua *proteção* e *promoção.*[56] Deste modo, uma Carta Magna que é interpretada de forma a limitar o Estado de acompanhar sua evolução natural, logo a evolução do homem que é sua fonte imanente de criação, metaforicamente, não passa de um lindo certificado emoldurado na parede: parado no tempo, apesar do tempo não parar para responder sobre a ciência que não se viu, a tecnologia que não se acompanhou, a mudança da humanidade que se perdeu. E o mais assustador é que, apesar de parado no tempo, *dita* todas as regras *presentes* e *futuras*.

Salienta Mostesquieu[57] que o mundo é formado pelo *movimento* da matéria e privado de inteligência subsistente. Indaga que, devido a isso, é necessário que os seus movimentos possuam leis invariáveis.

Apesar do brilhantismo do sociólogo e estar certo em partes, se o mundo está em pleno movimento, muitas são as perspectivas. E construir um Estado pautado sob a égide de dispositivos petrificados os quais não acompanham o movimento fere a própria natureza humana que, além de ser fonte de criação do Direito, é variável.[58] Portanto, a expressão destas para o mundo deve variar sempre, sob pena de se ter apenas uma ideologia.

Interessante notar, que ao mesmo tempo em que Montesquieu[59] aborda de forma taxativa sobre a existência de normas invariáveis, acrescenta que:

> As leis devem ser relativas ao físico do país, ao clima glacial, tórrido ou temperado; à qualidade do solo. À sua situação, à sua extensão, ao gênero de vida de seus povos, lavradores, caçadores ou pastores; devem relacionar-se, também, ao grau de liberdade que sua constituição pode tolerar; (...) a suas riquezas, a seu número, a seus costumes, a seu comércio, as suas maneiras.

Em síntese, segundo Montesquieu, as leis devem acompanhar a realidade de cada País. Fato este que parece impossível, no caso em tela, sem que haja variação da interpretação da norma constitucional. Pois, se a ***natureza está*** em cons-

---

[55] NIESTZCHE, F. *Além do Bem e do Mal*. São Paulo: Companhia das Letras, 2004, p. 20.

[56] NOVELINO, 2009, *ibidem*, p. 348.

[57] MONTESQUIEU, 2012, *ibidem*, p. 25.

[58] O homem é um ser complexo que se expressa não apenas pelo conhecimento, mas pelos impulsos que recebe durante sua vida derivados de sua formação familiar, escolar e social. E isso muda conforme mudam as famílias, os valores, as relações, a sociedade, a ciência, a tecnologia, o clima, o governo, os costumes etc. O homem e a sociedade nas suas expressões ao mundo não podem ser padronizados e petrificados sem que se fira o senso individual, coletivo e social. A ciência só está em progresso, porque o homem está em progresso e caminhando.

[59] MONTESQUIEU, 2012, *ibidem*, p. 33.

tante mutação, por conseguinte, todo o resto também *está* como: a tecnologia, a ciência, o Direito, o Estado etc.

Quanto ao movimento, observam-se as ideias de Michael Foucault,[60] senão veja-se:

> Tudo se insere no movimento da história como processo e dever que opera na constituição de entidades e eventos contingentes. Os valores tradicionais que serviram de pilar para o estabelecimento da civilização de raiz judaico-cristã são tidas como velhas e ultrapassadas máscaras, equivocadamente avaliadas como verdades.

Talvez buscar inspiração em outras ciências, quebrando-se paradigmas e desvinculando-se do antigo sistema de ideias e regras que contribuem para que o Poder Judiciário continue em chamas, pode ser uma sugestão importante para trazer novas práticas para arte de existir do Estado e, principalmente, dar *carona* a um *novo pensamento jurídico que vise a efetivar o direito e não apenas prever ideologias.*

Inclusive Renè Descartes[61] expressou no início do *Discurso do Método* que o bom-senso faz parte da condição positiva humana e que toda vez que o homem quiser estabelecer um juízo de valor, deve agir pautado no bom-senso.

Costumeiramente, as Constituições são concebidas para durar no tempo. Entretanto, a evolução dos fatos sociais pode reclamar ajustes na vontade expressa no documento. Haja vista que o Estado é uma construção do homem que *está* em plena evolução desde os primórdios, cujas Constituições (tratados, normas, leis etc.), sejam elas escritas ou não, foram extintas, rompidas, aperfeiçoadas, refeitas durante séculos.

Portanto, *o Estado sempre esteve e sempre estará; ele não nasce, se aprimora*! Isto ocorre, mais uma vez, porque o Estado é composto e modelado pelo homem que *está* em plena mutação e evolução. E, assim, como a dignidade da pessoa humana não tarda, *está* sempre em plena evolução!

O Estado é autônomo, independente, soberano, mas não pode ser considerado absoluto, sob pena de vivermos mais uma vez em épocas ditatórias.

Michel Foucault[62] enfatiza que o poder não é essência, coisa ou objeto a ser tomado, usado, manipulado. Não está só nos grandes aparelhos do Estado. O poder é prática e, por isso, poroso em relação ao Estado. Quando as práticas se postam em planos convergentes, criam-se mecanismos gigantescos de controle e autoridade, e este não é mais o papel do Estado brasileiro.

À luz de Max Weber,[63] o indivíduo é o fundamento da compreensão causal da origem e do significado da ação social, logo a subjetividade está constantemente presente, não permitindo assim a existência de uma ciência generalizadora.

---

[60] LIMA, João Epifânio. A influência Nietzschiana nas ideias de Michel Foucault. *Revista de Filosofia*. n. 37 São Paulo: Escala Educacional, p. 44.

[61] Cf. DESCARTES, Renè. *Discurso dos Métodos*. São Paulo: Martins Fontes, 2001, p. 18.

[62] FOUCAULT, Michael. *Microfísica do Poder*. 10. ed. Rio de Janeiro: Graal, 1992, p. 68.

[63] WEBER, Max. *Ciência política*: duas vocações. Brasília: Cultrix, 2010, p. 34.

Aduz Marcelo Novelino[64] que os fundamentos do Estado brasileiro devem ser compreendidos como os valores estruturantes deste:

> A consagração expressa da soberania, da cidadania, da dignidade da pessoa humana, dos valores sociais do trabalho e da livre iniciativa e do pluralismo político como fundamentos da República Federativa do Brasil (CRFB, art.1º, I a V), atribui a esses valores um especial significado dentro da ordem constitucional. Apesar de não terem hierarquia normativa, inexistente entre as normas de uma Constituição, possuem um elevado grau axiológico. No âmbito da interpretação, atuam como postulados normativos interpretativos (princípios instrumentais) em relação às demais normas do ordenamento jurídico. Quando objeto de aplicação direta e autônoma em um determinado caso concreto, deve-se lhes atribuir um peso elevado na ponderação.

Apesar da clareza de algumas ideias antigas e modernas, infelizmente o pensador jurídico está muito acostumado à regra, a trabalhar dentro de regras e a buscar regras para toda forma de pensamento, o que mata sua criatividade natural. Isto acaba por inabilitar a promoção do Direito, o que torna o Estado ineficiente e não consiga superar suas demandas emergentes, trabalhando a seu favor. Pois ele, o homem, criou tantos mecanismos de limitação, que tem medo de ir contra os sistemas de ideias e regras postas, o que permite que o Estado continue estagnado.

Aborda Aranha:[65]

> À filosofia do direito cabe repensar a racionalidade jurídica e reformular caminhos que levem à reconciliação entre o direito e a moral, sem menosprezar de um lado, os avanços técnicos da positivação, capaz de aumentar a segurança jurídica e, de outro lado, as discussões contemporâneas sobre moral e dignidade.

Jean-Jacques Rousseau,[66] na sua caminhada, pregava a volta do homem a seu estado natural, sob novas formas de organização, enfatizando que " teria procurado um país no qual o direito de legislação fosse comum a todos os cidadãos porque, quem melhor do que eles poderia saber sob que condições lhes convém viver juntos numa mesma sociedade". Ainda, enfatizava Rousseau:[67]

> Tenhamos, pois, cuidado em não confundir o homem selvagem com os homens que temos sob os olhos. A natureza trata todos os animais entregues a seus cuidados com uma predileção que parece mostrar quanto é ciosa desse direito. O cavalo, o gato, o touro, o próprio burro têm, em geral, um talhe mais alto, uma constituição mais robusta, mais vigor, força e coragem nas florestas do que em nossas casas. Perdem a metade dessas vantagens ao se tornarem domésticos e poder-se-ia dizer que todos os nossos cuidados em tratar bem e nutrir esses animais só conseguem abastarda-los. *O mesmo acontece com o homem. Ao torna-se sociável e escravo, trona-se fraco, medroso, submisso; e sua maneira de viver mole e feminada acaba por debilitar ao mesmo tempo sua força e sua coragem.* (Grifou-se)

Talvez Rousseau esteja certo!

Fato é que, na perspectiva que se encontra, o homem está longe do grau de conhecimento necessário para que adquira outros maiores. É necessário que

---

64 NOVELINO, 2009, *ibidem*, p. 345.

65 ARANHA, 2007, *ibidem*, p. 21.

66 ROUSSEAU, Jean-Jacques. *A Origem da Desigualdade entre os Homens*. Trad. Ciro Mioranza. São Paulo: Lafonte, 2012, p. 20.

67 ROUSSEAU, 2012, *ibidem*, p. 41.

o Direito evolua mais uma vez, e para isso é importantíssimo quebrar amarras antissociais criadas pelo próprio homem.

Baste lembrar, quanto ao assunto em palco, que o Poder Judiciário é feito de pessoas, e não de papel ou teorias. Destarte, não há qualquer proporcionalidade jurídica, senso de justiça, evolução, decência no que ocorre com aquele que deveria proteger direitos e não ferir. Como está não existe hoje Estado de Direito no Brasil, e esta é uma verdade que muitos têm medo de expor!

Trazendo isto para o esporte, *para o mundo dos fatos*, em final de campeonato os Clubes de futebol pequenos ficam sem calendário, logo, ficam desprovidos de recursos e grande parte dos jogadores é dispensada.[68] Pois bem, considerando que a base salarial de um jogador de futebol (90%) é cerca de um a dois mil reais e que com isso sustenta pai, mãe, irmã, esposa, filhos etc., ao ficar desempregado e sem suas verbas rescisórias e à margem da morosidade da Justiça do Trabalho, isso quando a procura, o atleta se obriga a trabalhar realizando qualquer outro tipo de função laboral (pedreiro, carpinteiro, garçom etc.) para poder sobreviver e manter sua família, até que consiga se reempregar novamente em algum Clube. O ideal seria ficar treinando nesse tempo para não perder o condicionamento físico, até que aparecesse a nova oportunidade. Afinal, é a profissão dele, é o que ele estudou, focou e passou boa parte de sua vida fazendo. Mas, sem dinheiro e a espera de uma resposta jurídica, não há como. Devido a isso, muitos deles desistem, ficando sem rumo e sem profissão, já que não têm outra formação profissional.

Esta é realidade brasileira e da grande maioria dos nossos atletas. Onde há dignidade aqui? Matam-se profissionais em prol de teorias que não efetivam o direito brasileiro.

É preciso que isso acabe! Não há mais espaço para tanta irresponsabilidade jurídica nesse País, cessar essa brincadeira de escrever normas e leis ideológicas que não efetivam direitos, é o que o povo exige. *Fale-se de seres humanos, não de fantoches.*

Assim, urge a necessidade de se jogar no *poço da indignidade* alguns *egos* doutrinários, princípios e regras que não corroboram na efetividade do direito material e atingem os direitos da dignidade humana de forma latente.

É de Responsabilidade do Estado a entrega do Acesso à Justiça a todo cidadão, devendo ser *efetivo* e *material*.[69] Entretanto, é responsabilidade de toda sociedade cobrar do Estado que faça valer as prerrogativas que lhe foram passadas.

Enfim, o Estado brasileiro não está sob a égide do Direito e muitos se cegam diante desta realidade que assola esse País de tão poucos. Um despertar para uma nova consciência social e jurídica é o que precisa ser semeado nas mentes daque-

[68] Considerando apenas o futebol: registrados na CBF, mais de 10 mil atletas; somados ao futebol amador, pode-se chegar a quase 2 milhões de jogadores.

[69] PIOVESAN, 2011, *ibidem*, p. 79.

les que se acomodaram em cima de conceitos, teorias, regras e normas subjetivas alheias. Sim, subjetivas! Pois derivando do homem, ainda que coletivo, sempre serão subjetivas de determinado sentir histórico, variáveis e mutantes pela própria natureza e evolução humana.

4. Conclusão

> Quando vi aquilo que tantos homens notáveis, na França, na Inglaterra e na Alemanha, escreveram antes de mim, admirei as suas obras, mas não perdi a coragem. E disse como Corregio: Eu também sou pintor.[70]

Desde a infância, quando do alambrado eu ficava assistindo meu pai jogar futebol, perguntava-me por que ele gostava tanto de jogar bola. Participando da vida de meus irmãos, ex-jogadores de futebol, observei como esse esporte movimentava suas vidas de forma voraz a ponto de afetar sua autoestima, família, relações etc. Constatei que, diferente de muitas profissões, no futebol não há espaço para o meio-termo, ou o atleta acontece como jogador, ou acaba como *res* nas mãos de *ditos* empresários, mendigando por salários míseros e passando de Clube em Clube. Essa é a realidade que abraça 90% dos jogadores de futebol no Brasil. E quando alguns profissionais tentam manter a ética jurídica das 4 linhas, fazendo cumprir o que prescreve a lei, são criminosamente ameaçados das mais variadas formas.

Mas, mesmo diante desta realidade, o Brasil é o berço do futebol mundial e o único País pentacampeão do mundo. Muitas vezes me perguntei: como? Com certeza, esses brasileirinhos são diferentes, verdadeiros colossos de força de vontade e perseverança do Desporto, merecendo o respeito de todos.

Apesar dos problemas estruturais que envolvem o futebol, de fato não dá para negar que o esporte está em plena expansão econômica no Brasil. Ele está em tudo: classes sociais (A, B, C, D), nas comunidades e bairros, novela, TV, teatro, música, carnaval, escola, saúde, empresas e indústria, nos bares etc. E, ainda, há cerca de 190 milhões de brasileiros apaixonados pelo esporte, inseridos num País que não aprendeu a usar o futebol a seu favor.

Como o Brasil está às vésperas de sediar a Copa do Mundo de 2014, e os olhos do mundo estão aqui, este artigo se propôs a apontar o mundo dos fatos do jogador de futebol e do mercado da bola, abordando, também, como os problemas estruturais de Estado afetam o crescimento econômico da nação, logo do Desporto.

Assim, falou-se na importância da criação de política pública que se comprove que a formação de jovens atletas dentro dos Centros de Treinamentos dos Clubes dão resultados. Enfatizou-se a necessidade de um novo regramento legal

[70] MONTESQUIEU, Charles de Secondat, barão de. *Do Espírito das Leis*. vol. 1. trad.: Gabriela de Andrada Dias Barbosa. Rio de Janeiro: Nova Fronteira, 2012, p. 21.

que incentive a transformação da Associação Esportiva em Clube-Empresa, trazendo maior transparência e ética para dentro destas entidades, possibilitando a atração de mais investimentos da iniciativa privada. Constou-se a indispensabilidade em se resolver o problema financeiro dos Clubes, sejam eles pequenos ou não, criando incentivos fiscais sólidos, para que as grandes empresas invistam não apenas nestes, mas principalmente na criação de ligas regionais, com fins de desenvolver a economia local. E, por fim, sugeriram-se meios que combatam a morosidade do Poder Judiciário, que constitui grande obstáculo para o crescimento econômico do País, já que gera latente insegurança jurídica para aqueles que pretendem investir no Brasil.

Nesta última perspectiva, averiguou-se que impedir que o Estado apare arestas que prejudicam o desenvolvimento econômico em todas as suas vertentes e, o mais grave, que permitam que o mesmo por intermédio do exercício de uma de suas funções de Poder[71] fira a dignidade da pessoa humana da nação, acabou por acarretar na *ilegitimidade material* da interpretação dos *normativos pétreos que fundamentam o Estado*. Pois, estes não mais se coadunam com a realidade e vontade do povo brasileiro, que é fonte de onde emana todo Poder.

Neste sentido, sugeriu-se como ponto de partida e com base na teoria do *perspectivismo* de Leibniz, desenvolvida por Nietzsche, que os dispositivos pétreos da Constituição da República fossem considerados *dispositivos perspectivos*, haja vista a preocupação do Constituinte originário em manter o Estado Democrático de Direito e a dignidade da pessoa humana acompanhando o *movimento* do homem quando delegou o Poder para o povo.

Esclarece-se que não se pretendeu com esta nova ideia de interpretação dos dispositivos, censurar o que se acha estabelecido. Apenas se quis provocar o nascimento de um novo pensamento jurídico pautado em efetivar o direito material e atender a demanda social. Pois como está posto, prever ideologias é sua máxima. Isto *acaba por tornar o mundo dos fatos sem lei, continuando a prevalecer a lei do mais forte*. Um exemplo é o que acontece com o futebol, em que a arbitrariedade de muitos Clubes brasileiros no tratamento com os seus atletas, investidores etc., ainda é fora da lei e criminosa. Ali quem sobrevive é o mais forte, esteja ele amparado pela lei ou não.

Destarte, concluiu-se que de fato *o Governo brasileiro está à margem da lei, da moralidade e da ética*, o que torna o Brasil um país arbitrário. E isto reflete em todos os setores da economia, tornando o povo um alvo fácil de bases criminosas, como ocorre com o futebol. E sem que se resolva este gravíssimo problema, não há como falar em efetivo crescimento do País.

[71] O Poder Judiciário por não entregar de forma *efetiva* o direito material ao cidadão fere a dignidade da pessoa humana deste, pois deixa de garantir o Acesso à Justiça, dentre outros princípios constitucionais relevantes a jurisdição e ao processo.

Enfim, cidadãos do mundo, bem–vindos a Copa do Mundo de 2014, realizada num Estado sem lei, chamado de Brasil, codinome: País do Futebol! E como todo bom filme de ficção, finaliza-se este trabalho com um belíssimo *The End!*

Referências bibliográficas

ALMEIDA, Alberto Carlos. *A Copa no Brasil será um Sucesso.* 2012. Disponível em: http://www.portal2014.org.br/noticias/9688/A+COPA+NO+BRASIL+SERA+UM+SUCESSO.html.

ANDRADA, Mário de. *O futebol Brasileiro.* Disponível em: http://www.portal2014.org.br/o-futebol-brasileiro/

ARANHA, Guilherme Arruda. *Direitos Humanos*: fundamento, proteção e implementação, perspectivas e desafios contemporâneos. Coordenação Flávia Piovesan e Daniela Ikawa. Vol II. Curitiba: Juruá, 2007, p. 14.

BOBBIO, Norberto. *O Futuro da Democracia:* uma defesa das regras do jogo. V.63. 6ª Ed. Rio de Janeiro: Paz na Terra, 1986.

BRANCO, Paulo Gustavo Gonet. *Poder Constituinte Originário e de Reforma*: noções fundamentais, ministrada no Curso de Especialização – UNISUL–IDP–REDE LFG.

COMPARATO, Fábio Konder. *O Poder Judiciário no Regime Democrático.* 2004. Disponível em: http://www.scielo.br/scielo.php?pid=S0103-40142004000200008&script=sci_arttext.

COUNCIL OF EUROPE. 2012. Disponível em: http://www.coe.int/t/DG4/sport/default_en.asp.

COUTINHO, Nilton Carlos de Almeida. *Direito desportivo*: uma área de direito que precisa ser pesquisada. Revista Jurídica Consulex, Brasília, v. 12, n. 271, abr. 2008.

COUTURE, Eduardo J. *Estudios de derecho procesal civil.* 2ª ed. Tomo I. Buenos Aires: Depalma, 1978.

DESCARTES, Renè. *Discurso dos Métodos.* São Paulo: Martins Fontes, 2001.

FERREIRA, Fernando. O que fazer com 554 clubes e 10.309 jogadores sem calendário? Curitiba: *Pluri Consultoria,* 2013a. Disponível em: http://www.pluriconsultoria.com.br/relatorio.php?segmento=sport&id=227.

FERREIRA, Fernando. *O Calendário e a morte dos Clubes pequenos.* Curitiba: *Pluri Consultoria*, 2013b. Disponível em: http://www.pluriconsultoria.com.br/relatorio.php?segmento=sport&id=227.

FERREIRA, Fernando. *Libertadores, a Copa de R$ 3,3 bilhões.* Curitiba: *Pluri Consultoria,* 2013c. Disponível em: http://www.pluriconsultoria.com.br/relatorio.php?segmento=sport&id=214.

FERREIRA, Fernando. *Ranking Mundial de Clubes 2012.* Curitiba: Pluri Consultoria, 2013d. Disponível em: http://www.pluriconsultoria.com.br/relatorio.php?segmento=sport&id=221.

FLORES, Joaquim Herreira. *A (re)invenção dos Direitos Humanos.* Florianópolis: Fundação Boiteux, 2009.

FOUCAULT, Michael. *Microfísica do Poder.* 10. ed. Rio de Janeiro: Graal, 1992, p. 68.

GOUVEIA, Juliano. *Faturamento anual da CBF representa 63% de todas as confederações brasileiras.* Rio de Janeiro: S.A Diário Lance, 2013. Disponível em: http://esportestv.blogspot.com.br/2012/08/faturamento-anual-da-cbf-representa-63.html.

LIMA, João Epifânio. *A influência Nietzschiana nas ideias de Michel Foucault.* Revista de Filosofia. N. 37São Paulo: Escala Educacional.

MARTINS, Ives Granda. *Programa de Direitos Humanos é Desumano.* Entrevista: 23.01.2010. Fonte: www.notíciascanoanova.com.

MELO FILHO, Álvaro. *Direito Desportivo Atual.* Rio de Janeiro: Forense, 1986.

MENEGUIM, Fernando. *Como as Leis e o Poder Judiciário afetam a economia?* Publicado em 13/02/2012. Disponível em: http://migre.me/dJm9d.

MIRANDA, Jorge. *Manual de Direito Constitucional.* vol. II,. Coimbra: 1988. p. 165 e seg.

MONTESQUIEU, Charles de Secondat, barão de. *Do Espírito das Leis.* vol.1. trad.: Gabriela de Andrada Dias Barbosa. Rio de Janeiro: Nova Fronteira, 2012.

MORAES, Alexandre. *Constituição do Brasil Interpretada*: e legislação constitucional. 2. ed. São Paulo: Atlas, 2003.

MENDES, Ovídio Jairo Rodrigues. *Concepção de Cidadania.* 2010. Dissertação (Mestrado em Direito) – Faculdade de Direito, Universidade de São Paulo, São Paulo.

MIRANDA, Jorge. *Teoria do Estado e da Constituição.* 2ª ed. Rio de Janeiro: Forense, 2009.

MINISTÉRIO do Esporte, Brasília. Portal Bolsa Atleta. Disponível em: http://www.esporte.gov.br/snear/bolsaAtleta/sobre.jsp.

MÜSSNICH, Francisco Antunes Maciel; MACHADO, Rubens Approbato. coord. *Curso de Direito Desportivo Sistêmico.* A arbitragem do Direito Desportivo: A Câmara de Resolução de Disputas da FIFA e o Tribunal Arbitral do Esporte. São Paulo: Quartier Latin Brasil, 2007.

NIETZSCHE, F. *Sobre Verdade e Mentira no Sentido Extramoral.* Col. Os Pensadores. São Paulo: Abril, 1983.

——. *Além do Bem e do Mal.* São Paulo: Companhia das Letras, 2004.

NOVELINO, Marcelo. Direito Constitucional. 3ª Ed. São Paulo: Método,2009

PIOVESAN, Flávia. *Direitos Humanos e o Direito Constitucional Internacional.* 12a ed. rev atualizada. São Paulo: Saraiva, 2011.

PASOLD, Cesar Luiz. *Ensaio sobre a Ética de Norberto Bobbio.* Florianópolis: Conceito Editorial, 2008.

PEREIRA, Michele. *O Mal Funcionamento do Poder Judiciário como Empecilho ao Desenvolvimento Econômico Brasileiro.* Publicação: Revista da Academia Brasileira de Direito Constitucional. Curitiba, 2010, n. 2, Jan-Jun. p. 52-85. Disponível em: http://www.abdconst.com.br/revista2/Mau.pdf

PORTAL Wikipédia: http://pt.wikipedia.org/wiki/Stakeholder

PORTAL FIFA.com: http://pt.footballs.fifa.com/Conceito/Sobre-FIFA.

PORTAL CBF.com.br: http://www.cbf.com.br/.

REVISTA BRASIL ECONÔMICO. *O PIB do futebol Brasileiro pode saltar de R$ 8 bi para R$ 50 bi.* 2012. Disponível em: http://www.brasileconomico.ig.com.br/epaper/contents/paper133721805063.pdf.

REVISTA VALOR ECONÔMICO. *Copa deve gerar R$ 142 bilhões de reais, diz FGV.* 2012. Disponível em: http://migre.me/dPPiP.

REVISTA PLACAR. *O dinheiro do futebol inglês.* 2013. São Paulo: Abril, 2013.

ROUSSEAU, Jean-Jacques. *A Origem da Desigualdade entre os Homens.* Trad. Ciro Mioranza. São Paulo: Lafonte, 2012, p. 41.

SLAIBI FILHO, Nagib. *Norma Constitucional.* TJ/RJ informativo 35.

SULZBACH, Diego Penalvo. *A eficácia das decisões da Justiça Desportiva*: e a obrigatoriedade de sujeição a esse meio para as entidades esportivas e os atletas, no Direito brasileiro e no comparadO (http://www.direitodesportivo.com.br/artigos1.php?codigo=35).

TRISTÃO, Rodrigo Campana. O princípio da inafastabilidade do poder judiciário e a recorribilidade das decisões do conselho administrativo de defesa econômica. Dissertação (Mestrado em Direito) – Centro de Ciências Jurídicas, Universidade Federal de Santa Catarina, 2001.

TUCCI, Rogério Lauria; TUCCI, José Rogério Cruz e. Constituição de 1988 e processo: regramentos e garantias constitucionais do processo. São Paulo: Saraiva, 1989.

WEBER, Max. *Ciência política: duas vocações.* Brasília: Cultrix, 2010.

— 8 —

Copa do Mundo e o direito fundamental à moradia digna: mercado imobiliário, políticas públicas e o papel do Judiciário

FÁBIO LUCAS MOREIRA
Mestre em Direito e Procurador do Estado.

> Onde os homens perdem a casa e se juntam sob o mesmo teto, sem poderem pensar, sem aquele mínimo de solicitude que os arrancou da animalidade – o homem regride, desce"
> Pontes de Miranda.[1]

1. Somos a "pátria em chuteiras"... e de "sem-tetos"

Nelson Rodrigues foi, sem dúvida, um dos maiores – e mais polêmicos – dramaturgos brasileiros do século XX. O que talvez alguns ignorem é que ele era, igualmente, um brilhante jornalista e um apaixonado pelo futebol, a ponto de, a partir de meados da década de cinquenta, dedicar boa parte de seu tempo à redação de crônicas esportivas. Não é à toa que até mesmo o *status* de *clássico* conferido aos jogos entre Flamengo e Fluminense (ou simplesmente *"Fla-Flu"*) perpassa, necessariamente, pela leitura de textos *rodriguianos.*[2]

Mas de onde surgiu o amor do dramaturgo pelo esporte trazido ao país pelas mãos (ou pelos pés?) de Charles Miller? Como explicar a vibrante torcida que fazia das arquibancadas? A réplica denota o que vem a ser a experiência de nascer e crescer no Brasil: sua formação literária dividiu-se, ainda nos albores de sua profícua existência, entre a leitura de clássicos do século XIX e placares de

[1] MIRANDA, Pontes de. *Democracia, Liberdade e Igualdade*: os três caminhos. São Paulo: Bookseller, 2002, p. 6363.

[2] Merece destaque, a propósito, a obra *"Fla-Flu... E as multidões despertaram"* (RODRIGUES FILHO, Mário; RODRIGUES, Nelson. *Fla-Flu... E as multidões despertaram.* Rio de Janeiro: Europa, 1987).

partidas de futebol.[3] Hoje, e provavelmente assim o será no porvir, a maior parte dos jovens brasileiros segue este paradigma em maior ou menor escala, dividindo suas atenções entre *aquilo que realmente importa* e o *time do coração.*

Além de torcer com rubra, viva e eloquente veemência por um determinado clube, o brasileiro do mesmo modo acompanha, com um interesse sem paralelo noutras nações, o desempenho de sua seleção nacional, a qual representa, na mentalidade popular, a *pátria* propriamente dita. Prova disto vem a ser a alegria com a qual as pessoas, em tempos de Copa do Mundo, se vestem de verde-amarelo, posicionam bandeiras nas janelas de suas casas e exigem (em um coro acompanhado por alguns jornalistas mais graduados) que os jogadores cantem – perfilados – o hino nacional.

Este peculiar *momentum*, em que o *torcedor* se transmuda, alquimicamente, em *patriota*, foi cristalizado por Nelson Rodrigues de forma elegante e apropriada: "o escrete é a pátria em calções e chuteiras".[4] Mesmo os mais renitentes ao mundo do futebol já mantiveram, seguramente, contato com esta célebre frase, a qual, sem receio de incorrer em exagero, se espraiou entre as grandes massas.

Enfim e por fim, somente um sentimento é capaz de explicar tamanho fenômeno sociológico: a *paixão.*[5] Ainda que revelada pelo futebol (uma vez que há vários outros motivos para apaixonar-se), a latinidade *brasiliensis*, neste ponto, revela-se tão arrebatadora que os torcedores se esquecem de que também são *contribuintes*, *eleitores* e, no sentido mais *político* da palavra, *cidadãos.*

Compreensivelmente, o anúncio de que a Copa do Mundo de Futebol de 2014 seria realizada no Brasil gerou uma enorme onda de êxtase popular. Em sendo um dos maiores eventos esportivos do planeta, e considerando-se a paixão do brasileiro pelo futebol, seria de se imaginar que a sua organização fosse das mais primorosas. Afinal, o resultado contrário seria desastroso: um constrangimento histórico perante o concerto das nações.

A paixão, de fato, leva à tomada de decisões arriscadas, algumas certeiras, outras não, mas em geral precipitadas. Sendo este um dado eminentemente sociológico, e considerando-se que o presente estudo (conquanto tenha suas raízes fincadas nas ciências jurídicas) possui natureza interdisciplinar, não se poderia desprezar suas repercussões no Direito, sob pena de extrair-se uma interpretação

---

[3] Até mesmo o *status* de *clássico* conferido aos jogos entre o Flamengo e Fluminense (ou simplesmente *"Fla-Flu"*) perpassa, necessariamente, pelos *contos esportivos rodriguianos.* Merece destaque, a propósito, a obra *"Fla-Flu... E as multidões despertaram"* (RODRIGUES FILHO, Mário; RODRIGUES, Nelson. *Fla-Flu... E as multidões despertaram.* Rio de Janeiro: Europa, 1987).

[4] Vide *in* "Noventa minutos de sabedoria: a filosofia do futebol em frases inesquecíveis" (MAURÍCIO, Ivan. *Noventa minutos de sabedoria*: a filosofia do futebol em frases inesquecíveis. Rio de Janeiro: Garamond, 2002, p. 65).

[5] *Paixão*, enquanto substantivo feminino, significa, de acordo com o Dicionário Aurélio um "movimento violento, impetuoso, do ser para o que ele deseja. Atração muito viva que se sente por alguma coisa. Objeto dessa afeição. Predisposição para ou contra. Arrebatamento, cólera. Amor, afeição muito forte". Disponível em <http://www.dicionariodoaurelio.com/Paixao.html>. Acessado em 15 de abril de 2013.

errática, fria e distante da *mens legis* do no mínimo *arriscado e precipitado* (fruto – na melhor das hipóteses – da mesma *paixão pelo futebol*?) micro-ordenamento jurídico criado para normatizar a Copa do Mundo de 2014 (Lei nº 12.462/11, conhecida como "Regime Diferenciado de Contratações Públicas – RDC).

Neste tocante, não deixa de ser minimamente espantoso que a *Federatión Internacionale de Football* – FIFA –, uma associação suíça de direito privado, tenha poder (ou seria prestígio?) para impor ao Brasil regras transitórias para regular a Copa do Mundo de 2014. Para alguns, em sendo verdadeiras normas de exceção, o país teria solapado largas parcelas de sua soberania em prol de interesses mais comezinhos, situados no campo da *paixão esportiva* ou até mesmo nos egoísticos interesses de grupos econômicos ocultos na *cartolagem*. Não concordamos com a invectiva, uma vez que, ainda que de forma *sui generis*, a regulação da Copa harmoniza, em última análise, as necessidades do Brasil com padrões internacionalmente aceitos. Não há, assim, qualquer violação ao artigo 1º, I, da CF/88, o qual estatui, como sendo um dos fundamentos da República Federativa do Brasil, a *soberania*, não se podendo, entretanto, afirmar o mesmo quanto à higidez das relações jurídicas encetadas sob a égide do RDC.

Ademais, para compreender-se as políticas públicas adotadas pelos poderes executivos dos entes estatais responsáveis pela organização dos jogos,[6] é necessário não olvidar que os investimentos gerados pela Copa de 2014, máxime em campos tão prioritários, são fundamentais para resolver-se antigos problemas do país, especialmente de mobilidade urbana, transporte (em especial aeroportos), telecomunicações, energia elétrica (para suportar o aumento do pico de energia durante os jogos) programas habitacionais (*in casu*, o *minha casa, minha vida*) e turismo (inclusive no que diz respeito à rede hoteleira). A Copa não gira somente em torno da paixão do torcedor. Vai muito além: está em jogo a aplicação de bilhões de reais para que a festa do torcedor, em 2014, não reste frustrada pela inexecução de obras e serviços.

Há muito, todavia, o orçamento da Copa está longe de qualquer estimativa confiável. Conforme noticiado pelo jornal Folha de São Paulo, o custo para a organização dos jogos alcançou a marca de R$ 26,5 bilhões de reais. Não obstante já tratar-se de valor deveras elevado, fato é que tal cifra se encontra R$ 2,7 bilhões acima do que havia sido originalmente previsto no primeiro balanço orçamentário da União (janeiro de 2011). Para "o governo federal, essa conta ainda

[6] Não se trata, aqui, da cediça crítica – um tanto quanto clichê – levada a efeito por muitos no sentido de que o *governo* (ou mesmo *grupos dominantes*) teria interesse em desviar a atenção do povo de assuntos supostamente mais sérios (pois para muitos – e eles têm bons argumentos – não há nada mais sério do que o futebol). Afinal, não foi o governo quem criou o futebol; *foi o futebol quem arrastou o governo que, no máximo, aproveita-se, como pode, em prol de sua agenda política, dos eventos esportivos e dos placares alcançados.* Por também ser esporte, a paixão pelo futebol alcança um *status* diferente da política do *panes et circus* tão praticada pelos romanos, ultrapassando maquineísmos para posicionar-se além das vontades estatais: o povo – ainda que ilogicamente – gosta de futebol! Ponto final.

não está fechada. Questionado pela Folha, o Ministério do Esporte informou que a previsão é que os investimentos para o Mundial alcancem R$ 33 bilhões".[7]

Longe de se pretender adentrar no interminável debate sobre o orçamento inicial, final, fictício e/ou real da Copa,[8] a análise de tais despesas não pode se desprender dos eventuais benefícios que poderão advir em função dos jogos. Segundo a empresa de consultoria Ernst & Young Terco, "a Copa do Mundo 2014 tem o potencial de quintuplicar os investimentos diretos no país, com a injeção de R$ 142,39 bilhões na economia brasileira até o ano do evento. Além do investimento direto de R$ 22,46 bilhões para garantir infraestrutura e organização, a realização da competição deve atrair R$ 112,79 bilhões adicionais, considerando-se os impactos provocados em inúmeros setores interligados, em um efeito dominó com uma série de desdobramentos econômico-sociais".[9]

O setor habitacional brasileiro vem sendo igualmente impactado pelo advento da Copa. Empresas componentes do *mercado imobiliário* encontram-se em polvorosa dada a intenção do governo federal em construir 6,7 mil residências tendo como espeque o programa *"minha casa, minha vida"*, conforme consta na *Mensagem* – enviada pela Presidência da República – ao Congresso Nacional logo no princípio de 2013.[10]

[7] Eis o restante da elucidativa reportagem: "Considerado o valor atual – R$ 26,5 bilhões –, o país vai custear 85,5% das obras relacionadas ao evento. O dinheiro vem dos governos federal, estaduais e municipais. O número é baseado na última versão da matriz de responsabilidade, consolidada em dezembro de 2012. O documento cita os gastos com obras de mobilidade urbana, estádios, portos, aeroportos, telecomunicações, segurança e turismo relacionados ao Mundial. Além disso, aponta os responsáveis por arcar com os custos. A cifra foi atualizada com o aumento de preço do Maracanã e com os valores das instalações temporárias no entorno das arenas da Copa das Confederações e do Mundial. Para atender os dois torneios, essas estruturas custarão R$ 900 milhões às sedes. De todo o dinheiro que será desembolsado para realizar a Copa do Mundo, apenas R$ 3,8 bilhões serão bancados pela iniciativa privada. Outros R$ 14,9 bilhões serão financiados pelo governo federal por meio de empréstimos ou investimento direto nas obras. Os R$ 7,7 bilhões restantes sairão dos Estados e das cidades-sedes. A maior parte dos investimentos não governamentais será feita em aeroportos --R$ 3,64 bilhões serão aportados em Guarulhos, Campinas, Natal e Brasília. À exceção de Natal, esses terminais serão operados por concessionárias. Após as obras, os investidores vão explorá-los comercialmente. Na construção e reforma de estádios, a disparidade é ainda maior. O investimento direto da iniciativa privada é ínfimo. Em 2008, ano seguinte ao anúncio de que o Brasil sediaria a Copa-2014, o então ministro do Esporte, Orlando Silva Jr., declarou à Folha que não seria gasto 'nenhum centavo de dinheiro público' com estádios do Mundial. Questionado sobre os gastos governamentais, o Ministério do Esporte argumenta que a Copa é 'uma grande oportunidade para o governo acelerar obras de infraestrutura e realizar intervenções importantes à população'. A pasta afirma ainda que gastos estruturais e com serviços não podem ser considerados 'custo específico de organização do evento'. O COL (Comitê Organizador Local) não havia respondido aos questionamentos da reportagem até a conclusão desta edição". Disponível em <http://www1.folha.uol.com.br/esporte/1226532-gastos-com-a-copa-2014-estouram-previsao-e-atingem-r-265-bilhoes.shtml>. Acessado em 20 de fevereiro de 2013.

[8] Sendo suficiente, por ora, esclarecer que a estimativa atual, de 33 bilhões de reais, vem a ser, praticamente, metade do PIB do Uruguai (2011).

[9] Disponível em <http://www.ey.com/BR/pt/Issues/Driving-growth>. Acessado em 19 de abril de 2013.

[10] Cabe observar que o investimento total projetado pelo Conselho Curador do FGTS para a habitação no ano de 2013 estaria em torno de 46,4 bilhões de reais. A maior parte, cerca de 36,7 bilhões de reais, será destinada à habitação popular, especialmente aos beneficiários do programa *minha casa, minha vida*. A título de subsídio, as famílias de baixa renda auferirão, feitos os devidos descontos, aproximadamente 6,4 bilhões de reais. O programa *pró-moradia* contará com a verba de um bilhão de reais, e outros programas, não necessariamente enquadrados como sendo de habitação popular, terão à sua disposição 3,3 bilhões de reais.

Não bastasse isso, é natural supor que tanto a Copa do Mundo quanto as Olimpíadas de 2016 (mesmo considerando-se que os seus efeitos serão muito mais acentuados na cidade do Rio de Janeiro) gerarão novos e lucrativos negócios imobiliários. Os milhares de empregos diretos e indiretos materializados em função de tais eventos vêm criando um cenário favorável para a aquisição de imóveis, seja para moradia ou para investimento. Segundo alguns analistas, "além de movimentar a economia local, eventos dessa magnitude são responsáveis por gerar ótimas oportunidades não só para quem deseja começar a operar seu primeiro negócio, mas também para quem já atua no mercado. Os imóveis de temporada para alugar na Copa do Mundo e Copa das Confederações, por exemplo, já são uma das principais buscas em sites brasileiros de anúncios atualmente. Há apartamentos sendo oferecidos a R$ 80 mil para uma semana de evento e a expectativa é que os negócios sejam fechados ainda esse ano".[11]

Cabe, neste ponto, uma pausa para observar que a expressão "mercado imobiliário" (para que fique claro o sentido em que está sendo empregada no presente estudo) designa o setor da economia integrante do *mercado da construção* que reúne compradores e vendedores interessados em transacionar direitos reais ou obrigações incidentes sobre imóveis. A evolução do número de transações, quando visualizadas por uma perspectiva macroeconômica, possibilita a aferição de preços e cria um conjunto informacional bastante eficaz para melhor compreender-se o funcionamento das forças da oferta e da procura.[12] São, ao lado dos compradores e vendedores, atores deste mercado:

a) as *Imobiliárias*, atuantes na intermediação de locação, administração e compra e venda de imóveis;

b) *Instituições financeiras*, as quais financiam créditos hipotecários e créditos de risco;

c) *Incorporadoras*, bem definidas no parágrafo único do artigo 28 da Lei nº 4.591/64 como sendo as empresas que têm como iniciativa promover e realizar a construção, para alienação total ou parcial, de edificações ou conjunto de edificações compostas de unidades autônomas;

d) a empresa de Construção Civil (ou simplesmente construtora), melhor definida como sendo aquela "legalmente habilitada e registrada, que executa dada obra, cabendo a responsabilidade técnica pela mesma, a profissional legalmente habilitado e registrado, sendo que esta responsabilidade deve ser anotada no CREA do Estado em que se localiza a obra".[13] Faz-se necessário notar que muitas

[11] Disponível em <http://www.segs.com.br/index.php?option=com_content&view=article&id=103199:copa-do-mundo-gera-oportunidades-no-mercado-imobiliario-&catid=49:cat-economia&Itemid=330>. Acessado em 15 de abril de 2013.

[12] BRITON, W., Davies, K.; JOHNSON, T. (1989). *Modern Methods of Valuation*. London: Estates Gazette Limited.

[13] PANITZ, Mauri Adriano. *Dicionário técnico: português-inglês*. Rio Grande do Sul: EDIPUCRS, 2003, p. 128.

construtoras também praticam a atividade de incorporação imobiliária, muito embora a tendência do mercado seja no sentido de apartar tais empreendimentos;

e) Há, ainda, que se fazer menção aos órgãos públicos de fiscalização e controle da atividade imobiliária, os quais, em última análise, balizam e fixam marcos legais para o melhor desenvolvimento das forças econômicas envolvidas neste importante segmento da economia. São dignos de nota, destarte, os *Cartórios de Registro de Imóveis* e de *Notas*, sem os quais não se teria como controlar transações de natureza real e, nem mesmo, formalizar juridicamente – mediante Escrituras Públicas – a vontade das partes envolvidas;

f) As pessoas jurídicas de Direito Público interno são igualmente relevantes, eis que lhes cabe estabelecer tributos (máxime impostos, taxas e contribuições de melhoria) sobre a atividade imobiliária. A influência estatal transborda, inclusive, para o poder – que lhe é inerente – de intervir na propriedade mediante desapropriação, estabelecimento de servidões administrativas, requisição, ocupação temporária e fixação de limitações administrativas. (*v.g.* novos usos do solo, zoneamento, recuo, altura, afastamento etc.).[14]

Enquanto o mercado imobiliário ostenta boas novas, não faltam críticas, entretanto, à política de desapropriações levada a efeito em função das obras de expansão de aparelhos de mobilidade urbana e/ou para a adequação de estádios. O movimento social *"Articulação Nacional de Comitês Populares da Copa"* criou um dossiê chamado *"Megaeventos e Violações de Direitos Humanos no Brasil"*, no bojo do qual consta a seguinte informação:

> Se a questão habitacional no Brasil já é grave por si só, a realização da Copa do Mundo 2014 em doze cidades e das Olimpíadas 2016 no Rio de Janeiro agrega um novo elemento: grandes projetos urbanos com extraordinários impactos econômicos, fundiários, urbanísticos, ambientais e sociais. Dentre estes últimos sobressai a remoção forçada, em massa de cerca de 170.000 pessoas. Dentre os inúmeros casos levantados pelos Comitês Populares da Copa, emerge um padrão claro e de abrangência nacional: as ações governamentais são, em sua maioria, comandadas pelo poder público municipal com o apoio das instâncias estaduais e, em alguns casos, federais, tendo como objetivo específico a retirada de moradias utilizadas de maneira mansa e pacífica, ininterruptamente, sem oposição do proprietário e por prazo superior a cinco anos (premissas para a usucapião urbana). Como objetivo mais geral, trata-se de limpar o terreno para grandes projetos imobiliários com fins especulativos e comerciais. Via de regra são comunidades localizadas em regiões cujos imóveis passaram, ao longo do tempo, por processos de valorização, tornando-se objeto da cobiça dos que fazem da especulação com a valorização imobiliária a fonte de fabulosos lucros. Evidentemente, os motivos alegados para a remoção forçada são outros: favorecer a mobilidade urbana, preservar as populações em questão de riscos ambientais e, mesmo, a melhoria de suas condições de vida, ainda que a sua revelia e contra sua vontade. As estratégias utilizadas uniformemente em todo o território nacional se iniciam quase sempre pela produção sistemática da desinformação, que se alimenta de notícias truncadas ou falsas, a que se somam propaganda enganosa e boatos. Em seguida, começam a aparecer as ameaças. Caso se manifeste alguma resistência, mesmo que desorganizada, advém o recrudescimento da pressão política e psicológica. Ato final: a retirada dos serviços públicos e a

[14] Conforme Hely Lopes Meirelles, "a Lei 10.257, de 10.7.2001, denominada Estatuto da Cidade, traçou as diretrizes gerais da política ou urbana, introduzindo em nosso sistema jurídico vários institutos que dão maior poder ao município para intervir na propriedade urbana". (MEIRELLES, Hely Lopes. *Direito Administrativo Brasileiro*. 37ª ed. São Paulo: Malheiros. 2011, p. 685).

remoção violenta. Em todas as fases há uma variada combinação de violações aos direitos humanos: direito à moradia e direito à informação nestas situações caminham juntos, como juntas caminham as violações que se concretizam. Desta forma, este relatório optou por apresentar os casos segundo as categorias "desinformação e rumores", "ameaças de remoção" e "remoções realizadas ou em andamento", lembrando que em áreas extensas de um mesmo projeto, diferentes subáreas estão sujeitas a diferentes estratégias que, combinadamente, aumentam o terror e a pressão.[15]

As denúncias ventiladas pela *"Articulação Nacional de Comitês Populares da Copa"*, verdadeiras ou não, são extremamente graves. Não menos do que 170.000 pessoas estariam, conforme se coloca, ameaçadas de remoção forçada de suas residências, utilizadas de forma mansa e pacífica, ininterruptamente, há mais de 5 (cinco) anos (premissas para a usucapião urbana). O dossiê aponta que na maior parte das vezes as ações governamentais de desapropriação são capitaneadas pelos Municípios, os quais contariam com o equivocado apoio dos Estados Federados e, em certas circunstâncias, até mesmo da União Federal. Por trás deste objetivo estaria, na realidade, o interesse de grandes corporações imobiliárias que visam a *"limpar o terreno para grandes projetos imobiliários com fins especulativos e comerciais"*. Alega-se, ainda, que não seria verdade a justificativa de que as desapropriações teriam como desiderato maior *"favorecer a mobilidade urbana, preservar as populações em questão de riscos ambientais e, mesmo, a melhoria de suas condições de vida, ainda que a sua revelia e contra sua vontade"*. Variadas estratégias de terror, pressão (nomeadamente política e psicológica) e desinformação estariam sendo empregadas para alcançar-se o remanejamento forçado – e violento – de comunidades inteiras. Enfim, estaria em curso uma perversa combinação de violações de Direitos Humanos, notadamente: o *direito à moradia* e o *direito à informação.*

Como se vê, o Brasil, de fato, é um país complexo. Para um jogador do selecionado japonês, alemão ou mesmo da superpovoada China, *investimentos habitacionais para receber a Copa* parecem deslocados do seu máximo objetivo: *simplesmente vencer a competição e erguer a taça.* Seguindo tal lógica – aqui apresentada de forma propositalmente simplória – os investimentos, *a priori*, deveriam centrar-se nas equipes, nos uniformes, no gramado e suas respectivas marcas, nas traves do gol e nas arquibancadas (afinal, o que é realmente indispensável para jogar-se uma boa partida de futebol?). Aos olhos dos atletas estrangeiros, especialmente quando têm diante de si o mapa do Brasil, cuja base geográfica confere-lhe a quinta posição dentre os países com maior extensão territorial, não deixa de ser surpreendente a agenda política habitacional criada especificamente para a Copa (assim como a polêmica em seu derredor).[16]

---

[15] Disponível em <http://www.portalpopulardacopa.org.br/index.php?option=com_k2&view=item&id=198:dossi%C3%AA-nacional-de-viola%C3%A7%C3%B5es-de-direitos-humanos>. Acessado em 15 de abril de 2013.

[16] Dadas as condições semicontinentais do país, dever-se-ia supor que o povo brasileiro teria, à sua disposição, largo espaço físico para a implantação de conjuntos habitacionais, edifícios, casas e tudo o mais que fosse necessário para simplesmente "habitar", no sentido mais puro conferido pela língua portuguesa ao termo.

É interessante notar que no documento denominado "*Matriz de Responsabilidades*",[17] em que são partes a União Federal, os Estados, o Distrito Federal e os Municípios que irão receber os jogos, faz-se menção, quase que inteiramente, às obras infraestruturais relacionadas a aeroportos, portos, mobilidade urbana, estádios, segurança e turismo.

À habitação, entretanto, quase nada é dedicado. Trata-se, como se vê, de um enorme, injustificado e cristalino erro de foco cometido pelas autoridades governamentais, uma vez que a configuração socioespacial das 12 (doze) cidades-sede sofrerão grandes alterações.

Exemplificativamente, dez urbes contempladas com os jogos pretendem implantar – ou já estão implantando – sistemas de mobilidade urbana do tipo *Bus Rapid Transport*, ou simplesmente *BRT*, demandando, por isso mesmo, grandes realocações populacionais. No *Portal da Transparência* (www.portaldatransparencia.gov.br),[18] bem a propósito, consta o valor contratado – e já gasto até abril de 2013 – com os *BRTs*:

EMPREENDIMENTO / AÇÃO	Instituição	Cidade-sede	Valor (em R$)	
			Contratado	Liberado
BRT: Antônio Carlos / Pedro I	Caixa	Belo Horizonte	382.250.000,00	151.842.449,42
Corredor Pedro II e Obras Complementares nos BRT's Antônio Carlos/ Pedro I e Cristiano Machado	Caixa	Belo Horizonte	146.000.000,00	7.333.190,46
BRT: Área Central	Caixa	Belo Horizonte	55.000.000,00	19.095.702,39
Expansão da Central de Controle de Trânsito	Caixa	Belo Horizonte	30.000.000,00	15.292.629,59
Via 210 (Ligação Via Minério / Tereza Cristina)	Caixa	Belo Horizonte	72.000.000,00	29.315.893,86
Via 710 (Andradas / Cristiano Machado)	Caixa	Belo Horizonte	78.000.000,00	1.254.429,77
BRT: Cristiano Machado	Caixa	Belo Horizonte	50.000.000,00	28.591.777,18
Boulevard Arrudas / Tereza Cristina	Caixa	Belo Horizonte	210.000.000,00	182.920.282,10
Ampliação da DF-047	Caixa	Brasília	98.000.000,00	0,00
Corredor Mário Andreazza	Caixa	Cuiabá	31.000.000,00	14.128.786,20
VLT: Cuiabá / Várzea Grande	Caixa	Cuiabá	423.700.000,00	71.561.796,72
Corredor Aeroporto / Rodoferroviária	Caixa	Curitiba	104.800.000,00	4.798.257,57
Sistema Integrado de Monitoramento	Caixa	Curitiba	68.200.000,00	30.954.656,85
Corredor Avenida Cândido de Abreu	Caixa	Curitiba	4.900.000,00	0,00

[17] Disponível em <http://www.copa2014.gov.br/pt-br/sobre-a-copa/matriz-de-responsabilidades>. Acessado em 12 de abril de 2013.

[18] Disponível em <http://www.portaltransparencia.gov.br/copa2014/financiamentos/detalhe.seam?tema=8&assunto=tema>. Acessado em 12 de abril de 2013.

EMPREENDIMENTO / AÇÃO	Instituição	Cidade-sede	Valor (em R$)	
			Contratado	Liberado
Requalificação da Rodoferroviária (inclusive acessos)	Caixa	Curitiba	35.000.000,00	577.181,12
BRT: Extensão da Linha Verde Sul e Obras Complementares da Requalificação do Corredor Marechal Floriano	Caixa	Curitiba	18.500.000,00	0,00
Requalificação do Terminal Santa Cândida (reforma e ampliação)	Caixa	Curitiba	12.000.000,00	431.466,01
Requalificação do Corredor Marechal Floriano	Caixa	Curitiba	30.000.000,00	293.813,76
Vias de Integração Radial Metropolitanas	Caixa	Curitiba	36.500.000,00	1.266.749,20
Corredor Avenida Tronco	Caixa	Porto Alegre	71.680.638,00	0,00
Corredor da 3ª Perimetral	Caixa	Porto Alegre	94.600.000,00	0,00
Corredor Padre Cacique / Av. Beira Rio (Av. Edvaldo Pereira Paiva)	Caixa	Porto Alegre	78.200.000,00	0,00
Monitoramento dos 3 Corredores	Caixa	Porto Alegre	13.700.000,00	0,00
BRT: Protásio Alves e Terminal Manoel Elias	Caixa	Porto Alegre	53.000.000,00	0,00
Corredor Rua Voluntários da Pátria e Estação Sao Pedro	Caixa	Porto Alegre	24.000.000,00	0,00
Prolongamento da Avenida Severo Dullius	Caixa	Porto Alegre	21.600.000,00	0,00
Complexo da Rodoviária	Caixa	Porto Alegre	19.000.000,00	0,00
BRT: Avenida Bento Gonçalves e Terminal Antônio Carvalho	Caixa	Porto Alegre	23.000.000,00	0,00
VLT: Parangaba/Mucuripe	Caixa	Fortaleza	170.000.000,00	28.714.156,20
Eixo Via Expressa/Raul Barbosa	Caixa	Fortaleza	141.700.000,00	0,00
BRT Transcarioca (Aeroporto / Penha / Barra)	BNDES	Rio de Janeiro	1.179.000.000,00	472.472.266,19
BRT: Leste/Oeste – Ramal Cidade da Copa	Caixa	Recife	99.000.000,00	50.236.058,18
BRT: Norte / Sul – Trecho Igarassu / Tacaruna / Centro do Recife	Caixa	Recife	162.000.000,00	77.887.528,02
Corredor Caxangá (Leste-Oeste)	Caixa	Recife	71.000.000,00	31.860.709,92
Corredor da Via Mangue	Caixa	Recife	331.000.000,00	128.025.754,41
Metrô: Terminal Cosme e Damião	Caixa	Recife	15.000.000,00	8.728.518,02
BRT Avenida Dedé Brasil	Caixa	Fortaleza	21.600.000,00	0,00
BRT Avenida Alberto Craveiro	Caixa	Fortaleza	23.700.000,00	0,00
BRT Avenida Paulino Rocha	Caixa	Fortaleza	19.600.000,00	0,00
Estações Padre Cícero e Juscelino Kubitschek	Caixa	Fortaleza	33.200.000,00	0,00

As cifras envolvidas surpreendem. Somente a título de *valor contratado*, alcançam-se extraordinários R$ 4.551.430.638,00. Os *valores liberados*, por outro lado, não superam R$ 1.357.584.053,14, isto é, cerca de 29,82% do total inicialmente previsto. O dado que mais interessa, todavia, é o seguinte: do montante total referente ao *valor contratado*, o governo pretende utilizar R$ 1,5 bilhão para fazer frente a despesas "com desapropriações de imóveis residenciais e comerciais para a realização de obras voltadas à melhoria da mobilidade urbana através de BRTs e de vias expressas para ônibus".[19]

É neste preciso ponto, como visto alhures, que o movimento *"Articulação Nacional de Comitês Populares da Copa"* recrudesce e aumenta o tom de suas críticas: o *mercado imobiliário*, em última análise, estaria ditando o ritmo das desapropriações ao sabor de seu único e exclusivo talante, aprofundando, assim, a segregação urbana e a exclusão social, traços característicos das metrópoles que sediarão os jogos. As supostas arbitrariedades também envolveriam: a) o pagamento de indenizações consideradas insuficientes; b) a supressão das comunidades do processo de definição sobre as remoções ou suas alternativas; c) a carência de informações prestadas pelo poder público aos habitantes das favelas afetadas; d) a mudança de moradores para áreas afastadas (50 quilômetros ou mais).[20]

A questão, inclusive, já despertou o interesse da Relatora especial da Organização das Nações Unidas (ONU) para o direito à moradia adequada, Raquel Rolnik, motivo pelo qual foi encaminhada ao governo brasileiro, em dezembro de 2010, uma *Carta de Alegação* (instrumento formal manejado pelos relatores da ONU quando recebem denúncias) solicitando a adoção de providências. À época, a relatora, respondendo ao *Estado de São Paulo*, chegou a comparar a Líbia com o Brasil, destacando que o país poderia sofrer sanções internacionais. Eis o teor da reportagem: "O Brasil pode vir a sofrer algum tipo de punição por esses casos de violação? Dependendo da gravidade e da reincidência das violações, o País pode até sofrer sanções. A Líbia é um exemplo. Antes de se definir pela ação militar, a Líbia recebeu sanções por parte do Conselho de Direitos Humanos. Quero crer, não só como relatora mas como brasileira, que uma correção de rumo no Brasil é oportuna e bem-vinda. E está em tempo".[21]

Em 5 de março de 2013, o *Estado de São Paulo* voltou à carga noticiando que o movimento *Articulação Nacional dos Comitês Populares da Copa* denun-

[19] Fonte: Metropolização e Megaeventos: os impactos da Copa do Mundo 2014 e Olimpíadas 2016. Disponível em <http://web.observatoriodasmetropoles.net/projetomegaeventos/index.php?option=com_content&view=article&id=111&Itemid=351>. Acessado em 14 de abril de 2013.

[20] Na região metropolitana de Curitiba, exemplificativamente, serão afetados 1173 imóveis para a ampliação e reconstrução de avenidas e rodovias, assim como para a implementação do corredor metropolitano de 52 km. Em Fortaleza, a alegação seria no sentido de que as obras para a construção de novas rodovias (dentre elas a *Via Expressa de Fortaleza*, cujo percurso atravessa 22 bairros para unir o estádio *Castelão* à zona hoteleira) afetariam 15 mil famílias, sendo que o governo possuiria planos para reassentar 10 mil noutras áreas ainda não especificadas.

[21] Disponível em <http://www.estadao.com.br/noticias/impresso,relatora-ve-remocao-forcada-para-copa-e-pac,701838,0.htm>, acessado em 16 de abril de 2013.

ciou o Brasil, em Genebra, perante o Conselho de Direitos Humanos da ONU. Dentre os argumentos alegados, o de sempre: falando na plenária da ONU, a representante da Articulação, Giselle Tanaka, "alertou aos demais países e à própria organização que um a cada mil brasileiros tem sofrido com remoções forçadas por conta de 'eventos que vão durar apenas um mês'".[22]

Em torno deste debate interessa perquirir, a bem da verdade, se as remoções anunciadas pelo governo como parte dos programas de mobilidade urbana da Copa irão "simplesmente varrer do mapa" (SIC) áreas presentemente ocupadas por comunidades carentes para cedê-las à especulação imobiliária ou irão, por outro lado, permitir o resgate social e a valorização econômica de largas parcelas dos territórios municipais envolvidos na organização dos jogos, abrindo, outrossim, uma rara oportunidade para a expansão planejada de áreas urbanas. Ajudaria a resolver esta *vexata quaestio* saber-se: a) o real impacto dos investimentos governamentais na valorização imobiliária das áreas circunvizinhas; b) a quantidade e qualidade dos empreendimentos imobiliários lançados pela iniciativa privada nos mesmos locais; c) os instrumentos disponibilizados à população de baixa renda para manterem-se na mesma área.

A Copa de 2014 será, sem dúvida, um grande evento em que se celebrará, além do futebol, o próprio Brasil. A questão habitacional, considerando-se a grave denúncia, agora declinada perante a ONU, de que um em cada mil brasileiros está sendo removido de sua casa para atender às necessidades de projetos de mobilidade urbana e interesses escusos do mercado imobiliário, será capaz de azedar a grande festa do futebol mundial?

A resposta dependerá, fundamentalmente, da atuação do Judiciário, considerando-se a natureza jurídica do direito à moradia. É o que se verá nos próximos tópicos.

2. Moradia enquanto direito fundamental autoaplicável (o verdadeiro gol da Emenda Constitucional nº 26/2000)

Abraham Maslow, renomado psicólogo norte-americano, fundador do *National Laboratories for Group Dynamics* do *MIT*, deixou à posteridade a teoria da *Hierarquia das Necessidades Humanas de Maslow*, mediante a qual o ser humano precisaria, em sua eterna odisseia em busca da *autorrealização* (ou felicidade própria), satisfazer, em ordem hierárquica e consequencialista, um conjunto de cinco necessidades fundamentais: a) *fisiológicas* (dentre elas o *abrigo*); b) *segurança*, a qual engloba o querer sentir-se seguro em seu próprio lar; c) *socioafetivas*, inclusive no que diz respeito ao sentimento de pertencer a uma determinada comunidade; d) *estima*, que perpassa por dois segmentos: reconhecimento inter-

[22] Disponível em <http://www.estadao.com.br/noticias/impresso,ongs-protestam-na-onu-contra-remocoes-no-pais-por-causa-da-copa,1004474,0.htm>, acessado em 16 de abril de 2013.

no e externo de suas capacidades (e amoldamento às funções desempenhadas); e) *autorrealização*, em função da qual o homem procura transmudar-se no objeto de suas maiores aspirações.[23]

Adotando tais pensamentos, e adentrando – ainda que brevemente – na via intelectiva do Direito Natural, logra-se êxito em alcançar alguns dos imperativos mais basilares do homem, a saber: o de *conservação* e de *reprodução*. Para manter-se vivo e deixar descendência, a vida em sociedade impôs-lhe, forçosamente, a necessidade de encetar relações intersubjetivas com o escopo de obter acesso às *coisas* e *serviços*, elementos precipuamente regulados pelo Direito Civil.

A *moradia*, *morada* ou *casa*, ou seja, qualquer construção utilizada pelo homem para *habitar*, tem como fulcro, em um nível mais básico, *conservá-lo* contra intempéries que lhe afetariam, certamente, a saúde. O avanço da civilização e a evolução do conceito de *família* conferiram à *moradia*, além do aspecto físico (interligado à construção civil propriamente dita), elementos imateriais como o direito de todos os seres humanos terem acesso a um *lar* (seguro) para viver (física e mentalmente) dignamente.[24]

Em sendo uma necessidade tão básica, chega a surpreender o fato de que o legislador constituinte de 1988 não lhe tenha outorgado, originariamente, *status* de direito fundamental.[25] A *Constituição Cidadã* teve, na realidade, de ser emendada (EC nº 26/2000) para inserir-se o *direito à moradia* ao lado dos demais *direitos sociais*, conforme se vê da atual redação de seu art. 6º, abaixo trasladado:

> Art. 6º São direitos sociais a educação, a saúde, a alimentação, o trabalho, a moradia, o lazer, a segurança, a previdência social, a proteção à maternidade e à infância, a assistência aos desamparados, na forma desta Constituição.[26]

Atualmente, a doutrina tem como solucionada a *quaestio* quanto à natureza jurídica dos direitos sociais, culturais e econômicos (assim como os direitos coletivos ou de coletividade), não havendo mais dúvidas de que pertencem ao rol dos assim denominados *direitos humanos (ou direitos de igualdade) de segunda geração*. Durante a última centúria, o movimento constitucionalista levado a efei-

---

[23] NEVES, Ricardo. *Tempo de Pensar Fora Da Caixa*. São Paulo: Elsevier, 2009, p. 108.

[24] O conceito de moradia contém, dentro de si, a ideia de morar com habitualidade em um determinado local. Por isso, a moradia não significa, automaticamente, o direito à casa própria. Ao invés disso, sua definição remete ao lugar onde se possa abrigar-se com a respectiva família permanentemente.

[25] Segundo George Marmelstein, "há quem pense que os direitos do artigo 5º são os únicos direitos fundamentais existentes na Constituição de 88 ou então que são os mais importantes. Grande equívoco. Nem são os únicos nem os mais importantes. Na verdade, conforme já se afirmou, os direitos fundamentais devem ser vistos como direitos interdependentes e indivisíveis. Não basta proteger a liberdade sem que as condições básicas para o exercício desse direito sejam garantidas. Por isso, o constituinte brasileiro foi bastante feliz ao positivaram, junto com os demais direitos fundamentais, os chamados direitos econômicos, sociais e culturais, que são inegavelmente instrumentos de proteção e concretização do princípio da dignidade da pessoa humana, pois visam garantir as condições necessárias à fruição de uma vida digna. No texto constitucional brasileiro, a grande maioria desses direitos está no rol de direitos sociais previstos no art. 6º." (MARMELSTEIN, George. Curso de Direitos Fundamentais. 2ª ed. São Paulo: Atlas. 2009, p. 173 e 174).

[26] A redação do artigo 6º da CF/88, aqui trasladada, reflete as alterações provocadas pela Emenda Constitucional nº 64, a qual incluiu, ao lado dos demais direitos sociais (inclusive o da moradia, incluso pela EC 26/00), o *direito à alimentação*.

to em vários estados sociais ressoou a crítica antiliberal, solapando antigos paradigmas civilistas, nomeadamente o caráter absoluto da propriedade privada[27] e o princípio do *pacta sunt servanda.*[28] Acoplou-se a tais institutos a chamada *função social*, mediante a qual o legislador, o aplicador da norma e o sujeito passivo da obrigação legal ficaram atrelados a desígnios eminentemente coletivistas – algo inimaginável durante os anos em que viveu Adam Smith.

Teleologicamente, os direitos de segunda geração têm como escopo fazer valer, de forma efetiva, o *princípio da igualdade*, pois a desigualdade econômico-social (característica intrínseca do capitalismo) conduz, inapelavelmente, à subversão da igualdade jurídica, transformando-a em mera falácia. Ao Estado, deste modo, coube a tarefa de providenciar mecanismos para garantir uma *igualdade real* (ainda que em termos utópicos), enquanto que aos membros da sociedade (isto é, os seus respectivos cidadãos) outorgou-se a faculdade de exigir dos entes públicos prestações materiais capazes de lhes caucionar, quando necessário, uma existência digna.[29]

---

[27] A propriedade, enquanto *direito real próprio*, apesar de sua grande importância na esfera do direito das coisas, é de difícil conceituação, dada a sua grande mutabilidade ao longo da história. Por isso, hodiernamente, a doutrina possui grande variedade de conceitos, respaldados em diferentes ordenamentos jurídicos ou sistemas econômicos. Por este último prisma, pode-se dizer que foi a propriedade a pedra angular dos choques ideológicos verificados na segunda metade do século XX. Em lados opostos, encontravam-se o regime comunista, capitaneado pela URSS, e do outro, os EUA, líder do bloco capitalista. Era a divisão do mundo entre dois paradigmas, em um período denominado como "guerra fria". Porém, sem olvidar a grande importância do estudo destes aspectos históricos, percebe-se nitidamente que a base de ambos os citados regimes era o modo mediante o qual o direito de propriedade era exercido: coletivamente, em comunidade, daí o termo comunista; ou individualmente, de forma absoluta, exclusiva, perpétua e elástica, tal como ocorre no sistema capitalista. A era contemporânea, deste modo, restou profundamente marcada pela disputa ideológica até a derrocada do comunismo na maior parte do globo no princípio dos anos 90. Em tese, havia-se chegado ao fim do embate entre os regimes políticos-econômicos antagônicos em comento. Hoje, muitos proclamam, precipitadamente o completo triunfo do capitalismo. Não comungamos de tal opinião, pois mesmo aos que asseveram tal vitória não seria lícito negar a influência marxista que se fez exercer nos países capitalistas. Nossa Constituição Federal, por exemplo, acatou o princípio da função social da propriedade, estabelecendo-lhe balizas sociais. A propriedade absolutista, concepção surgida entre os romanos, tornou-se concepção divorciada do coevo entendimento doutrinário, legal e jurisprudencial, que mitigou seus efeitos. Hoje, deve ser ela exercida em prol da sociedade, atendendo-a em suas necessidades e, paralelamente, fornecendo subsistência a quem lhe exerce inflexão imediata. Portanto, muitos reclamos eminentemente socialistas foram atendidos na CF de 1988, apesar do *caput* do art. 5º prever, de forma expressa e destacada, a inviolabilidade da propriedade. Em tal artigo, especificamente em seus incisos XXII e XXIV, estão, inconfutavelmente, estabelecidas a garantia à propriedade e a função social a que a mesma deve atender. Em síntese, com a instituição da função social da propriedade, visa o legislador impedir abusos e desestimular o seu uso em detrimento do bem-estar social.

[28] Este princípio determina que as estipulações produzidas em função de um determinado contrato deverão ser fielmente cumpridas (*Pacta Sunt Servanda*), sob pena de execução patrimonial em detrimento do inadimplente. O ato negocial, por ser uma norma jurídica, constituindo lei entre as partes (*lex contratus*), é intangível, a menos que ambas as partes o rescindam voluntariamente, ou haja a escusa por caso fortuito ou força maior (NCC art. 393, parágrafo único), de tal sorte que não se poderá alterar seu conteúdo, nem mesmo judicialmente. Tal princípio foi atenuado admitindo, inclusive, exceções (*v.g.* arts. 478 , 479 e 480 do Código Civil e art. 49 da Lei n. 8.078/90). O mundo moderno, onde predomina a massificação e a globalização da economia, despertou a preocupação das ciências jurídicas para a busca do valor da justiça em todas as relações negociais. Visando à justiça contratual, o NCC, em seu art. 421, dispõe: *"A liberdade de contratar será exercida em razão e nos limites da função social do contrato"*. Portanto, percebe-se que as partes contratantes não devem utilizar o contrato para garantir lucros desproporcionais, transformando-o em fonte inesgotável de enriquecimento e instrumento de exploração.

[29] Ingo Wolfgang Sarlet assevera que "desde o seu reconhecimento nas primeiras Constituições, os direitos fundamentais passaram por diversas transformações, tanto no que diz com o seu conteúdo, quanto no que concerne

Uma das providências mais sábias do constituinte de 1988, neste passo, foi conferir autoaplicabilidade aos direitos e garantias fundamentais. Para tanto, o parágrafo primeiro do art. 5º da CF/88 recebeu a seguinte redação: "§ 1º. As normas definidoras dos direitos e garantias fundamentais têm aplicação imediata.". Há ainda que se fazer menção ao parágrafo segundo do mesmo dispositivo constitucional, *in verbis*: "§ 2º. Os direitos e garantias expressos nesta Constituição não excluem outros decorrentes do regime e dos princípios por ela adotados, ou dos tratados internacionais em que a República Federativa do Brasil seja parte".

Negar autoaplicabilidade aos direitos sociais (máxime à moradia) significaria negar aos excluídos, aos marginalizados, aos que nada têm (nem mesmo um teto, uma parede ou um chão), o imediato e providencial socorro estatal, única forma de se mitigar os deletérios efeitos causados pelo sistema capitalista.

Vale, neste diapasão, lembrar as considerações de Andreas Joachim Krell, para quem "os direitos fundamentais sociais não são direitos contra o estado, mas sim direitos através do estado de uma exigindo do poder público certas prestações materiais. São os direitos fundamentais do homem social dentro de um modelo de estado que tende cada vez mais a ser social, dando prevalência aos interesses coletivos ante aos individuais".[30]

Enfim, os direitos sociais demandam do Estado uma postura positiva, exigindo, para a sua concretização, não somente *investimentos* (ou para quem preferir *despesas)* públicos capazes de fazer valer a tão almejada igualdade social, mas também atos administrativos e leis que possibilitem o alcance deste objetivo.

Extrai-se, como ilação, que a concretização dos direitos sociais significa não somente o estrito cumprimento do disposto nos artigos 5º e 6º da Constituição Federal. Há mais! A Constituição Federal de 1988, acaso analisada de maneira sistêmica e teleológica, determina, esclarece e delineia quais seriam as condições básicas necessárias ao exercício do Direito à moradia digna.

Em primeiro lugar, impõe-se a leitura dos artigos constitucionais que versam sobre direitos fundamentais e sociais sob o holofote solar do artigo 1º, inciso III, da CF/88, reservado para guardar aquele que talvez seja o mais importante de todos os princípios do ordenamento jurídico pátrio: o da *dignidade da pessoa hu-*

à sua titularidade, eficácia e efetivação". SARLET, Ingo Wolfgang. A Eficácia dos Direitos Fundamentais. 9. ed. rev. e atual. Porto Alegre: Livraria do Advogado, 2008, p. 52. Há, ainda, uma importante consideração a ser feita: quem vem a ser o titular do direito social? Conforme Paul Singer, seriam titulares apenas aqueles que dependessem dos recursos para ter acesso à parcela da renda social necessária para a sua sobrevivência, podendo, deste modo, concretizar os demais Direitos (SINGER, Paul. A cidadania para todos. In: PINSKY, Jaime; PINSKY, Carla (Org.). *A história da cidadania*: São Paulo: Contexto, 2003, p. 191). Concordamos, neste ponto, com George Marmelstein, para quem " na verdade, todas as pessoas podem ser titulares dos direitos sociais. No entanto, o Estado somente é obrigado a disponibilizar os serviços de saúde, educação, assistência social etc. para aqueles que não têm acesso a esses direitos por conta própria. Desse modo, apenas as pessoas que não podem pagar pelos serviços de saúde, de educação etc. podem, em dadas circunstâncias, exigir judicialmente o cumprimento da norma constitucional". (MARMELSTEIN, George. *Curso de Direitos Fundamentais*. 2ª ed. São Paulo: Atlas. 2009, p. 270).

[30] KRELL, Andreas Joaquim. *Direitos Sociais e Controle Judicial no Brasil e na Alemanha*: os (des)caminhos de um direito constitucional comparado. Porto Alegre: Sergio Antonio Fabris, 2002, p. 19.

mana.[31] Por isso mesmo, é lícito afirmar que o direito à *moradia digna* envolve o direito ao meio ambiente urbano equilibrado, infraestrutura básica, à mobilidade e transporte coletivo e equipamentos e serviços sociais e urbanos.

O Direito ao *meio ambiente urbano*[32] equilibrado manifesta-se, precipuamente, pela função socioambiental da propriedade (art. 225, *caput* c.c. art. 5º, XXII e XXIII, da CF/88) e, mais recentemente, pelo uso do termo *sustentabilidade*[33] (cujo espeque normativo repousa no *caput* do art. 225 da CF/88, ao prever-se a preservação do meio ambiente para as presentes e futuras gerações).

As comunidades mais carentes, no Brasil, geralmente padecem deste mal. Suas moradias, malconstruídas (tratando-se muitas vezes de barracos de madeira ou de papelão), malplanejadas e geralmente impróprias para a formação digna de um lar, localizam-se, na maior parte das vezes, em áreas insalubres, sem arborização, próximas de *lixões*, em encostas ou morros, à beira de rios, em cima de calçadas e demasiadamente próximas do meio-fio, isso quando não construídas, em casos mais graves, no meio da via pública. Note-se, neste ponto, a estreita interligação entre a *moradia digna* e a existência de *infraestrutura urbanística básica*, a exemplo de obras de *mobilidade* e *saneamento*. Para piorar, a questão ambiental urbana torna-se ainda mais dramática quando se nota que as moradias das populações vulneráveis, não raro, contaminam tragicamente preciosos recursos hídricos (pelo despejo direto de efluentes não tratados), degradam solos e destroem a vegetação nativa.

A análise do instituto da *moradia digna* também não pode ser apartada dos *objetivos fundamentais da República*, máxime aqueles previstos no artigo 3º da Constituição Federal de 1988. Afinal, perpassa pelo equacionamento da questão habitacional: a) a construção de uma sociedade livre, justa e solidária; b) a erra-

[31] Enfim e em suma, sem a materialização – imediata – dos direitos sociais, dentre eles o da moradia, negar-se-ia aplicação ao princípio da dignidade da pessoa humana.

[32] Antônio Cláudio Moreira conceituou meio ambiente urbano do seguinte modo: "Assim, com a contribuição dos biólogos, dos paisagistas e dos urbanistas, é possível conceituar o ambiente urbano como relações dos homens com o espaço construído e com a natureza, em aglomerações de população e atividades humanas, constituídas por fluxos de energia e de informação para nutrição e biodiversidade; pela percepção visual e atribuição de significado às conformações e configurações da aglomeração; e pela apropriação e fruição (utilização e ocupação) do espaço construído e dos recursos naturais". Disponível em <http://lproweb.procempa.com.br/pmpa/prefpoa/spm/usu_doc/moreira6-conceito_impacto_urbano.pdf>. Acessado em 20 de abril de 2013.

[33] Nos dias atuais, "a noção de sustentabilidade vem sendo utilizada como ponto de partida para a construção de um novo modelo de sociedade, capaz de garantir a sobrevivência dos seres humanos e da natureza. O recente histórico de consolidação do conceito faz com que este ainda seja representado por noções um pouco genéricas e difusas. Parte-se da premissa fundamental do reconhecimento da insustentabilidade dos padrões de desenvolvimento contemporâneos, da finitude dos recursos naturais e da manutenção das injustiças sociais. Permanece uma série de questões quanto às formas de ação e aos agentes impulsionadores da mudança. Torna-se evidente que o conceito de sustentabilidade está ligado à questão ambiental, mas não se reduz a ela. A sustentabilidade é uma temática vinculada à cultura, à sociedade e ao próprio ser humano. Está associada ao compromisso social e relacionada ao processo participativo da construção, no qual as instituições políticas, a sociedade civil e os grupos de interesse organizados encontram espaço para exercer o seu papel de representação política e institucional. E é, por fim, indissociável da dimensão econômica, condição necessária para assegurar a continuidade do desenvolvimento e a competitividade dos produtos e serviços gerados pela economia, estimulada pela adequação dos fatores sistêmicos, pela exposição à competição interna e externa, pela qualidade, pela produtividade e pela inovação". (LOURES, Rodrigo C. da Rocha. *Sustentabilidade XXI*. São Paulo: Gente, 2009, p. 59).

dicação da pobreza e da marginalização, reduzindo-se as desigualdades sociais e regionais; c) a promoção do bem comum, sem preconceitos de origem, raça, sexo, cor, idade e quaisquer outras formas de discriminação.

A Constituição Federal também prevê um importantíssimo instrumento nomeadamente político (no sentido de *política pública*), *in casu*, o chamado *Plano Diretor*. Faz-se mister o traslado da redação dos arts. 182 e 183 da CF/88:

> Art. 182. A política de desenvolvimento urbano, executada pelo Poder Público municipal, conforme diretrizes gerais fixadas em lei, tem por objetivo ordenar o pleno desenvolvimento das funções sociais da cidade e garantir o bem- estar de seus habitantes.
>
> § 1º O plano diretor, aprovado pela Câmara Municipal, obrigatório para cidades com mais de vinte mil habitantes, é o instrumento básico da política de desenvolvimento e de expansão urbana.
>
> § 2º A propriedade urbana cumpre sua função social quando atende às exigências fundamentais de ordenação da cidade expressas no plano diretor.
>
> § 3º As desapropriações de imóveis urbanos serão feitas com prévia e justa indenização em dinheiro.
>
> § 4º É facultado ao Poder Público municipal, mediante lei específica para área incluída no plano diretor, exigir, nos termos da lei federal, do proprietário do solo urbano não edificado, subutilizado ou não utilizado, que promova seu adequado aproveitamento, sob pena, sucessivamente, de:
>
> I – parcelamento ou edificação compulsórios;
>
> II – imposto sobre a propriedade predial e territorial urbana progressivo no tempo;
>
> III – desapropriação com pagamento mediante títulos da dívida pública de emissão previamente aprovada pelo Senado Federal, com prazo de resgate de até dez anos, em parcelas anuais, iguais e sucessivas, assegurados o valor real da indenização e os juros legais.
>
> Art. 183. Aquele que possuir como sua área urbana de até duzentos e cinqüenta metros quadrados, por cinco anos, ininterruptamente e sem oposição, utilizando-a para sua moradia ou de sua família, adquirir-lhe-á o domínio, desde que não seja proprietário de outro imóvel urbano ou rural.
>
> § 1º O título de domínio e a concessão de uso serão conferidos ao homem ou à mulher, ou a ambos, independentemente do estado civil.
>
> § 2º Esse direito não será reconhecido ao mesmo possuidor mais de uma vez.
>
> § 3º Os imóveis públicos não serão adquiridos por usucapião.

Como se percebe, o Plano Diretor estabelece que a política de desenvolvimento urbano seja levada a cabo pelos Municípios, guardando-se como norte – e máximo desiderato – ordenar o seu desenvolvimento urbanístico, assegurando-se, no mesmo passo, o pleno bem-estar social de seus habitantes.

Outros dispositivos da *lex matter* preveem, conferem e realçam o direito à moradia. É digno de nota, exemplificativamente, o artigo 7º, inciso IV, da CF/88, no qual o legislador constituinte estatuiu quais seriam os direitos dos trabalhadores urbanos e rurais, além de outros que visem à melhoria de sua condição social: salário mínimo fixado em lei, nacionalmente unificado, capaz de atender às suas necessidades vitais básicas e às de sua família com moradia, alimentação, saúde, lazer, vestuário, higiene, transporte e previdência social, com reajustes periódicos que lhe preservem o poder aquisitivo, sendo vedada sua vinculação para qualquer fim.

Por sua vez, o artigo 21, inciso XX, do texto constitucional acentua que compete à União instituir diretrizes para o desenvolvimento urbano, inclusive habitação, saneamento básico e transportes urbanos.

O Ordenamento infraconstitucional, por seu turno, é repleto de normas jurídicas que procuram dar vazão à autoaplicabilidade do direito à moradia digna. O atual Código Civil governa-se por essa lógica, na medida em que positivou regra declarando como abandonado o imóvel quando o proprietário abdicá-lo de seu patrimônio, presumindo-se o abandono quando deixar-se de arrecadar a respectiva tributação (assinaladamente o IPTU). É o que abaixo se percebe:

> Art. 1.276. O imóvel urbano que o proprietário abandonar, com a intenção de não mais o conservar em seu patrimônio, e que não se encontrar na posse de outrem, poderá ser arrecadado, como bem vago, e passar, 3 (três) anos depois, à propriedade do Município ou à do Distrito Federal, se achar nas respectivas circunscrições.
>
> § 2º Presumir-se-á de modo absoluto a intenção a que se refere este artigo, quando, cessados os atos de posse, deixar o proprietário de satisfazer os ônus fiscais".

Há que se fazer, ainda, menção ao *Estatuto da Cidade* (Lei 10.257, de 10 de julho de 2001), o qual visa regulamentar (ao estatuir normas de ordem pública e interesse social que regulam o uso da propriedade urbana em prol do bem coletivo, da segurança e do bem-estar dos cidadãos, bem como do equilíbrio ambiental) os artigos 182 e 183 da Constituição Federal de 1988.

O Estatuto da Cidade, outrossim, em seu art. 2º, esclarece que objetivo da política urbana vem a ser a ordenação e o pleno desenvolvimento das funções sociais da cidade e da propriedade urbana, mediante a adoção das seguintes diretrizes:

> I – garantia do direito a cidades sustentáveis, entendido como o direito à terra urbana, à moradia, ao saneamento ambiental, à infra-estrutura urbana, ao transporte e aos serviços públicos, ao trabalho e ao lazer, para as presentes e futuras gerações;
>
> II – gestão democrática por meio da participação da população e de associações representativas dos vários segmentos da comunidade na formulação, execução e acompanhamento de planos, programas e projetos de desenvolvimento urbano;
>
> III – cooperação entre os governos, a iniciativa privada e os demais setores da sociedade no processo de urbanização, em atendimento ao interesse social;
>
> IV – planejamento do desenvolvimento das cidades, da distribuição espacial da população e das atividades econômicas do Município e do território sob sua área de influência, de modo a evitar e corrigir as distorções do crescimento urbano e seus efeitos negativos sobre o meio ambiente;
>
> V – oferta de equipamentos urbanos e comunitários, transporte e serviços públicos adequados aos interesses e necessidades da população e às características locais;
>
> VI – ordenação e controle do uso do solo, de forma a evitar: a) a utilização inadequada dos imóveis urbanos;b) a proximidade de usos incompatíveis ou inconvenientes; c) o parcelamento do solo, a edificação ou o uso excessivos ou inadequados em relação à infra-estrutura urbana; d) a instalação de empreendimentos ou atividades que possam funcionar como pólos geradores de tráfego, sem a previsão da infra-estrutura correspondente; e) a retenção especulativa de imóvel urbano, que resulte na sua subutilização ou não utilização;
>
> f) a deterioração das áreas urbanizadas;
>
> g) a poluição e a degradação ambiental;
>
> h) a exposição da população a riscos de desastres.
>
> VII – integração e complementaridade entre as atividades urbanas e rurais, tendo em vista o desenvolvimento socioeconômico do Município e do território sob sua área de influência;

VIII – adoção de padrões de produção e consumo de bens e serviços e de expansão urbana compatíveis com os limites da sustentabilidade ambiental, social e econômica do Município e do território sob sua área de influência;

IX – justa distribuição dos benefícios e ônus decorrentes do processo de urbanização;

X – adequação dos instrumentos de política econômica, tributária e financeira e dos gastos públicos aos objetivos do desenvolvimento urbano, de modo a privilegiar os investimentos geradores de bem-estar geral e a fruição dos bens pelos diferentes segmentos sociais;

XI – recuperação dos investimentos do Poder Público de que tenha resultado a valorização de imóveis urbanos;

XII – proteção, preservação e recuperação do meio ambiente natural e construído, do patrimônio cultural, histórico, artístico, paisagístico e arqueológico;

XIII – audiência do Poder Público municipal e da população interessada nos processos de implantação de empreendimentos ou atividades com efeitos potencialmente negativos sobre o meio ambiente natural ou construído, o conforto ou a segurança da população;

XIV – regularização fundiária e urbanização de áreas ocupadas por população de baixa renda mediante o estabelecimento de normas especiais de urbanização, uso e ocupação do solo e edificação, consideradas a situação socioeconômica da população e as normas ambientais;

XV – simplificação da legislação de parcelamento, uso e ocupação do solo e das normas edilícias, com vistas a permitir a redução dos custos e o aumento da oferta dos lotes e unidades habitacionais;

XVI – isonomia de condições para os agentes públicos e privados na promoção de empreendimentos e atividades relativos ao processo de urbanização, atendido o interesse social.

O advento do Estatuto das Cidades, com instrumentos tão valiosos para a política urbana, alterou o cenário normativo do tratamento da questão habitacional. Vieram à tona *instrumentos de política urbana* (divididos, ao longo da norma em destaque, em capítulos dedicados aos instrumentos em geral; ao parcelamento, edificação ou utilização compulsórios; ao IPTU progressivo no tempo; à desapropriação com pagamento em títulos;[34] à usucapião especial de imóvel urbano; ao direito de superfície; ao direito de preempção; à outorga onerosa do direito de construir; às operações urbanas consorciadas; à transferência do direito de construir; ao estudo de impacto de vizinhança), o *Plano Diretor*, a *gestão democrática da cidade*, prevendo-se, por fim, importantes *disposições gerais*.

Ainda há espaço para uma breve nota a respeito da Lei nº 11.124/05, a qual dispõe sobre o Sistema Nacional de Habitação de Interesse Social – SNHIS –, cria o Fundo Nacional de Habitação de Interesse Social – FNHIS – e institui o Conselho Gestor do FNHIS. Como se vê, o objetivo maior desta lei vem a ser a disponibilização, para a população de baixa renda, de linhas de crédito capazes de garantir o acesso à terra urbana. Eis os princípios que regem esta norma jurídica: a) compatibilidade e integração das políticas habitacionais federal, estadual, do Distrito Federal e municipal, bem como das demais políticas setoriais de desen-

[34] Adilson Abreu Dallari assevera, a esse respeito, que "no campo da atuação urbanística, quando a administração pública desapropria um imóvel, tal ato é diretamente vocacionado para produzir a subtração de determinado bem do patrimônio de alguém. Não há que se falar em responsabilidade civil, pois o ato de desapropriar, por determinação constitucional, somente pode ser efetivado mediante prévia indenização." (DALLARI, Adilson Abreu. Responsabilidade civil do estado no manejo dos instrumentos de política ou urbana do estatuto da cidade. In: *Responsabilidade Civil do Estado:* desafios contemporâneos. São Paulo: Quartier Latin, 2010, p. 943).

volvimento urbano, ambientais e de inclusão social; b) moradia digna como direito e vetor de inclusão social; c) democratização, descentralização, controle social e transparência dos procedimentos decisórios; d) função social da propriedade urbana visando a garantir atuação direcionada a coibir a especulação imobiliária e permitir o acesso à terra urbana e ao pleno desenvolvimento das funções sociais da cidade e da propriedade.

Por fim, não se poderia deixar de lembrar a Lei 11.888, a qual, por sua vez, assegura às famílias de baixa renda assistência técnica pública e gratuita para o projeto e a construção de habitação de interesse social e altera a Lei 11.124, de 16 de junho de 2005.

O *direito à moradia*, enquanto *direito social fundamental*, é igualmente reconhecido pela ONU (Organização das Nações Unidas) como um direito humano universal e vem sendo adotado, desde 1948, por todos os países signatários da Declaração Universal dos Direitos Humanos (art. 25, § 1º). Outros acordos internacionais preveem a aplicação do direito à moradia, a saber: Pacto Internacional de Direitos Civis e Políticos (art. 17, § 1º); Pacto Internacional de Direitos Econômicos Sociais e Culturais (art. 11, § 1º); Comentário Geral nº 4 do Comitê de Direitos Econômicos, Sociais e Culturais; Comentário Geral nº 7 do Comitê de Direitos Econômicos, Sociais e Culturais; Convenção Internacional sobre a eliminação de todas as formas de discriminação racial (art. 5º, e, II); Convenção sobre a eliminação de todas as formas de discriminação contra a mulher (art. 14, § 2º); Convenção sobre os direitos das crianças (art. 16, § 1º; art. 27, § 3º).

A leitura dos textos – pertencentes, precipuamente, ao campo de estudo do Direito Internacional – acima declinados permite, neste tocante, analisar-se os elementos fundamentais daquilo que se poderia definir como *direito à moradia*: ocupação estável; acessibilidade a bens ambientais, serviços e bens públicos (incluindo-se de infraestrutura); acesso a moradias financeiramente viáveis; condições de habitação adequadas; priorização de grupos ou indivíduos em programas de acesso à moradia; construção de moradias com localização adequada; adequação da moradia ao seu meio cultural.

Resta nítido, assim, que o Brasil, ao menos quanto à sua legislação, equipara-se às nações mais avançadas do mundo no trato da questão habitacional. O descompasso entre a lei brasileira e a *verdade social,* todavia, em um país repleto de cortiços e favelas, soa tal qual a célebre frase pronunciada por Camilo Castelo Branco: *"a verdade é, às vezes, mais inverossímil que a ficção"*.

3. Um judiciário no "ataque" ou na "retranca"?

Surgem, a partir destes breves apontamentos, importantes considerações quanto à efetivação dos Direitos Sociais. Tratando-se, indubitavelmente, de verdadeiros *direitos subjetivos* (dada a faculdade de poder-se reclamar prestações materiais do Estado), os *direitos sociais* podem, se necessário, ser exigidos pela via jurisdicional, cabendo ao Poder Judiciário impedir, conforme as palavras de Andreas Joachim Krell, a formação do sentimento de "*frustração constitucional*". Trata-se do instante (ou melhor, do momento histórico) em que a Constituição (enquanto sistema vigente de normas) de um determinado país naufraga em meio a um total e irrefreável descrédito perante a sociedade, abalando "a confiança dos cidadãos na ordem jurídica como um todo".[35]

Adentra-se, aqui, em uma nova discussão, qual seja, a da judicialização dos direitos sociais, cujo mote gravita em torno da possibilidade do Judiciário adotar medidas concretas para garantir a sua implementação. Não havendo espaço, neste estudo, para dissertar longamente (tal como o caso requer) sobre o tema, deixar-se-á de tecer maiores comentários para, desde logo, dar razão a Krell, para quem "não se atribui ao poder judiciário o poder de criar políticas públicas, mas tão só de impor a execução daquelas já estabelecidas nas leis constitucional e ordinárias".[36]

De fato, a garantia efetiva dos direitos sociais não cabe tão somente ao Poder Executivo, nem mesmo unicamente ao Poder Legislativo e muito menos exclusivamente ao Poder Judiciário. Seria trágico não perceber que todos eles se encontram insertos em um todo único e indivisível, o Estado, entendido como pessoa jurídica de direito público interno cujo comando lhes pertence.[37]

Mas até que ponto o Judiciário poderia avançar? O que poderia lindar-lhe a atuação?

Faz-se necessária, neste passo, uma pausa para retornar ao início do presente estudo: o primeiro tópico funcionou como uma espécie de *problematização*, isto é, para apresentar-se o problema habitacional gerado pelos megaeventos esportivos que ocorrerão nos anos de 2014 (Copa do Mundo) e 2016 (Olimpíadas). Fez-se, ainda, menção à euforia do mercado imobiliário por conta dos investimentos

[35] KRELL, Andreas Joaquim. *Direitos Sociais e Controle Judicial no Brasil e na Alemanha:* os (des)caminhos de um direito constitucional comparado. Porto Alegre: Sergio Antonio Fabris, 2002, p. 26.

[36] Idem, p. 94.

[37] Hely Lopes Meirelles esclarece que "os poderes de Estado, na clássica tripartição de Montesquieu, até hoje adotada nos estados de Direito, são o Legislativo, o Executivo e o Judiciário, independentes e harmônicos entre si e com suas funções reciprocamente indelegáveis (CF, art. 2º). Esses poderes são imanentes e estruturais do Estado (diversamente dos poderes administrativos, que são incidentais e instrumentais da Administração) a cada um deles corresponde uma função que lhe é atribuída com precipuidade. Assim, a função precípua do Poder Legislativo é a elaboração da lei, (função normativa); a função precípua do Poder Executivo é a conversão da lei em ato individual e concreto (função administrativa); a função precípua do poder judiciário é a aplicação coativa da lei aos litigantes (função o judicial). Referimo-nos à função precípua de cada poder de Estado porque, embora o ideal fosse a privatividade de cada função para cada Poder, na realidade isso não ocorre, uma vez que todos os poderes têm necessidade de praticar atos administrativos, ainda que restritos à sua organização e ao seu funcionamento, e, em caráter excepcional admitido pela Constituição, desempenho funções e praticam atos que, a rigor, seriam de outro Poder. O que há, portanto, não é separação de poderes com divisão absoluta de funções, mas, sim, distribuição das três funções estatais precípuas entre órgãos independentes, mas harmônicos e coordenados no seu funcionamento, mesmo porque o poder estatal é uno e indivisível". (MEIRELLES, Hely Lopes. *Direito Administrativo Brasileiro.* 37ª ed. São Paulo: Malheiros, 2011, p. 61).

governamentais, sem esquecer-se, por outro lado, de abordar as invectivas de movimentos sociais em detrimento deste dinâmico ramo da economia.

Tal abordagem teve como motivação estabelecer pontes entre o Direito, a Política e a Economia (eis que o fenômeno jurídico não pode ser compreendido sem uma visão panorâmica da sociedade), a fim de chegar-se à análise dos efeitos gerados pelos megaeventos em detrimento da questão habitacional. Como resultado, logo vem à tona uma reflexão: o inter-relacionamento entre estas três áreas (Direito, Política e Economia), não raro, acaba transbordando para o conflito, especialmente quando se trata da efetivação de direitos e garantias fundamentais.

A *teoria constitucional* e a *jurisdição constitucional* preveem a existência de institutos aplicáveis (ou no mínimo invocados por um dos contendores) em tais situações, a saber: a *cláusula da reserva do possível*; o *mínimo existencial*; o *princípio da subsidiariedade* e; a *justiça social*. Faz-se necessário, com efeito, abordá-los ainda que sucintamente.

A *cláusula da reserva do possível*, em um esforço abreviativo, seria aquela mediante a qual somente se poderia dar azo às prestações positivas exigidas pelos direitos sociais em havendo a prévia existência de recursos financeiros; funcionaria, assim, como um limitador da atuação do Judiciário. Mas há quem argumente, não sem razão, que a *reserva do possível* também se prestaria como justificativa para a aplicação recalcitrante (ou pior, na mais pura omissão estatal), pelo Poder Público, dos direitos sociais.

Daí por que se faz necessário não perder de vista a tripla dimensão conferida por Ingo Wolfang Sarlet[38] à *cláusula da reserva do possível*: a) primeiramente, a reserva do possível condiciona a efetivação de direitos fundamentais à efetiva disponibilidade fática dos recursos; b) do mesmo modo, não se pode olvidar a disponibilidade jurídica dos recursos materiais e humanos, que guarda íntima relação com a distribuição das receitas e competências tributárias, legislativas e administrativas; c) a reserva do possível também engloba, na perspectiva do eventual titular de prestações sociais, o princípio da proporcionalidade (uma vez que o Direito repudia a *prestação social desproporcional*, cuja mensuração pode ser alcançada, sem grandes esforços intelectivos, através de mecanismos de interpretação axiológica).

Em suma, a reserva do possível exprime a necessidade de haver verbas públicas suficientes e disponíveis para conferir-se autoaplicabilidade aos direitos e garantias fundamentais (dentre os quais os direitos sociais), assim como fazer frente às despesas geradas pelas políticas públicas estatuídas pela Constituição Federal.

O STJ chancela o posicionamento acima esposado. Ao tratar especificamente sobre a *cláusula da reserva do possível*, a Colenda Corte não se precipitou em

[38] SARLET, Ingo Wolfgang; TIMM, Luciano Benetti. Reserva do Possível, mínimo existencial e direito à saúde: algumas aproximações. In: *Direitos Fundamentais – orçamento e reserva do possível*. Porto Alegre: Livraria do Advogado, 2008, p. 11-53 (30).

afastá-la inopinadamente, preferindo estabelecer, ao invés disso, balizas capazes de reequilibrar o exercício dos Poderes imanentes e estruturais do Estado (o Executivo, o Legislativo e o Judiciário). É o que se percebe da leitura do julgamento do REsp 811.608/RS, cuja relatoria coube ao Ministro Luiz Fux:

> (...) AÇÃO CIVIL PÚBLICA PROPOSTA PELO MINISTÉRIO PÚBLICO FEDERAL. IMPLEMENTAÇÃO DE POLÍTICAS PÚBLICAS CONCRETAS. DIREITO À SAÚDE (ARTS. 6º E 196 DA CF/88).EFICÁCIA IMEDIATA. MÍNIMO EXISTENCIAL. RESERVA DO POSSÍVEL. (...) Os direitos fundamentais, consoante a moderna diretriz da interpretação constitucional, são dotados de eficácia imediata. A Lei Maior, no que diz com os direitos fundamentais, deixa de ser mero repositório de promessas, carta de intenções ou recomendações; houve a conferência de direitos subjetivos ao cidadão e à coletividade, que se vêem amparados juridicamente a obter a sua efetividade, a realização em concreto da prescrição constitucional.

O princípio da aplicabilidade imediata e da plena eficácia dos direitos fundamentais está encartado no § 1º, do art. 5º, da CF/88: As normas definidoras dos direitos e garantias fundamentais têm aplicação imediata. Muito se polemizou, e ainda se debate, sem que se tenha ocorrida a pacificação de posições acerca do significado e alcance exato da indigitada norma constitucional. Porém, crescente e significativa é a moderna ideia de que os direitos fundamentais, inclusive aqueles prestacionais, têm eficácia *tout court*, cabendo, apenas, delimitar-se em que extensão. Superou-se, assim, entendimento que os enquadrava como regras de conteúdo programático a serem concretizadas mediante intervenção legislativa ordinária.(...)

A escassez de recursos públicos, em oposição à gama de responsabilidades estatais a serem atendidas, tem servido de justificativa à ausência de concretização do dever-ser normativo, fomentando a edificação do conceito da "reserva do possível". Porém, tal escudo não imuniza o administrador de adimplir promessas que tais, vinculadas aos direitos fundamentais prestacionais, quanto mais considerando a notória destinação de preciosos recursos públicos para áreas que, embora também inseridas na zona de ação pública, são menos prioritárias e de relevância muito inferior aos valores básicos da sociedade, representados pelos direitos fundamentais. O Ministro Celso de Mello discorreu de modo lúcido e adequado acerca do conflito entre deficiência orçamentária e concretização dos direitos fundamentais: Não deixo de conferir, no entanto, assentadas tais premissas, significativo relevo ao tema pertinente à "reserva do possível" (Stephen Holmes/Cass R. Sunstein, "The Cost of Rights", 1999, Norton, New York), notadamente em sede de efetivação e implementação (sempre onerosas) dos direitos de segunda geração (direitos econômicos, sociais e culturais), cujo adimplemento, pelo Poder Público, impõe e exige, deste, prestações estatais positivas concretizadoras de tais prerrogativas individuais e/ou coletivas.

É que a realização dos direitos econômicos, sociais e culturais – além de caracterizar-se pela gradualidade de seu processo de concretização – depende, em grande medida, de um inescapável vínculo financeiro subordinado às possibilidades orçamentárias do Estado, de tal modo que, comprovada, objetivamente, a incapacidade econômico-financeira da pessoa estatal, desta não se poderá razoavelmente exigir, considerada a limitação material referida, a imediata efetivação do comando fundado no texto da Carta Política.

Não se mostrará lícito, no entanto, ao Poder Público, em tal hipótese – mediante indevida manipulação de sua atividade financeira e/ou político-administrativa – criar obstáculo artificial que revele o ilegítimo, arbitrário e censurável propósito de fraudar, de frustrar e de inviabilizar o estabelecimento e a preservação, em favor da pessoa e dos cidadãos, de condições materiais mínimas de existência.

Cumpre advertir, desse modo, que a cláusula da "reserva do possível" – ressalvada a ocorrência de justo motivo objetivamente aferível – não pode ser invocada, pelo Estado, com a finalidade de exonerar-se do cumprimento de suas obrigações constitucionais, notadamente quando, dessa conduta governamental negativa, puder resultar nulificação ou, até mesmo, aniquilação de direitos constitucionais impregnados de um sentido de essencial fundamentalidade. (...). (REsp 811.608/RS, Rel. Ministro Luiz Fux, Primeira Turma, julgado em 15/05/2007, DJ 04/06/2007, p. 314).

Mais recentemente, o STJ lavrou decisão ainda mais incisa, terminando, assim, de construir os contornos do princípio da reserva do possível:

> ADMINISTRATIVO. DIREITO À SAÚDE. DIREITO SUBJETIVO. PRIORIDADE. CONTROLE JUDICIAL DE POLÍTICAS PÚBLICAS. ESCASSEZ DE RECURSOS. DECISÃO POLÍTICA. RESERVA DO POSSÍVEL. MÍNIMO EXISTENCIAL.
>
> 1. A vida, saúde e integridade físico-psíquica das pessoas é valor ético-jurídico supremo no ordenamento brasileiro, que sobressai em relação a todos os outros, tanto na ordem econômica, como na política e social.
>
> 2. O direito à saúde, expressamente previsto na Constituição Federal de 1988 e em legislação especial, é garantia subjetiva do cidadão, exigível de imediato, em oposição a omissões do Poder Público. O legislador ordinário, ao disciplinar a matéria, impôs obrigações positivas ao Estado, de maneira que está compelido a cumprir o dever legal.
>
> 3. A falta de vagas em Unidades de Tratamento Intensivo – UTIs no único hospital local viola o direito à saúde e afeta o mínimo existencial de toda a população local, tratando-se, pois, de direito difuso a ser protegido.
>
> 4. Em regra geral, descabe ao Judiciário imiscuir-se na formulação ou execução de programas sociais ou econômicos. Entretanto, como tudo no Estado de Direito, as políticas públicas se submetem a controle de constitucionalidade e legalidade, mormente quando o que se tem não é exatamente o exercício de uma política pública qualquer, mas a sua completa ausência ou cumprimento meramente perfunctório ou insuficiente.
>
> 5. A reserva do possível não configura carta de alforria para o administrador incompetente, relapso ou insensível à degradação da dignidade da pessoa humana, já que é impensável que possa legitimar ou justificar a omissão estatal capaz de matar o cidadão de fome ou por negação de apoio médico-hospitalar. A escusa da "limitação de recursos orçamentários" frequentemente não passa de biombo para esconder a opção do administrador pelas suas prioridades particulares em vez daquelas estatuídas na Constituição e nas leis, sobrepondo o interesse pessoal às necessidades mais urgentes da coletividade. O absurdo e a aberração orçamentários, por ultrapassarem e vilipendiarem os limites do razoável, as fronteiras do bom-senso e até políticas públicas legisladas, são plenamente sindicáveis pelo Judiciário, não compondo, em absoluto, a esfera da discricionariedade do Administrador, nem indicando rompimento do princípio da separação dos Poderes.

6. "A realização dos Direitos Fundamentais não é opção do governante, não é resultado de um juízo discricionário nem pode ser encarada como tema que depende unicamente da vontade política. Aqueles direitos que estão intimamente ligados à dignidade humana não podem ser limitados em razão da escassez quando esta é fruto das escolhas do administrador" (REsp. 1.185.474/SC, Rel. Ministro Humberto Martins, Segunda Turma, DJe 29.4.2010). (REsp 1068731/RS, Rel. Ministro Herman Benjamin, Segunda Turma, julgado em 17/02/2011, DJe 08/03/2012).

Trocando em miúdos, a arguição da cláusula da reserva do possível deve-se fazer acompanhar de provas objetivas da insuficiência de recursos orçamentários para cumprir os mais basilares e fundamentais mandamentos constitucionais.

Por sua vez, a ideia do *mínimo existencial* pode ser obtida de conceitos como liberdade, bem como dos princípios constitucionais da dignidade humana, da igualdade, do devido processo legal e da livre iniciativa, da declaração de direitos humanos e das imunidades e privilégios dos cidadãos. Conforme a lúcida opinião de Paulo Thadeu Gomes Silva:

> De lado a idéia de que o mínimo existencial é um direito fundamental autônomo, o que não seria de todo inadmissível, tendo em vista o disposto na norma do artigo 5º, § 2º, da Constituição, é relevante destacar que, na concepção teórica que vem de ser citada, saúde e educação podem ser direitos sociais ou podem preencher o conteúdo do direito fundamental ao mínimo existencial, o que parece depender do suporte fático apresentado: quando se apresentar como direito à política pública, será direito social, e nessa condição dependerá da criação da política pública pelo poder competente; quando se apresentar como direito subjetivo, será direito ao mínimo existencial, e nessa condição não necessitará ficar à mercê da vontade dos poderes competentes para fazer valer seu direito, o que poderá ser obtido pela via judicial, desprezada a alegação da reserva do possível.[39]

O *princípio da subsidiariedade*, lembrado por George Marmelstein,[40] explicita a noção de que a efetivação dos Direitos e Garantias Fundamentais não deve ser preocupação apenas dos Poderes Executivo e Legislativo, *mas também do Judiciário.*

Com efeito, há que se perquirir a forma e o momento em que o Judiciário poderá atuar. Para tanto, é preciso deixar claro, antes de tudo, que o Judiciário não vem a ser o poder primordialmente responsável pela execução de políticas públicas; seu papel na efetivação dos direitos fundamentais realiza-se, a bem da verdade, de forma subsidiária. Foi, inclusive, o que decidiu o STF no jul-

---

[39] SILVA, Thadeu Gomes Silva. *Direitos Fundamentais*: contribuição para uma teoria geral. São Paulo: Atlas. 2010, p. 65. Para George Marmelstein, a teoria do mínimo existencial "Não é compatível (por ser insuficiente para proteger os direitos sociais) com o ordenamento jurídico-constitucional brasileiro. A Constituição Federal brasileira não prevê que apenas um mínimo será protegido. Existem, pelo contrário, algumas diretrizes que orientam para uma proteção cada vez mais ampla, por exemplo no âmbito da saúde, que se orienta pelo princípio da universalidade do acesso e integralidade do atendimento, o que afasta a idéia minimalista. Da mesma forma, o pacto internacional dos direitos econômicos, sociais e culturais, já incorporado ao ordenamento jurídico brasileiro em janeiro de 1992, fala em 'máximo dos recursos disponíveis' para implementar os direitos sociais, o que também é incompatível com uma idéia minimalista. De qualquer modo, se for dada uma interpretação 'máxima' o conceito de 'mínimo' – melhor explicando: se se ampliar cada vez mais o núcleo essencial do Direito – certamente os aspectos negativos poderiam ser afastados, e a teoria daria uma grande contribuição à busca da máxima efetividade dos direitos sociais". (MARMELSTEIN, George. *Curso de Direitos Fundamentais*. 2ª ed. São Paulo: Atlas. 2009, p. 316).

[40] MARMELSTEIN, George. *Curso de Direitos Fundamentais*. 2ª ed. São Paulo: Atlas, 2009, p. 317.

gamento da paradigmática ADPF nº 45/2004, de onde se extrai os seguintes fragmentos:

> É certo que não se inclui, ordinariamente, no âmbito das funções institucionais do Poder Judiciário – e nas desta Suprema Corte, em especial – a atribuição de formular e de implementar políticas públicas (JOSÉ CARLOS VIEIRA DE ANDRADE, "Os Direitos Fundamentais na Constituição Portuguesa de 1976", p. 207, item n. 05, 1987, Almedina, Coimbra), pois, nesse domínio, o encargo reside, primariamente, nos Poderes Legislativo e Executivo.

Tal incumbência, no entanto, embora em bases excepcionais, poderá atribuir-se ao Poder Judiciário, se e quando os órgãos estatais competentes, por descumprirem os encargos político-jurídicos que sobre eles incidem, vierem a comprometer, com tal comportamento, a eficácia e a integridade de direitos individuais e/ou coletivos impregnados de estatura constitucional, ainda que derivados de cláusulas revestidas de conteúdo programático.

Cabe assinalar, presente esse contexto – consoante já proclamou esta Suprema Corte – que o caráter programático das regras inscritas no texto da Carta Política "não pode converter-se em promessa constitucional inconsequente, sob pena de o Poder Público, fraudando justas expectativas nele depositadas pela coletividade, substituir, de maneira ilegítima, o cumprimento de seu impostergável dever, por um gesto irresponsável de infidelidade governamental ao que determina a própria Lei Fundamental do Estado" (RTJ 175/1212-1213, Rel. Min. Celso de Mello).

Não deixo de conferir, no entanto, assentadas tais premissas, significativo relevo ao tema pertinente à "reserva do possível" (Stephen Holmes/Cass R. Sunstein, "The Cost of Rights", 1999, Norton, New York), notadamente em sede de efetivação e implementação (sempre onerosas) dos direitos de segunda geração (direitos econômicos, sociais e culturais), cujo adimplemento, pelo Poder Público, impõe e exige, deste, prestações estatais positivas concretizadoras de tais prerrogativas individuais e/ou coletivas.

É que a realização dos direitos econômicos, sociais e culturais – além de caracterizar-se pela gradualidade de seu processo de concretização – depende, em grande medida, de um inescapável vínculo financeiro subordinado às possibilidades orçamentárias do Estado, de tal modo que, comprovada, objetivamente, a incapacidade econômico-financeira da pessoa estatal, desta não se poderá razoavelmente exigir, considerada a limitação material referida, a imediata efetivação do comando fundado no texto da Carta Política.

Não se mostrará lícito, no entanto, ao Poder Público, em tal hipótese – mediante indevida manipulação de sua atividade financeira e/ou político-administrativa – criar obstáculo artificial que revele o ilegítimo, arbitrário e censurável propósito de fraudar, de frustrar e de inviabilizar o estabelecimento e a preservação, em favor da pessoa e dos cidadãos, de condições materiais mínimas de existência.

Cumpre advertir, desse modo, que a cláusula da "reserva do possível" – ressalvada a ocorrência de justo motivo objetivamente aferível – não pode ser invocada, pelo Estado, com a finalidade de exonerar-se do cumprimento de suas obrigações constitucionais, notadamente quando, dessa conduta governamental negativa, puder resultar nulificação ou, até mesmo, aniquilação de direitos constitucionais impregnados de um sentido de essencial fundamentalidade". (STF, ADPF nº 45/2004. Relator Ministro Celso de Mello. decisão publicada no DJU de 4.5.2004).

Tão somente desta forma, aplicando-se o entendimento mediante o qual a atuação do Judiciário deve ser realizada de forma subsidiária, poder-se-á impedir uma eventual colisão com o art. 2º da Constituição Federal, o qual institui uma das mais importantes e basilares regras de organização da República Federativa do Brasil: o *princípio da separação dos poderes em todos os níveis da federação*. A redação do mencionado dispositivo, clara e objetiva, é a seguinte: "Art. 2º: São Poderes da União, independentes e harmônicos entre si, o Legislativo, o Executivo e o Judiciário". Diante da enorme importância do preceito em destaque, preferiu o legislador constitucional perpetuar a validade do princípio da separação dos poderes, qualificando-o como cláusula pétrea, insuscetível, consequentemente, de ser modificado por meio de eventuais emendas constitucionais, conforme determina o artigo 60, § 4º, III, da a atual *Lex Mater*.

Não por outro motivo, o STJ, em um sem número de vezes, já assim decidiu:

> (...) 2. Não cabe ao Judiciário, sob pena de ofensa à separação dos poderes, rever o juízo de conveniência e oportunidade da Administração ao determinar a transferência de militares por interesse do serviço. Precedente. (...).
>
> (RMS 13.151/PR, Rel. Ministra Maria Thereza de Assis Moura, Sexta Turma, julgado em 22/11/2007, DJ 10/12/2007, p. 441).

E mais:

> (...) 2. Observados os princípios constitucionais da ampla defesa e do contraditório na esfera administrativa, a atuação do Poder Judiciário no controle dos atos administrativos limita-se aos aspectos da legalidade e moralidade, sendo vedado o exame do âmbito do mérito administrativo.(...).
>
> (STJ. AgRg no RMS 19.372/PE, Rel. Ministro Vasco Della Giustina (Desembargador Convocado do TJ/RS), Sexta Turma, julgado em 15/05/2012, DJe 13/06/2012).[41]

A *Justiça Social*, por seu turno, possui conceito demasiadamente esparso – quase indeterminado –, havendo, tanto na doutrina quanto na jurisprudência, interpretações largas e demasiadamente amplas sobre o instituto. À primeira vista, o intérprete açodado poderia imaginar, pelos termos empregados, que o instituto

[41] Esse, inclusive, vem a ser o entendimento do STF: "MANDADO DE SEGURANÇA. PROCEDIMENTO ADMINISTRATIVO. CONTRADITÓRIO E AMPLA DEFESA. 1. O art. 5º, LV, da CF ampliou o direito de defesa dos litigantes, para assegurar, em processo judicial e administrativo, aos acusados em geral, o contraditório e a ampla defesa, com os meios e os recursos a ela inerentes. Precedentes. 2. Cumpre ao Poder Judiciário sem que tenha de apreciar necessariamente o mérito administrativo e examinar fatos e provas, exercer o controle jurisdicional do cumprimento desses princípios. 3. Recurso provido." (RMS 24823, Relator(a): Min. ELLEN GRACIE, Segunda Turma, julgado em 18/04/2006, DJ 19-05-2006).

teria a ver com o aparato judiciário ou seria, ainda, uma definição eminentemente jurídica. Não se trata nem de uma coisa, nem outra. Trata-se de uma construção teórica proveniente da política[42] e da moral.[43]

O surgimento da expressão *justiça social* remonta a meados do séc. XIX, momento histórico sumamente caracterizado pela intensa desigualdade social acarretada pela alavancagem do capitalismo graças à revolução industrial. O liberalismo econômico, em sua encarnação mais pura, vertia para todas as direções as benesses do extremo individualismo, propugnando-o como ponto angular do sucesso econômico das nações. A mitigação dessa desigualdade demandou do Estado – não sem enorme esforço evolutivo – a criação de mecanismos capazes de proteger os mais vulneráveis, desigualando (em prol dos mais fracos) os supostamente iguais (em um patamar jurídico, mas não econômico).

Como se vê, as raízes do conceito de *justiça social* não se encontram no Direito, tendo, na verdade, sido *importado* de outras ciências, máxime da filosofia política. O legislador constitucional pátrio apropriou-se, igualmente, da expressão *justiça social*, encartando-a, no art. 170 da *lex fundamentalis,* como fundamento da ordem econômica. Mas até que ponto A positivação deste preceito seria capaz de gerar resultados práticos no mundo jurídico?

Vários estudiosos, a propósito, procuraram cunhar teorias para definir a expressão *justiça social* e seus ditames, destacando-se, dentre eles, Dworkin, Locke, Nozick e Hume. Mas foi John Rawls quem melhor explorou o tema, estabelecendo os princípios gerais que servem para nortear a sua aplicação, a saber: a) garantia geral, ampla e irrestrita das liberdades fundamentais; b) igualdade equitativa de oportunidades; c) manutenção de desigualdades apenas para favorecer os mais desfavorecidos.[44]

Enfim, o objeto da justiça social, segundo Rawls, seria a estrutura básica da sociedade, sendo tal estrutura, por sua vez, a configuração das instituições sociais e práticas mais importantes que, juntas, constituem o pano de fundo ou a moldura fática na qual as pessoas vivem suas respectivas vidas.[45]

Somando-se, em uma operação intelectual silogística, a *cláusula da reserva do possível*, o *princípio da subsidiariedade*, a *teoria do mínimo existencial* e os preceitos da *justiça social*, pode-se obter como síntese que o magistrado pode – e

[42] Aqui entendida enquanto ciência.

[43] Para Bobbio, "o conceito de moral é problemático (...) Na verdade, Kant dizia que, juntamente com o céu estrelado, a consciência moral era uma das duas coisas que o deixavam maravilhado mas a maravilha não só é uma explicação, mas pode até derivar de uma ilusão e gerar, por sua vez, outras ilusões. O que nós chamamos de com 'consciência moral', sobretudo em função da grande (para não dizer exclusiva) influência que teve a educação cristã na formação do homem europeu, é algo relacionado com a formação e o crescimento da consciência do estado de sofrimento, de indigência, de penúria, de miséria, ou, mais geralmente, o de infelicidade, em que se encontra o homem no mundo, bem como ao sentimento de insuportabilidade de tal estado". (BOBBIO, Norberto. *A Era dos Direitos*. São Paulo: Elsevier Brasil. 2004, p. 50 e 51).

[44] RAWLS, John. *A theory of justice*. Rev. ed. 6. printing. Massachusetts: Harvard Press, 2003.

[45] LOVETT, Frank. *Uma Teoria da Justiça, de John Rawls*: Série Explorando Grandes Autores. São Paulo: Penso Editora, 2013, p. 44.

deve – conferir exequibilidade aos direitos fundamentais com segurança orçamentária e grande senso social, extraindo diretamente da Constituição (e sem a necessidade de ter que observar regramentos infraconstitucionais intermediários) o esquadro normativo aplicável ao caso concreto que porventura lhe for submetido. Isto explica a razão pela qual tanto o STF quanto o STJ, inúmeras vezes, prolataram decisões baseando-se em princípios consagrados na Carta Magna.

Em casos assim, de acordo com George Marmelstein, resta "nítido que o Judiciário está exercendo uma função quase-legislativa, na medida em que alarga substancialmente o sentido literal da lei, funcionando como uma espécie de catalisador da vontade constitucional. Isso demonstra que, quando a resposta fornecida pela lei não se sustenta diante de uma análise mais rigorosa, à luz dos direito fundamentais, é possível afastar a aplicação dessa lei (ou alargar o seu sentido) e decidir com base em outros valores juridicamente aceitos – valores estes que podem e devem ser extraídos diretamente da Constituição –, já que o poder judiciário também está diretamente vinculado aos direitos fundamentais".[46]

Enfim, o Poder Judiciário, inegavelmente, sem incorrer no exagero de se afirmar que o sistema jurídico coetâneo seria *juriscêntrico,* perpassa, vivencia e experimenta uma importância sem paralelo na história brasileira: não somente a *judicialização da política*, como também o *ativismo judicial*, deram-lhe musculatura até então desconhecida.[47]

Com forças renovadas pela CF/88, o Judiciário pode e deve intervir em prol da concretização do *direito fundamental à moradia digna*, não devendo se restringir apenas à questão do *acesso à casa própria*, mas, também, à *qualidade das unidades habitacionais autônomas*. A construção racional das urbes brasileiras, tendo como pressuposto a construção de *moradias adequadas* para alcançar-se um fim maior, a saber, a efetivação do direito à moradia digna, tendo como espeque o Estatuto da Cidade, normas de direito internacional e, em primeiro plano, o

---

[46] MARMELSTEIN, George. *Curso de Direitos Fundamentais*. 2ª ed. São Paulo: Atlas. 2009, p. 297.

[47] Para Luís Paulo Barroso, A judicialização e o ativismo judicial são primos. Vêm, portanto, da mesma família, freqüentam os mesmos lugares, mas não têm as mesmas origens. Não são gerados, a rigor, pelas mesmas causas imediatas. A judicialização, no contexto brasileiro, é um fato, uma circunstância que decorre do modelo constitucional que se adotou, e não um exercício deliberado de vontade política. Em todos os casos referidos acima, o Judiciário decidiu porque era o que lhe cabia fazer, sem alternativa. Se uma norma constitucional permite que dela se deduza uma pretensão, subjetiva ou objetiva, ao juiz cabe dela conhecer, decidindo a matéria. Já o ativismo judicial é uma atitude, a escolha de um modo específico e proativo de interpretar a Constituição, expandindo o seu sentido e alcance. Normalmente ele se instala em situações de retração do Poder Legislativo, de um certo descolamento entre a classe política e a sociedade civil, impedindo que as demandas sociais sejam atendidas de maneira efetiva. A idéia de ativismo judicial está associada a uma participação mais ampla e intensa do Judiciário na concretização dos valores e fins constitucionais, com maior interferência no espaço de atuação dos outros dois Poderes. A postura ativista se manifesta por meio de diferentes condutas, que incluem: (i) a aplicação direta da Constituição a situações não expressamente contempladas em seu texto e independentemente de manifestação do legislador ordinário; (ii) a declaração de inconstitucionalidade de atos normativos emanados do legislador, com base em critérios menos rígidos que os de patente e ostensiva violação da Constituição; (iii) a imposição de condutas ou de abstenções ao Poder Público, notadamente em matéria de políticas públicas". (BARROSO, Luís Paulo. Judicialização, Ativismo Judicial e Legitimidade Democrática. Disponível em <http://www.oab.org.br/editora/revista/users/revista/1235066670174218181901.pdf>; Acessado em 20 de abril de 2013).

regramento constitucional brasileiro, depende (e dados os assombrosos números ostentados pelo déficit habitacional do país, continuará dependendo ainda por longa data), fundamentalmente, da atuação decisiva do Poder Judiciário.

Há que se analisar, para tanto, qual o arsenal posto à disposição do aparelho jurisdicional. A superação de antigos arquétipos lógico-estruturais do Direito levaram o constitucionalismo à fase pós-positivista, repleta de instrumentos jurídico-interpretativos teleologicamente voltados à efetivação dos direitos sociais. Logo, e segundo Daniel Sarmento, dentre os mecanismos conferidos ao Judiciário encontram-se a *força vinculante dos princípios, os novos métodos de interpretação e a retórica jurídica.*[48]

Eis as armas do Judiciário, as quais deverão ser brandidas e utilizadas para arrostar a problemática externada no primeiro capítulo do presente estudo. Conforme dito anteriormente, os megaeventos esportivos previstos para 2014 (Copa do Mundo) e 2016 (Olimpíadas), segundo denúncia do movimento *"Articulação Nacional de Comitês Populares da Copa"*, provocarão a realocação de pelo menos 170.000 pessoas. Trata-se de um número assombroso até mesmo para padrões *stalinistas* (uma vez que este tipo de política pública era comumente usada na União Soviética para deportar povos inteiros). O movimento ainda faz a ressalva de que o "mercado imobiliário" seria o grande vilão por trás das cortinas, manipulando – tal qual marionetes – autoridades públicas municipais, estaduais e até mesmo federais com o objetivo – mal disfarçado – de varrer favelas do mapa, liberando áreas para a especulação imobiliária.

Tem-se, aqui, um largo campo para a análise dos direitos fundamentais – dentre os quais se incluem os sociais e, consequentemente, o direito à moradia digna – tanto no *sentido horizontal* quanto no *sentido vertical*.

Segundo informa George Marmelstein:

> Os direitos fundamentais foram concebidos, originariamente, como instrumentos de proteção dos indivíduos contra a opressão estatal. O particular era, portanto, o titular dos direitos e nunca o sujeito passivo. é o que se pode chamar de eficácia vertical dos direitos fundamentais, simbolizando uma relação (assimétrica) de poder em que o Estado se coloca em uma posição superior em relação ao indivíduo. No entanto, atualmente, onde cada vez é mais aceita a dimensão objetiva dos direitos fundamentais, tem-se reconhecido que os valores contidos nesses direitos projetam-se também nas relações entre particulares, até porque os agentes privados – especialmente aqueles detentores de poder social e econômico – são potencialmente capazes de causar danos efetivos os princípios constitucionais e podem oprimir tanto ou até mais do que o Estado. Em decorrência dessa constatação de que a sociedade também pode tiranizar tanto quanto o Estado e também pode cometer violações aos mais básicos direitos do ser humano, fala-se hoje na aplicação dos direitos fundamentais nas relações privadas, ou seja, esses direitos deixaram de ser um mero instrumento de limitação do poder estatal para se converter também em uma ferramenta de conformação ou modelação de toda a sociedade, o melhor dizendo, em um 'sistema de valores' a orientar toda a ação pública e privada. É o que se pode chamar de eficácia horizontal dos direitos fundamentais.[49]

---

[48] SARMENTO, Daniel. O Neoconstitucionalismo no Brasil: riscos e possibilidades. In: *Leituras Complementares de Direito Constitucional*: Teoria da Constituição. Marcelo Novelino (org.). Salvador: Juspodium, 2009, p. 32.

[49] MARMELSTEIN, George. *Curso de Direitos Fundamentais*. 2ª ed. São Paulo: Atlas, 2009, p. 336 e 337.

Assim, olhando-se para a dimensão objetiva dos direitos fundamentais, aqui inserto em um ambiente sistêmico-axiológico, considerando-o, outrossim, pelo prisma horizontal intersubjetivo, resta indene de dúvidas de que o direito fundamental à moradia digna não deve ater-se, unicamente, às políticas públicas, mas também deve ser observado nas relações consumeristas travadas entre construtoras e/ou incorporadoras e seus clientes, máxime quando oriundos de programas habitacionais voltados para as grandes massas de baixa renda (*v.g.* o programa *minha casa, minha vida*).

Logo, as invectivas apresentadas pelos movimentos sociais, no sentido de que o grande capital estaria, de forma escusa, aproveitando-se da Copa para "limpar" glebas atualmente ocupadas por comunidades carentes devem ser levadas a sério e devidamente apuradas pelos órgãos competentes. Se forem confirmadas, tratam-se de graves violações aos direitos humanos no sentido horizontal, devendo o Estado deitar, pesadamente, sua força coercitiva para coibir tais abusos. Acaso não confirmadas, ter-se-ão, apenas, motivos para celebrar os números do setor da construção civil – por si só bastante animadores –, eis que se trata de setor da economia que, em geral, provoca, quando vai bem, efeitos positivos em todos os demais segmentos.

Ademais, as políticas públicas para a Copa, visualizando-se o direito fundamental à moradia digna pelo seu aspecto vertical, merecem semelhante atenção. Se é verdade que o poder público (nomeadamente o municipal) vem se imiscuindo em interesses privados (e vice-versa), provocando, propositalmente, desapropriações exageradas e/ou desnecessárias para proporcionar lucros em proveito de empresas privadas, tal como faria um estado terrorista, pária e ditatorial contra seus próprios cidadãos (e a denúncia feita, perante a ONU, por movimentos sociais contra o Brasil não soa muito diferente), os órgãos de controle deverão, desde já, iniciar investigações para, eventualmente e se for o caso, punir severamente os culpados.

4. Conclusão

A Copa do Mundo não pode eclipsar a clareza solar dos direitos fundamentais.

O Brasil demorou muitas gerações para vencer o jogo democrático, tendo se valido, desde a independência, dos mais variados *esquemas táticos* (em uma acepção eufemística para descrever os mais variados sistemas políticos adotados pelo país ao longo dos últimos 200 anos) para finalmente chegar à melhor *formação*: cidadania tão ampla quanto possível, arqueada pelo princípio da dignidade da pessoa humana. Eis um esquema de jogo extremamente ofensivo para vencer a batalha contra a desigualdade social.

O selecionado brasileiro conta com o melhor treinador do mundo: o *texto constitucional*. Os *jogadores* são igualmente brilhantes, espraiando-se desde o poder público às forças dinâmicas do empreendedorismo. Movimentos sociais fortes e atuantes torcem, exigem e pressionam, sempre que necessário, pela saída dos maus jogadores. O Judiciário, neste ínterim, ocupa a posição de *árbitro do jogo*, permanecendo impassível na sagrada missão que lhe fora outorgada pela *lex matter*: julgar.

O time contrário, todavia, possui craques detestados pela torcida brasileira: a desigualdade, a corrupção, o desperdício, o descaso, o egoísmo, a falta de razoabilidade, as ilegalidades, os mandos e desmandos (culminando, não raro, em atos semidespóticos) e as imoralidades. No banco de reserva há muitos outros vilões esperando uma chance para entrar no jogo e estragar a alegria do brasileiro.

Resta claro que a vitória, nesta partida, somente poderá ser obtida com a união de todos em prol do bem comum. O Direito fundamental à moradia digna, neste passo, representa um importantíssimo elemento para a construção de uma sociedade mais justa e equilibrada. Espera-se que o Brasil seja o campeão da Copa de 2014, mas também se aguarda a tão esperada vitória no campo econômico-social.

5. Bibliografia

ALEXY, Robert. *Constitucionalismo Discursivo.* Trad. HECK, Luís Afonso. 2. ed. Porto Alegre: Livraria do Advogado, 2008.

ARENDT, Hannah. *A Condição Humana.* Trad. RAPOSO, Roberto. 10. ed. Rio de Janeiro: Forense, 2008.

BOBBIO, Noberto; trad. Baptista, Fernando Pavan e Sudatti, Ariani Bueno. Teoria da Norma Jurídica. 4. ed. rev. São Paulo: EDIPRO, 2008.

——. *A Era dos Direitos.* São Paulo: Elsevier Brasil. 2004.

BONAVIDES, Paulo. *Ciência Política.* 10. ed. rev. e atual. São Paulo: Malheiros, 2001.

BRITON, W., DAVIES, K.; JOHNSON, T. (1989). Modern Methods of Valuation. London: Estates Gazette Limited.

CAMUS, Albert. *El mito de Sísifo.* Madrid: Alianza Editorial, 2009.

CANOTILHO, José Joaquim Gomes. *Estudos sobre Direitos Fundamentais.*1. ed. brasileira, 2. ed. portuguesa. Coimbra: Coimbra, São Paulo: RT, 2008.

CARNEIRO, Paulo Cezar Pinheiro. *Acesso à Justiça*: Juizados Especiais Cíveis e Ação Civil Pública. Rio de Janeiro: Forense, 2000.

DALLARI, Adilson Abreu. Responsabilidade civil do estado no manejo dos instrumentos de política ou urbana do estatuto da cidade. In: *Responsabilidade Civil do Estado*: desafios contemporâneos. São Paulo: Quartier Latin. 2010.

DWORKIN, Ronald. *Law's Empire.* Massachusetts: Harvard Press, 1986.

——. *Taking Rights Seriously.* Massachusetts: Harvard Press, 1978.

——. The Philosophy of Law: edited by R. M. Dworkin. Oxford readings in philosophy. . Norfolk, England: Oxford University Press, 1977.

GADAMER, Hans-Georg. *Acotaciones hermenêuticas.* Madrid: Trotta, 2002.

——. *O problema da consciência histórica.* 3.ed. Rio de Janeiro: FGV, 2006.

——. *Verdade e Método I*: Traços fundamentais de uma hermenêutica filosófica. Trad.

GRAU, Eros Roberto. *A ordem econômica na Constituição de 1988.* 13. ed. rev e atual. São Paulo: Malheiros, 2008.

——. *Ensaio sobre a interpretação/aplicação do direito.* 5. ed. São Paulo: Malheiros, 2009.

——. *O direito posto e o direito pressuposto.* 6. ed. rev. e ampl., São Paulo: Malheiros, 2005.

HÄBERLE, Peter. *Hermenêutica Constitucional. A sociedade aberta dos interpretes da Constituição*: Contribuição para a interpretação pluralista e "procedimental" da Constituição. Trad. MENDES, Gilmar Ferreira. Porto Alegre: Sergio Antonio Fabris, 2002.

HABERMAS, Jürgen. *Agir comunicativo e razão destranscendentalizada.* Trad. ARAGÃO, Lúcia. Rio de Janeiro: Tempo brasileiro, 2002.

——. *Direito e Democracia: entre faticidade e validade I.* Trad. SIEBENEICHLER, Flávio Breno. 2. ed. Rio de Janeiro: Tempo Brasileiro, 2003.

——. *Mudança Estrutural da Esfera Pública.* Rio de Janeiro, Tempo brasileiro, 2003.

——. *Teoría de la acción comunicativa.* Madrid: Trotta, 2011.

——. *Verdade e Justificação*: ensaios filosóficos. 2.ed. São Paulo: Loyola, 2009.

——. *Warheit und Rechtfertigung: Philosophische Aufsätze Erweitere Ausgabe.* Frankfurt a.m.: Surhkamp Taschenbuch Wissenschaft, 2004.

HART, Herbert L.A. *O conceito de Direito.* Trad. MENDES, A. Ribeiro. 5. ed. Lisboa: Fundação Calouste Gulbenkian, 2007.

HEGEL, Georg Wilhelm Friedrich. *Introdução à História da Filosofia.* Trad. CARVALHO, A. Pinto de. 4. ed. Coimbra: Sucessor, 1980.

HESSE, Konrad. *A força normativa da constituição.* Trad. MENDES, Gilmar Ferreira. Porto Alegre: Sergio Antonio Fabris, 1991.

KANT, Immanuel. *Fundamental Principles of the Metaphysic of Moral.* Trad. ABBOT. T. K., New York: Prometheus Books, 1988.

KRELL, Andreas Joaquim. *Direitos Sociais e Controle Judicial no Brasil e na Alemanha*: os (des)caminhos de um direito constitucional comparado. Porto Alegre: Sérgio Antônio Fabris, 2002.

LAFER, Celso. *A reconstrução dos direitos humanos*: um diálogo com o pensamento de Hannah Arendt. São Paulo: Companhia das Letras, 1988.

LOURES, Rodrigo C. da Rocha. *Sustentabilidade XXI.* São Paulo: Gente. 2009.

LOVETT, Frank. *Uma Teoria da Justiça, de John Rawls*: Série Explorando Grandes Autores. São Paulo: Penso Editora, 2013.

LUÑO, Antonio E. Pérez. *Los derechos fundamentales.* 10. ed. Madrid: Tecnos, 2011.

MARMELSTEIN, George. *Curso de Direitos Fundamentais.* 2. ed. São Paulo: Atlas. 2009.

MAURÍCIO, Ivan. *Noventa minutos de sabedoria*: a filosofia do futebol em frases inesquecíveis. Rio de Janeiro: Garamond, 2002.

MEIRELLES, Hely Lopes. *Direito Administrativo Brasileiro.* 37. ed. São Paulo: Malheiros. 2011.

MIRANDA, Pontes de. *Democracia, Liberdade e Igualdade*: os três caminhos. São Paulo: Bookseller, 2002.

NEVES, Ricardo. *Tempo de Pensar Fora da Caixa.* São Paulo: Elsevier, 2009.

PANITZ, Mauri Adriano. *Dicionário técnico*: português-inglês. Rio Grande do Sul: EDIPUCRS, 2003.

PERELMAN, Chaïm. *Lógica Jurídica.* Trad. PUPI, Vergínia K. São Paulo: Martins Fontes, 2004.

——; OLBRECHTS-TYTECA, Lucie. *Tratado da Argumentação: Nova retórica.* Trad. GALVÃO, Maria Ermantina de Almeida Prado. São Paulo: Martins Fontes, 2005.

PINHO, Humberto Dalla Bernardina de (Coord). *Teoria Geral da Mediação.* Rio de Janeiro: Lumen Juris, 2008

PIOVESAN, Flávia. *Direitos Humanos e o Direito Constitucional Internacional.* 9. ed. rev. ampli. e atual. São Paulo: Saraiva, 2008.

RAWLS, John. *A theory of justice.* Rev. ed. 6. printing. Massachusetts: Harvard Press, 2003.

RODRIGUES FILHO, Mário; RODRIGUES, Nelson. *Fla-Flu... E as multidões despertaram.* Rio de Janeiro: Europa, 1987.

SARLET, Ingo Wolfgang. *A Eficácia dos Direitos Fundamentais.* 9. ed. rev. atual. e ampl., Porto Alegre: Livraria do Advogado, 2008.

——; TIMM, Luciano Benetti. Reserva do Possível, mínimo existencial e direito à saúde: algumas aproximações, *in* SARLET, Ingo Wolfgang e TIMM, Luciano Benetti. *Direitos Fundamentais – orçamento e reserva do possível.* Porto Alegre: Livraria do Advogado. 2008.

SARMENTO, Daniel. O Neoconstitucionalismo no Brasil: riscos e possibilidades. In: *Leituras Complementares de Direito Constitucional*: Teoria da Constituição. Marcelo Novelino (org.). Salvador: Juspodium, 2009.

SILVA, Thadeu Gomes Silva. *Direitos Fundamentais*: contribuição para uma teoria geral. São Paulo: Atlas. 2010

SINGER, Paul. A cidadania para todos. In: PINSKY, Jaime & PINSKY, Carla (Org.). *A história da cidadania.* São Paulo: Contexto, 2003.

STRECK, Lenio Luiz. *Hermenêutica Jurídica e(m) Crise*: Uma exposição hermenêutica da construção do Direito. 8.ed. Porto Alegre: Livraria do Advogado, 2009.

TOCQUEVILLE, Alexis de. *A democracia na América: Livro II, sentimentos e opiniões*. São Paulo: Martins Fontes, 2004.

VIEHWEG, Theodor. *Tópica e Jurisprudência*: uma contribuição à investigação dos fundamentos jurídico-científicos. Trad. DA SILVA, Kelly Susane Alflen. Porto Alegre: Sergio Antonio Fabris, 2008.

SÍTIOS DA INTERNET CONSULTADOS:

BARROSO, Luís Paulo. Judicialização, Ativismo Judicial e Legitimidade Democrática. Disponível em http://www.oab.org.br/editora/revista/users/revista/1235066670174218181901.pdf; Acessado em 20 de abril de 2013).

http://www.dicionariodoaurelio.com/Paixao.html. Acessado em 15 de abril de 2013.

http://www1.folha.uol.com.br/esporte/1226532-gastos-com-a-copa-2014-estouram-previsao-e-atingem-r-265-bilhoes.shtml. Acessado em 20 de fevereiro de 2013.

http://www.ey.com/BR/pt/Issues/Driving-growth. Acessado em 19 de abril de 2013.

http://www.segs.com.br/index.php?option=com_content&view=article&id=103199:copa-do-mundo-gera-oportunidades-no-mercado-imobiliario-&catid=49:cat-economia&Itemid=330. Acessado em 15 de abril de 2013.

http://www.portalpopulardacopa.org.br/index.php?option=com_k2&view=item&id=198:dossi%C3%AA-nacional-de-viola%C3%A7%C3%B5es-de-direitos-humanos. Acessado em 15 de abril de 2013.

http://www.portaltransparencia.gov.br/copa2014/financiamentos/detalhe.seam?tema=8&assunto=tema. Acessado em 12 de abril de 2013.

http://www.copa2014.gov.br/pt-br/sobre-a-copa/matriz-de-responsabilidades. Acessado em 12 de abril de 2013.

Metropolização e Megaeventos: os impactos da Copa do Mundo 2014 e Olimpíadas 2016. Disponível em http://web.observatoriodasmetropoles.net/projetomegaeventos/index.php?option=com_content&view=article&id=111&Itemid=351. Acessado em 14 de abril de 2013.

http://www.estadao.com.br/noticias/impresso,relatora-ve-remocao-forcada-para-copa-e-pac,701838,0.htm; acessado em 16 de abril de 2013.

http://www.estadao.com.br/noticias/impresso,ongs-protestam-na-onu-contra-remocoes-no-pais-por-causa-da-copa,1004474,0.htm; acessado em 16 de abril de 2013.

http://lproweb.procempa.com.br/pmpa/prefpoa/spm/usu_doc/moreira6-conceito_impacto_urbano.pdf. Acessado em 20 de abril de 2013.

— 9 —

Benefícios fiscais, oportunidades de negócios em face da Copa do Mundo de 2014

JOSÉ UMBERTO BRACCINI BASTOS

Pós-Graduado em Direito Tributário Financeiro e Econômico pela Universidade Federal do Rio Grande do Sul (UFRGS). Vice-Presidente da FESDT – Fundação Escola Superior de Direito Tributário. Advogado Sócio do escritório Bastos e Vasconcellos Chaves Advogados Associados.

FÁBIO RAIMUNDI

Pós-Graduado em Direito Tributário pelo Instituto Brasileiro de Estudos Tributários – IBET. Membro da FESDT – Fundação Escola Superior de Direito Tributário. Advogado Sócio do escritório Bastos e Vasconcellos Chaves Advogados Associados.

1. Introdução

Com a confirmação de que o Brasil será a sede da Copa do Mundo de 2014, o País passou a ocupar importante espaço de destaque no planejamento de investimentos tanto de empresas nacionais como internacionais que procuram novas oportunidades de mercado para a expansão de seus negócios.

Em meados de 2009, as 12 cidades-sede da Copa, que abrigarão jogos da competição, foram escolhidas: Rio de Janeiro (RJ), São Paulo (SP), Belo Horizonte (MG), Porto Alegre (RS), Brasília (DF), Cuiabá (MT), Curitiba (PR), Fortaleza (CE), Manaus (AM), Natal (RN), Recife (PE) e Salvador (BA). Além das 12 cidades escolhidas, participaram da disputa Rio Branco (AC), Belém (PA), Maceió (AL), Goiânia (GO), Florianópolis (SC) e Campo Grande (MS).

As 12 cidades-sede receberão investimentos de infraestrutura da ordem de R$ 14,54 bilhões, que vão muito além da construção e/ou modernização dos estádios, com significativo impacto sobre os PIBs municipais. Só na reurbanização e embelezamento das cidades, os gastos estão estimados em R$ 2,84 bilhões. Há ainda investimentos representativos na base de tecnologia de informação em cada cidade, em mídia e publicidade, segurança pública, na expansão e adequação de complexos hoteleiros e soluções de mobilidade urbana, entre outros.[1]

Não bastasse o futebol ser assunto que mexe com a paixão nacional, a Copa do Mundo de 2014 representa outro grande evento esportivo programado para o Brasil.[2] Em fase de preparação, uma série de obras de infraestrutura, reformas e construção de estádios avançam e alteram a rotina de algumas capitais brasileiras, revelando um cenário propício para novos investimentos com desoneração de carga tributária.

Recente estudo noticiado na imprensa, executado pelo "Consórcio Copa 2014", realizado pelo Ministério do Esporte, visando a analisar os reais efeitos do torneio para o desenvolvimento do País, apresentado durante o 9º Fórum de Líderes Empresariais (LIDE), revelou que o torneio mundial tem potencial para gerar investimentos na casa dos R$ 185 bilhões de reais, representando uma oportunidade histórica para o crescimento do País, com repercussão em diversas áreas.

A título exemplificativo, esse mesmo estudo apresentou uma estimativa de captação de impostos na esfera federal na ordem de R$ 3,2 bilhões, sem contar o que deverá ingressar nos cofres públicos como resultado de recolhimento de tributos estaduais e municipais.

Em face disso, o mercado brasileiro passou a ser um excelente campo de oportunidades ligado a um dos maiores eventos desportistas do mundo, uma vez que há necessidade de realização de inúmeros projetos de adequação da infraestrutura das cidades-sedes, tais como, por exemplo, construção civil, energia, turismo, tecnologia, publicidade, hotelaria, alimentação, telecomunicações etc.

Seguindo o protocolo que envolve um evento dessa grandeza, a FIFA (*Féderation Internacionale de Football Association*) pleiteou junto ao governo brasileiro que fossem concedidos benefícios fiscais em face do exercício de atividades relacionadas às competições desempenhadas por ela e por outras entidades que participarão da realização do mundial de futebol.

Em resposta à exigência, sobreveio a Lei nº 12.350/2010, que instituiu medidas tributárias relativas à realização, no Brasil, tanto para a Copa das Confederações FIFA 2013, quanto, em especial, para a Copa do Mundo FIFA 2014, a qual foi regulamentada pelo Decreto nº 7.578/2011.

A primeira impressão era de que referida lei teria vindo para desonerar a carga tributária apenas para as atividades desenvolvidas pela FIFA, sua subsidiá-

[1] Dados da Ernst & Young Terco. Disponível em: <http://www.ey.com/BR/pt/Issues/Brasil_Sustentavel_-_Copa_2014>.

[2] O Brasil, em 30 de outubro de 2007, foi escolhido pela FIFA como país sede da Copa das Confederações FIFA 2013 e da Copa do Mundo FIFA 2014 (Ministério do Esporte, 2010).

ria no Brasil, associações estrangeiras membros da FIFA, parceiros comerciais e prestadores de serviços domiciliados no exterior e Emissora Fonte da FIFA.

Entretanto, não só empresas internacionais, mas também as empresas brasileiras que se relacionarem com a FIFA ou sua subsidiária no Brasil, poderão se beneficiar e ter sua carga tributária reduzida, cujo aproveitamento por parte das empresas dependerá da sua forma de organização e observância às normas tributárias.

O presente artigo tem por escopo analisar alguns pontos referentes aos benefícios fiscais previstos na legislação supracitada que fazem com que a Copa do Mundo de 2014 seja um evento importante para atrair investimentos de empresas que pretendem ampliar seus negócios nos mais variados setores de infraestrutura, visando a atender condições necessárias ao desenvolvimento e sucesso desse evento futebolístico.

2. Carga tributária

Em termos de redução de carga tributária, temos que as medidas adotadas pelo Governo brasileiro não teve o alcance esperado, limitando-se à concessão de benefícios fiscais nas esferas federal, estadual e municipal somente a *Fédération Internationale de Football Association* – FIFA –, alguns prestadores de serviços e fornecedores por ela indicados, conforme já mencionado.

Outro dado que merece destaque é que a maior parte dos benefícios fiscais concedidos diz respeito às normas de isenção tributária, tanto para tributos diretos quanto para indiretos,[3] ressalvando que a isenção incidente sobre tributos diretos beneficiam à FIFA e sua subsidiária no Brasil em relação aos fatos imponíveis decorrentes das atividades próprias e diretamente vinculadas à organização ou realização dos Eventos.

No que diz respeito à isenção sobre tributos indiretos, depreende-se que tais benefícios fiscais visam desonerar os contribuintes nacionais nas aquisições realizadas no mercado interno pela FIFA, por Subsidiária FIFA no Brasil e pela Emissora Fonte da FIFA, incidentes sobre o IPI, o PIS e a COFINS.

Dentre os benefícios concedidos, destaca-se ainda a Instrução Normativa nº 1.313, de 28 de dezembro de 2012, a qual dispensa à FIFA e suas empresas parceiras estrangeiras "de apresentar a Guia de Recolhimento do Fundo de Garantia

[3] Com relação à classificação dos impostos em diretos e indiretos, cabe salientar as ponderações de Geraldo Ataliba: " Impostos diretos e indiretos. 57.1 É classificação que nada tem de jurídica; seu critério é puramente econômico. Foi elaborada pela ciência das finanças, a partir da observação do fenômeno econômico da translação ou repercussão dos tributos. 57.2. Pode inclusive acontecer de um imposto qualificável como direto, numa dada conjuntura econômica, se transformar em indireto e vice-versa, sem que nada se altere a lei e sem que se modifique o sistema jurídico. 57.3 Esta classificação tem alguma importância nos sistemas nos quais há referência a essas características econômicas, e delas se faz decorrerem consequências jurídicas. 57.4 No Brasil, para os juristas, essa classificação é absolutamente irrelevante." ATALIBA, Geraldo. *Hipótese de Incidência Tributária*. São Paulo: RT, 1973, p. 158/159.

do Tempo de Serviço e informações à Previdência Social (GFIP)", desobrigando-as de recolher a contribuição do INSS (Instituto Nacional de Previdência Social), assim como, no caso de haver contratação de profissionais com carteira assinada, de recolherem a contribuição para o FGTS (Fundo de Garantia do Tempo de Serviço) dos trabalhadores (neste caso, a guia é recolhida mesmo sem valor nenhum, por conta da isenção), benefício esse que pode ser estendido também às parceiras nacionais da entidade.

3. Isenção tributária

Estabelecida a isenção tributária como a via eleita pelo ente tributante para reduzir a carga tributária e, desse modo, atender às exigências da FIFA para realizar o torneio da Copa do Mundo no Brasil, cumpre analisar sucintamente tal instituto e afastar possíveis confusões sobre o tema.

A doutrina clássica trouxe a ideia de que a isenção nada mais é do que "a dispensa legal do pagamento do tributo", conceito esse difundido por renomados juristas do quilate de Rubens Gomes de Souza e Amilcar de Araújo Falcão.

Para Alfredo Augusto Becker,[4] contudo, tal argumento lógico somente encontra respaldo no plano pré-jurídico da política fiscal, vez que o preceito isentante tem por fim justamente a existência da relação jurídica tributária, ou seja, a regra de isenção incide para que a de tributação não possa incidir.

Paulo de Barros Carvalho,[5] ao tratar sobre o tema da isenção tributária, partiu da divisão das normas jurídicas em normas de comportamento e em normas de estrutura, para inserir, nessas últimas, as regras de isenção, tendo deduzido que a regra de isenção investe contra um ou mais dos critérios da norma – padrão de incidência, mutilando-os parcialmente, definindo-a como "a limitação do âmbito de abrangência de critério do antecedente ou do consequente da norma jurídica tributária, que impede o tributo de nascer".

O Código Tributário Nacional apresenta a isenção como causa de exclusão do crédito tributário tipificada no inciso I do artigo 175, que resulta em dispensa do crédito tributário.

Trata-se, portanto, de norma de estrutura que se localiza no campo da incidência tributária e que decorre de lei, sendo o próprio poder público competente para exigir tributo quem também detém o poder de isentar.

Tanto a União, quanto os Estados, os Municípios e o Distrito Federal podem dispor sobre isenção em matéria tributária, de acordo com suas competências, ressalvando que a União não pode mais instituir isenções de tributos da compe-

[4] BECKER, Alfredo Augusto. *Teoria Geral do Direito Tributário*. São Paulo: Saraiva. 1963, p. 277.

[5] CARVALHO, Paulo de Barros. *Curso de Direito Tributário*. 18ª ed. São Paulo: Saraiva. 2007, p. 506.

tência dos Estados, do Distrito Federal ou dos Municípios, sob pena de violação ao disposto no inciso III do art. 151 da Constituição Federal de 1988.

A isenção apresenta-se, portanto, como meio adequado para o desiderato pretendido pelo Estado no sentido de conceder benefícios fiscais como forma de promover o desenvolvimento e gerar oportunidades para a concretização da Copa do Mundo de Futebol de 2014 e, consequentemente, agregar melhorias no campo da infraestrutura com benefícios para a sociedade brasileira.

4. Benefícios fiscais no âmbito federal

O Governo Federal regulamentou a isenção de tributos federais para a FIFA e as suas subsidiárias no Brasil, através do Decreto nº 7.578/2011, estabelecendo as medidas tributárias referentes à realização, no Brasil, da Copa do Mundo FIFA 2014 de que trata a Lei nº 12.350/2010. Referido Decreto veio para confirmar a não obrigatoriedade de pagamento de impostos e contribuições federais, tais como os sobre Produtos Industrializados (IPI) e sobre Importação (II), para a FIFA e suas subsidiárias.

Um dos pontos positivos da legislação está na obrigatoriedade da divulgação da lista de empresas e pessoas cadastradas para receber a isenção pela Receita Federal, o que se dará através de Ato Declaratório do Executivo, como meio de garantir a transparência de quais as empresas efetivamente poderão usufruir das normas isentivas.

De acordo com a regulamentação apresentada, a Federação Internacional de Futebol (FIFA), suas subsidiárias, as confederações de futebol – incluindo a Confederação Brasileira de Futebol (CBF), o Comitê Local da Copa (LOC, da sigla em inglês) terão de entregar à Receita Federal uma lista das pessoas físicas e das empresas contratadas para a organização tanto da Copa do Mundo de 2014 como da Copa das Confederações de 2013. Findo o procedimento, a Receita Federal terá 30 dias para publicar a relação dos habilitados no Diário Oficial e na internet.

Cumpre registrar que as regras da Lei nº 12.350/2010 são válidas entre janeiro de 2011 até dezembro de 2015, um ano e meio após a realização da Copa do Mundo.

4.1. Benefícios em operações de importação

Dentre os benefícios concedidos na esfera federal, figura a isenção incidente sobre a importação.

Assim, conforme disposto no artigo 10 do Decreto 7.578/2011, a FIFA e todas as suas parceiras poderão importar produtos sem pagar impostos, tais como alimentos, suprimentos médicos, produtos farmacêuticos, combustíveis, materiais de escritório e esportivos incluindo, por exemplo: troféus, medalhas, estatuetas, distintivos, flâmulas etc.

Em outras palavras, será possível importar um extenso rol de produtos sobre os quais, por conta da regra de isenção tributária concedida, não incidirão os seguintes impostos, contribuições e taxas:

(i) Imposto sobre Produtos Industrializados – IPI incidente no desembaraço aduaneiro;

(ii) Imposto de Importação – II;

(iii) Contribuição para os Programas de Integração Social e de Formação do Patrimônio do Servidor Público incidente sobre a importação – Contribuição para o PIS/PASEP-Importação;

(iv) Contribuição para o Financiamento da Seguridade Social incidente sobre a importação de bens e serviços – COFINS-Importação;

(v) Taxa de Utilização do Sistema Integrado de Comércio Exterior – SISCOMEX;

(vi) Taxa de utilização do MERCANTE;

(vii) Adicional ao Frete de Renovação da Marinha Mercante – AFRMM; e

(viii) Contribuição de Intervenção no Domínio Econômico incidente sobre a importação e comercialização de petróleo e seus derivados, gás natural e seus derivados, e álcool etílico combustível.

4.2. Benefícios em operações internas

Para os produtos nacionais adquiridos pelas confederações e para a FIFA não será necessário recolher o IPI, assim como as vendas realizadas no mercado interno para a FIFA não pagarão PIS/PASEP e COFINS, todos beneficiados pela regra isentiva.

No caso da empresa estabelecida pela FIFA no Brasil com o propósito exclusivo de realizar tais eventos, a isenção incluirá também o Imposto de Renda de Pessoa Jurídica e o Imposto sobre Operações Financeiras (IOF).

No que pertine as pessoas físicas que não residam no Brasil contratadas pela FIFA e que aufiram rendimentos em decorrência dessa atividade econômica, também restarão beneficiadas com isenção do Imposto de Renda, sendo que esta regra também vale para técnicos e jogadores de seleções estrangeiras.

A lei, no entanto, não garante isenção em ganhos de capital auferidos nas operações realizadas no mercado financeiro e de capitais ou na alienação de bens, seja para pessoas físicas ou jurídicas.

Além destes benefícios, a lei prevê, a partir de seu artigo 17, o Regime Especial de Tributação para Construção, Ampliação, Reforma ou Modernização de Estádios de Futebol (Recopa), com utilização prevista nas partidas oficiais da Copa das Confederações FIFA a 2013 e da Copa do Mundo FIFA 2014, sendo beneficiária do *Recopa* a pessoa jurídica que tenha projeto aprovado para tais estádios.

Através deste regime especial de tributação, as vendas no mercado interno efetuadas para as pessoas jurídicas beneficiárias do Recopa, relativas a máquinas, aparelhos, instrumentos e equipamentos novos e de materiais de construção para utilização ou incorporação no estádio de futebol, serão realizadas com suspensão do PIS/Pasep, COFINS e IPI. Caso estes mesmos produtos sejam importados pela pessoa jurídica beneficiária do Recopa, sobre a importação haverá a suspensão do PIS/Pasep – Importação, COFINS – Importação, IPI e Imposto de Importação (II), conforme antes referido.

Haverá ainda, no caso de prestação de serviços pela pessoa jurídica estabelecida no País e beneficiário do Recopa, a suspensão do PIS/Pasep e da COFINS. Caso o serviço seja adquirido diretamente pelo beneficiário no exterior, haverá a suspensão do PIS/Pasep – Importação e da COFINS – Importação. Frise-se que as suspensões tributárias só se aplicam aos serviços destinados aos estádios de futebol.

5. Benefícios fiscais no âmbito estadual

Na esfera estadual, vigoram os Convênios ICMS 108/08,[6] 133/08 e 39/09. Em linhas gerais, autorizam os Estados e o Distrito Federal a conceder isenção do ICMS nas operações com mercadorias e bens destinados à construção, ampliação, reforma ou modernização de estádios a serem utilizados na Copa de 2014, bem como conceder isenção do ICMS nas operações com produtos nacionais e estrangeiros (aparelhos, máquinas, equipamentos etc.) destinados aos Jogos Olímpicos e Paraolímpicos de 2016.

Registre-se que as disposições do Convênio 133 se destinam apenas às Olimpíadas, feitas somente no Rio de Janeiro. É de se salientar que muitos estados ainda não publicaram leis que reconheçam esta medida. Por isso, o investidor deve analisar como será o trâmite de importação das mercadorias ao pedir essa isenção. Se ele for fornecer equipamentos para um projeto no Rio, por exemplo, mas a mercadoria chega ao Brasil pelo Porto de Santos, pode ter de pagar o ICMS mesmo que o benefício tenha sido concedido.

O benefício trazido pelo Convênio nº 133/08 só será aplicável às operações contempladas com: (i) isenção ou tributação alíquota zero do Imposto de Importação ou IPI; e (ii) desoneração do PIS/COFINS. Esse benefício não pode ser utilizado em revenda de produtos já adquiridos com a isenção prevista no Convênio, ocasião na qual será devido o imposto inicialmente desonerado.

Convênio ICMS 108/08 – Autoriza os Estados e o Distrito Federal a conceder isenção do ICMS nas operações com mercadorias e bens que não possuam similar nacional e sejam destinados à construção, ampliação, reforma ou modernização de estádios a serem utilizados na Copa do Mundo de Futebol de 2014. Este benefício fiscal só se aplica às operações que já estejam contempladas com isenção de II, IPI, PIS e COFINS. Estados que aderiram ao Convênio: SP (Decreto nº 55.634/10), MG, RS e PR.

Destaque-se ainda que, no dia 5/10/2011, foi publicado o Convênio ICMS nº 90, de 30 de setembro de 2011 ("Convênio nº 90/11"), que alterou o Convênio nº 133/08, de forma a estender a isenção de ICMS no estado do Rio de Janeiro à aquisição de energia elétrica e à utilização dos serviços de transporte (intermunicipal e interestadual) e de comunicação pelo Comitê Organizador dos Jogos Olímpicos e Paraolímpicos de 2016, desde que destinados à realização dos referidos jogos. O Convênio nº 133/08 foi internalizado no estado do Rio de Janeiro pela Resolução Estadual nº 293, de 12 de maio de 2010.

6. Benefícios fiscais no âmbito municipal

Na órbita municipal, a grande maioria dos incentivos fiscais até agora concedidos dizem respeito à isenção de ISS sobre os serviços prestados pela FIFA, merecendo destaque o Projeto de Lei Complementar nº 579/10, o qual já foi aprovado pelo Plenário da Câmara dos Deputados e aguarda análise pelo Senado.

Caso aprovado, será permitido ao Distrito Federal e aos municípios concederem isenção do Imposto sobre Serviços de Qualquer Natureza (ISS) para negócios relacionados à Copa das Confederações de 2013 e à Copa do Mundo de 2014.

Seguindo o padrão das demais regras isentivas para a Copa de 2014, o benefício poderá ser concedido à Federação Internacional de Futebol (FIFA), aos prestadores de serviços da federação, à emissora oficial da entidade, à Confederação Brasileira de Futebol (CBF) e às construtoras dos estádios que façam parte do Regime Especial de Tributação (Recopa).

No entanto, segundo o projeto, caberá aos municípios e ao Distrito Federal especificar as regras para a isenção, sendo que, salvo alterado o texto original, esses governos terão de apresentar estimativa da relação custo-benefício da isenção, os objetivos e as metas pretendidas, considerando os limites da Lei de Responsabilidade Fiscal (LRF) e os níveis de investimento e emprego pretendidos.

Ainda que pendente de aprovação pelo Senado o Projeto de Lei Complementar nº 579/10, alguns municípios já se anteciparam em conceder benefício fiscal, a fim de atrair investimentos voltados para a realização da Copa do Mundo de 2014, como por exemplo o Município de São Paulo que, através da Lei 15.413/11, determinou a suspensão do imposto incidente sobre os serviços de construção civil relativos ao estádio de futebol, bem como a emissão de Certificados de Incentivo ao Desenvolvimento (CID) – instrumento financeiro que poderá ser concedido (até o valor de R$ 420 milhões de reais) e utilizado pelo empreendedor que investir na construção do estádio para pagamento de ISS e IPTU.

A alternativa pela suspensão no lugar da isenção, no caso do ISS, encontra resposta em alguns aspectos formais que dificultam a concretização do benefício desejado, vez que, ainda que se trate de tributo que compete aos Municípios e ao

Distrito Federal, segue reservado à Lei Complementar definir os serviços sujeitos à tributação, fixar alíquotas máximas e mínimas, excluir da incidência exportações para o exterior e regular a forma e as condições como isenções e benefícios fiscais serão concedidos e revogados.

Também não se pode olvidar que a Lei Complementar nº 116, de 2003, veio para regulamentar a norma constitucional, definindo os serviços sujeitos ao imposto e fixando a alíquota máxima em 5%. Todavia, essa lei não regulou a forma nem as condições como os benefícios fiscais podem ser concedidos ou revogados, tampouco fixou a alíquota mínima.

Apesar de não haver fixação desse percentual mínimo de incidência, enquanto lei complementar não disciplinar o disposto nos incisos I e III do § 3º do art. 156 da CF, o ISS terá alíquota mínima de 2% (art. 88 do Ato das Disposições Constitucionais Transitórias – ADCT), salvo para alguns serviços relacionados à construção civil.

Em decorrência disso, ainda que os Municípios venham a conceder isenções, cumpre observar que o ISS não poderá ser objeto de concessão de isenções, incentivos e benefícios fiscais, que resulte, direta ou indiretamente, na redução dessa alíquota estabelecida no ADCT, tampouco autorizar isenção pra casos específico, sob pena de violação à norma constitucional.

Nesse passo, caberia somente à lei complementar possibilitar aos municípios reduzirem a carga tributária do ISS, a saber: (i) fixando de alíquota mínima inferior aos atuais 2% previstos no art. 88 do ADCT; ou (ii) definindo normas gerais que estabeleçam a forma e as condições como os benefícios serão concedidos pelos Municípios (art. 156, § 3º, III da CF), do mesmo modo que hoje é exercido pela Lei Complementar (LCP) nº 24, de 7 de janeiro de 1975, em relação ao ICMS.

Sublinhe-se, a título de curiosidade, que no caso do ICMS, a lei não isenta nem autoriza a isenção para operações específicas, mas define o modo como os Estados e o DF deverão proceder para conceder as isenções e os demais benefícios fiscais no âmbito do Conselho Nacional de Política Fazendária (CONFAZ).

7. Outros exemplos de benefícios fiscais à disposição dos contribuintes

Não obstante o quanto estabelecido pelas medidas tributárias referentes à realização da Copa do Mundo FIFA 2014, de que trata a Lei nº 12.350/2010, existem outros regimes especiais de tributação que podem ser usufruídos pelas empresas. Tomamos, por exemplo, o REIDI – Regime Especial de Incentivos – para o Desenvolvimento da Infraestrutura previsto pela Lei nº 11.488/07. O REIDI consiste em um regime especial que tem como principal benefício à suspensão da exigência do PIS e da COFINS nas aquisições no mercado doméstico e importações de bens e serviços vinculados a projetos de infraestrutura nos setores de transportes, portos, energia, saneamento básico e irrigação.

De outro lado, poderão ser realizados pleitos em face de Operações de Comércio Exterior, visando à redução do Imposto de Importação. O denominado pleito de "Ex-tarifário" consiste na redução temporária do Imposto de Importação dos bens assinalados como BK e BIT, na Tarifa Externa Comum do Mercosul – TEC –, quando não houver produção similar nacional. Neste contexto, será expedido pela entidade de classe competente, o Atestado de Inexistência de Similar Nacional.

Há uma série de benefícios fiscais à disposição dos contribuintes, tanto na esfera federal (ex.: RECAP – Regime Especial de Aquisição de Bens de Capital para Empresas Exportadoras –, REPORTO – Regime Tributário para Incentivo à Modernização e à Ampliação da Estrutura Portuária –, RECOF – Regime Aduaneiro de Entreposto Industrial sob Controle Informatizado, DAC – Depósito Alfandegado Certificado –, DRAWBACK, Entreposto Aduaneiro, Admissão Temporária, Lei do Bem etc.) quanto nas esferas estadual (ex.: Regimes Especiais, diferimento do ICMS etc.) e municipal.

8. Conclusões

Com a necessidade de aumentar a infraestrutura para a realização da Copa do Mundo FIFA 2014, muitas empresas poderão usufruir da desoneração tributária decorrente deste grande evento, cabendo a seus gestores identificar as oportunidades existentes no mercado e traçar as estratégias necessárias em face de um planejamento tributário direcionado para as oportunidades e incentivos que a legislação excepcionalmente oferece para este evento futebolístico de repercussão mundial.

Salientando-se que, quando da análise de qual seria o melhor benefício fiscal aplicável à operação que a empresa irá realizar, diversos fatores devem ser levados em consideração, tais como as atividades por ela desenvolvidas, sua área de atuação (industrial, comercial ou de prestação de serviços), bem como o objeto em discussão (produto/serviço).

É possível observar que, para incentivar a construção das estruturas necessárias para a realização da Copa do Mundo de 2014 e a Copa das Confederações em 2013, existe uma série de benefícios fiscais que foram concedidos pelos governos federal e estaduais, além de outros já existente que não previstos pela Lei nº 12.350/2010.

Ademais, as empresas interessadas em utilizar esses benefícios ou que deles já estejam usufruindo, devem ficar atentas às inúmeras regulamentações que têm sido editadas sobre o tema e ao cumprimento dos requisitos exigidos pelas autoridades fiscais, seja para afastar risco de serem autuadas pelo descumprimento em face das normas reguladoras, bem como para garantirem o benefício isencional.

Referências bibliográficas

ATALIBA, Geraldo. *Hipótese de Incidência Tributária*. São Paulo: RT Editora Revistas do Tribunais, 1973.

BECKER, Alfredo Augusto. *Teoria Geral do Direito Tributário*. São Paulo: Saraiva. 1963.

CARVALHO, Paulo de Barros. *Curso de Direito Tributário*. 18ª ed. Revista e Atualizada. São Paulo: Saraiva. 2007.

LEGISLAÇÃO FEDERAL

DADOS DA ERNST & YOUNG TERCO. Disponível em: http://www.ey.com/BR/pt/Issues/Brasil_Sustentavel_-_Copa_2014.

DECRETO nº 7.578, de 11 de outubro de 2011: Disponível em: http://www.planalto.gov.br/ccivil_03/_Ato2011-2014/2011/Decreto/D7578.htm

INSTRUÇÃO NORMATIVA RFB nº 1.313, de 28 de dezembro de 2012. Disponível em: http://www.receita.fazenda.gov.br/Legislacao/Ins/2012/in13132012.htm.

LEI n° 11.488, de 15 de junho de 2007. Disponível em: http://www.planalto.gov.br/ccivil_03/_ato2007-2010/2007/lei/l11488.htm.

LEI nº 12.350, de 20 de dezembro de 2010. Disponível em: http://www2.camara.leg.br/legin/fed/lei/2010/lei-12350-20-dezembro-2010-609723-norma-pl.html.

MINISTÉRIO DO ESPORTE. Matriz de responsabilidades da Unidade Federativas. *Ministério do Esporte*. Janeiro de 2010. Disponível em: http://www.esporte.gov.br/assessoriaEspecialFutebol/compromissosCopa2014.jsp.

PROJETO DE LEI COMPLEMENTAR – PLP 579/2010, disponível em: http://www.camara.gov.br/proposicoesWeb/fichadetramitacao?idProposicao=479328.

REVISTA ISTO É Dinheiro. O Impacto da Copa. Disponível em: http://www.istoedinheiro.com.br/noticias/20608_O+IMPACTO+DA+COPA

— 10 —

O Direito e a Copa do Mundo: o mundo quadrado do futebol e o seu reflexo no mundo quadrado do Direito

LIA CLAUDIA GADIOLI

O Distrito Federal, a capital da República Federativa do Brasil, encontra-se representada, no pavilhão nacional, pela estrela Sigma Octantis (σ Oct), da constelação Oitante (*Octans*), também denominada *Polaris Australis* ou Estrela Polar do Sul, em virtude de ser a mais próxima do polo celeste sul. É, em outras palavras, a "estrelinha" que se encontra isolada de todas as outras, na parte inferior da circunferência azul da bandeira nacional, abaixo do Cruzeiro do Sul. É uma estrela de quinta grandeza, possui a menor magnitude (5,4) de todas as estrelas que figuram na bandeira... Encontra-se no limite da visão a olho nu... Situada a 270 anos-luz da Terra, é classificada como uma estrela gigante[1]...

E é aqui que esse texto austral se une à Lei. *In casu*, à lei que veio estabelecer a atual disposição das estrelas no Pavilhão Nacional, de nº 5.700, de 1º de setembro de 1971. Por certo, não é o dispositivo legal que primeiro estabeleceu a localização da estrela representativa de Brasília, mas carrega o mérito de tê-la mantida no lugar certo... Bem distante dos demais Estados... Talvez não o suficiente já que, apesar de sua magnitude, seus efeitos se irradiam por todas as demais... Um enfoque astronômico poetizado assegura que essa foi realmente a ideia. Sob o ponto de vista dos astrônomos,[2] é em torno dela, a pequenina σ Oct, que giram todas as demais estrelas do firmamento em nossa bandeira... E não é verdade?

De estranhar-se, entretanto, que em 2012, ao aprovar-se a Lei Geral da Copa,[3] não se tenha feito constar, dentre os incisos do art. 3º, que falam dos

[1] Ver <http://pt.wikipedia.org/wiki/Sigma_Octantis>

[2] <http://www.zenite.nu/>

[3] Lei nº 12.350, de 05 de junho de 2012. Dispõe sobre as medidas relativas à Copa das Confederações FIFA 2013, à Copa do Mundo FIFA 2014 e à Jornada Mundial da Juventude – 2013, que serão realizadas no Brasil; altera as Leis nos 6.815, de 19 de agosto de 1980, e 10.671, de 15 de maio de 2003; e estabelece concessão de prêmio e de auxílio especial mensal aos jogadores das seleções campeãs do mundo em 1958, 1962 e 1970 – Ver <http://www.planalto.gov.br/ccivil_03/_Ato2011-2014/2012/Lei/L12663.htm>.

emblemas da FIFA e da Copa das Confederações, disposição especial quanto à inclusão de uma estrela extra em nossa bandeira, talvez a Polar, de magnitude 2, da mesma constelação, um pouco mais acima, o que a colocaria dentre os Estados-Membros, para representar, ainda que provisoriamente, tal quais os crimes de "*marketing* de emboscada" (arts. 32 e 33), que só existirão até 31 de dezembro de 2014 (art. 36), essa inefável organização futebolística — a FIFA.

A providência seria bastante apropriada, já que, no decorrer deste período o país estará sob a regência "Daquele Poder", extra-constitucional, mas real, estarrecedoramente real... Tanto mais, quando verificamos, no art. 12 do Decreto nº 7.783,[4] de 07 de agosto de 2012, que veio regulamentar a Lei Geral da Copa, assente que "as controvérsias entre a União e a FIFA, Subsidiárias da FIFA no Brasil, seus representantes legais, empregados ou consultores poderão ser resolvidas, em sede administrativa, na Câmara de Conciliação e Arbitragem da Administração Federal, órgão da estrutura da Advocacia-Geral da União, mediante procedimento conciliatório" – No que caberá (parágrafo único) à Advocacia-Geral da União a regulamentação, no prazo de cento e oitenta dias, o procedimento conciliatório.

E o Judiciário, com tal disposição, como dizia a velha marcha de carnaval, "vai pra Sepetiba, mas não pesca 'néca de pitibiriba'"[5]... Será isso realidade?

Tal colocação, que até então consideramos tão somente uma chalaça, posto que o que se segue não é digerível sem uma boa dose de bom humor, traz, entretanto, em seu bojo, sérias implicações na medida em que, numa análise mais aguda, observamos tudo o que encerra não só a Lei Geral da Copa (LGC) e sua regulamentação, mas, também, as demais "providências" que, "em forma de lei", pretende-se aprovar "em nome da Copa".

De um ponto de vista jurídico, a bem da higidez constitucional, imaginamos o que se deva, antes de tudo, buscar a aderência da aceitação desse Novo Poder dentro dos preceitos ditados pela nossa Carta Magna... Todavia, não a encontro... A mais atenta leitura do texto constitucional não coloca aos olhos qualquer vírgula que, a exceção do direito ao lazer, previsto no *caput* do art. 6º da CF, pudesse sequer triscar a exorbitância dos gastos públicos com a Copa das Confederações e Copa do Mundo, em total inversão das prioridades constitucionais. Isso para não se falar em derrogação provisória de preceitos legais e o uso de medidas provisórias para atos que, absolutamente, não lhes cabem.

Alguém já invocou a construção de Brasília – será que foi por isso que este texto foi iniciado com ela? –, levada a cabo por Juscelino, para justificar "os empreendimentos" atuais. Bem, pelo menos havia previsão constitucional para tanto... Outros invocam a felicidade geral da nação... Lógico, sob os auspícios

[4] <http://www.planalto.gov.br/ccivil_03/_Ato2011-2014/2012/Decreto/D7783.htm> – Regulamenta a Lei nº 12.663, de 5 de junho de 2012, que dispõe sobre as medidas relativas à Copa das Confederações FIFA 2013, à Copa do Mundo FIFA 2014 e à Jornada Mundial da Juventude – 2013.

[5] <http://letras.mus.br/marchinhas-de-carnaval/1941657/>.

da mídia, a nova idade, depois da média, da moderna e da contemporânea, como bem lembrou Celso Castro, Ilustre diretor da Faculdade de Direito da Universidade Federal da Bahia. Sob o pretexto de trazer ao povo a paixão nacional, os meios midiáticos muito faturarão em propagandas, patrocínios...

Não, não se trata, aqui, de entronizar-se, como disse o ex-ministro do STF, Eros Grau, o lema *fiat justitia pereat mundis*.[6] Lembra o ilustre ministro, no mesmo raciocínio, que a ordem constitucional pode mudar... Mas ressalva que os casos de interpretação *ab-rogante*, isto é, a não aplicação da norma porque discrepante aos princípios da matéria ou à estrutura jurídica do Estado, são emergentes de nova ordem constitucional, o que não é, aqui, o caso... Ou é? Será que a FIFA tem todo esse poder?

Para dizer o mínimo, ninguém ignora que os objetivos fundamentais delineados no art. 3º da CF estão muito longe de serem atingidos... Carecem de ser atendidos... Urgem serem alcançados... Mas não vemos como o esforço e os dispêndios governamentais se incorporam com aqueles objetivos. É de se duvidar, também, que tenha ocorrido, aos legisladores constituintes, a possibilidade de uma inversão tão grande de prioridades quando, no próprio *caput* do art. 6º da CF, preocuparam-se em elencar, *antes* do lazer, os direitos sociais à educação, à saúde, à alimentação, ao trabalho, à moradia...

Numa exacerbação de dúvidas, assalta-se, ainda, outra: que todos esses investimentos, em detrimento daqueles que deveriam ser destinados à educação, saúde, alimentação etc., venham a ser usufruídos senão pela massa de turistas, que talvez jamais voltem – porque, outra Copa no Brasil, sabe-se lá quando irá ocorrer –, por poucos concidadãos abastados, que já estão acostumados com as ineficiências dos aeroportos, a fechar os olhos quando passam pelas favelas, esgotos a céu aberto, quadrilhas a bloquear avenidas e a causar terror de dentro dos presídios.

Havia necessidade de reformar-se e ampliarem-se os aeroportos? Claro que sim... Havia necessidade de investir-se tão elevada soma de recursos na construção de estádios? Claro que não! Todavia, para ambos os casos estamos aplicando o Regime Diferenciado de Contratações – o RDC –, verdadeira aberração que se justificaria em casos de epidemia, guerra talvez, mas não em caso de Copa do Mundo e das Confederações, pelo que, com resultado duvidoso, duas Ações Diretas de Inconstitucionalidades se encontram em trânsito do STF[7] – "não se esqueçam", bem alertou o ex-ministro do STF, Eros Grau, "o fato é que todas as decisões jurídicas, porque *jurídicas*, são *políticas*".[8]

---

[6] GRAU, Eros Roberto. Ensaio e discurso sobre a INTERPRETAÇÃO/APLICAÇÃO DO DIREITO. 4ª ed. São Paulo: Malheiros, 2006, p. 212.

[7] ADIs nºs 4.645 e 4.655.

[8] GRAU, Eros Roberto. Ensaio e discurso sobre a INTERPRETAÇÃO/APLICAÇÃO DO DIREITO. 4ª ed. São Paulo: Malheiros, 2006, p. 212.

Tampouco podemos crer que os cidadãos, de uma forma geral, terão acesso, ainda que com toda a demagogia constante na lei, aos jogos e demais eventos... Não aos preços que a FIFA veio a estabelecer... O brasileiro comum, a grande maioria, acabará mesmo investindo numa televisão melhor... Assistirá, como sempre fez, os jogos pela televisão.

Assim, descartada, à *prima facie*, a legitimidade constitucional de todo esse dispêndio, sem contar a outorga de poderes indelegáveis à FIFA, cabe a nós, operadores do direito, perquirir as demais consequências que todo esse oba-oba está a trazer, e ainda trará, no campo do direito pátrio. Insta, por assim dizer, uma análise percuciente, artigo por artigo, diploma por diploma, quanto às implicações e (por que não?) repercussões que todos esses dispêndios e providências estapafúrdias, paramentados com pseudolegalidade e aparato pseudojurídico, porém a surtir efeitos de eficácia plena, trazem.

Não só com vistas à área jurídica... É preciso lembrar que hoje o Brasil se vê às voltas com a inflação novamente; já há algum tempo escamoteada por falsos índices, cujas enquetes junto às donas de casas e consumidores atestam a falta de autenticidade. A comunidade internacional, investidores, principalmente os meios financeiros, *não se esquecem* dos governos e países perdulários... Conhecem bem o nível de tributação que o país pratica para cobrir seus gastos megalomaníacos e incompetentes. E se o fizerem, as dívidas, os débitos assumidos, logo lhes avivarão a memória e acionarão os departamentos de cobrança...

Indaga-se ainda, sem consultar a lei, o que é "*marketing* de emboscada" *(ambush marketing)*. E por que tal prática, tão dolosa aos bolsos (melhor seria dizer caixa) dos investidores ficará limitada ao período da Copa? Não são, os investidores nacionais, do cotidiano, dignos de terem seus investimentos igualmente protegidos, no dia a dia, de tal tipo de crime?

Isso traz à baila, *mutatis mutandis*, o projeto, só para começar-se a analisar o verdadeiro febeapá[9] que está a se formar, protocolizado pelo deputado federal Jean Wyllys (PSOL-RJ), assim divulgado no "UOL Notícias",[10] sítio da Rede Mundial de Computadores amplamente frequentado pelos internautas:

> De olho no aumento da exploração sexual durante a Copa do Mundo de 2014 e os Jogos Olímpicos de 2016, o Deputado Federal Jean Wyllys (PSOL-RJ) protocolou um projeto de lei na Câmara dos Deputados para regularizar a profissão das prostitutas. Ele quer que a proposta seja aprovada até 2014, para evitar a proliferação de casos como o divulgado no último dia 10, quando uma jovem conseguiu fugir de uma casa onde era explorada sexualmente e mantida em cativeiro, em São Paulo.

E o artigo em questão segue, em alongado texto, trazendo argumentações que não cabem aqui discutir, porém, ilustram bem as associações de ideias que

[9] Expressão cunhada por Sérgio Marcus Rangel Porto (Rio de Janeiro, 11 de janeiro de 1923 – Rio de Janeiro, 30 de setembro de 1968), cronista, escritor, radialista e compositor brasileiro, conhecido por seu pseudônimo "Stanislaw Ponte Preta", Febeapá deu nome a três livros (1966, 1967 e 1968) para designar "Festival de Besteira que Assola o País".

[10] <http://noticias.uol.com.br/politica/ultimas-noticias/2013/01/15/deputado-quer-aprovar-ate-a-copa-do-mundo-projeto-de-lei-que-regulariza-a-prostituicao-no-brasil.htm>.

vêm se formando e, inevitavelmente, visam a leis. Leis que, se aprovadas, irão estar presentes no direito positivo...

Que fique claro, nesse ponto, que a profissão mais velha do mundo merece, há muito, ser olhada e cuidada, já que sempre existirá... Quem nela milita, por vontade ou necessidade, faz jus, de fato, ao menos a ser protegido de *cáftens* e proxenetas, da exploração inescrupulosa e degradante do sexo, seguindo o exemplo da Holanda, primeiro país do mundo a garantir às prostitutas direitos e deveres comuns aos trabalhadores em geral, com o intuito claro de pôr fim à exploração destas por terceiros e, concomitantemente, efetuar o controle das doenças sexualmente transmissíveis nessa atividade.

Mas a questão aqui é que também se verifica o mesmo que ocorreu com a criação do RDC: não cabe discutir-se e aprovar-se de afogadilho uma lei que meramente *legalize* a exploração da prostituição, transforme os prostíbulos em estabelecimentos *comerciais,* a pretexto de sanar-se, aos olhos dos turistas ou até para que esses não sejam explorados – Eles! Coitados... O que dizer das profissionais então! –, um problema secular. Não se pode deixar de atentar-se às questões de estímulo a esta atividade face à pobreza educacional, que não permite a grande parte da população a escalada a empregos dignos e compensadores; à mínima alavancagem industrial, os empregadores reclamam a ausência de profissionais com formação adequada.

Na mesma esteira, porém eivado de faceciosidade, vê-se o projeto proposto pelo vereador Evaldo Lima, de Fortaleza (CE), a propor que servidores públicos e estudantes de escolas municipais utilizem camisas de seleções de futebol nas sextas-feiras até a Copa do Mundo de 2014. O projeto "dispõe sobre o uso facultativo de camisas de seleções que participarão da Copa do Mundo de futebol de 2014, para o funcionalismo público e estudantes de escolas públicas municipais de Fortaleza às sextas-feiras", de acordo com o texto, que foi despachado na Câmara dos Vereadores na última segunda-feira. A Lei prevê exceção para aquelas categorias em que o uniforme é imprescindível. Nestes casos, os profissionais poderão utilizar acessórios, como broches e bonés".[11]

O Projeto, batizado de "Sexta do Futebol", já saiu do Plenário e passou pela Comissão de Legislação, Justiça e da Cidadania. Está agora aguardando a designação do Relator, de acordo com o *site* da Câmara Municipal de Fortaleza (CMF), sob regime ordinário de tramitação.... enquanto outros tantos projetos de importância inquestionável continuam apinhados, postergados, ignorados.

Têm-se, pois, dessa forma, *en passant,* identificado o tom, o diapasão que foi implantado no país, sob a batuta do Governo Federal, porém com ritmo marcado por todos os Poderes. Bem mais preocupante se afigura o projeto que define crimes em um tipo de *regime de exceção,* conforme noticia o próprio Senado:

---

[11] <http://blogs.diariodonordeste.com.br/diarionacopa/copa-do-mundo-de-2014/projeto-de-lei-preve-uso-de-camisas-de-futebol-em-reparticoes-publicas-de-fortaleza/>.

O Senado deve analisar, neste primeiro semestre, o projeto de lei que define crimes e infrações administrativas para reforçar a segurança da Copa das Confederações de 2013 e da Copa do Mundo de Futebol de 2014. O primeiro campeonato será realizado entre os dias 15 e 30 de junho em seis capitais brasileiras.

O PLS 728/2011[12] dos senadores Walter Pinheiro (PT-BA), Ana Amélia (PP-RS) e do senador licenciado Marcelo Crivella (PRB-RJ) cria norma para complementar a Lei Geral da Copa (Lei 2.330/2011), sancionada em junho do ano passado.

O projeto define os crimes de terrorismo, ataque a delegação, violação de sistema de informática, falsificação e revenda ilegal de ingresso, falsificação de credencial, *dopping* nocivo e venda fraudulenta de serviço turístico. Os tipos penais têm o objetivo de garantir os direitos dos consumidores e a integridade física dos participantes e espectadores dos jogos.

O texto inclui outras infrações, como fazer uso de credencial que pertença à outra pessoa; entrar no estádio de futebol com objeto, roupa ou instrumento proibido pela organização dos eventos; invadir o gramado do estádio, interrompendo a partida; arremessar objeto no campo de futebo! ou fazer uso de laser ou de outro artefato que possa prejudicar o desempenho dos atletas; vender ingressos em número superior ao permitido para cada comprador.

A matéria também trata sobre a repatriação, a deportação e a expulsão de estrangeiros. Na justificação do projeto, os autores lembram a previsão de que meio milhão de turistas estrangeiros a mais deve ingressar no país para assistir aos jogos da Copa do Mundo.

Greve

O projeto de lei disciplina ainda o exercício do direito de greve antes e durante os eventos esportivos, destacando a definição das "Atividades de Especial Interesse Social" para efeitos da nova lei. Estão nesta lista o tratamento e abastecimento de água; produção e distribuição de energia elétrica, gás e combustíveis; assistência médica e hospitalar; distribuição e comercialização de medicamentos e alimentos; operação, manutenção e vigilância de atividades de transporte coletivo; coleta, captação e tratamento de esgoto e lixo; telecomunicações; controle de tráfego aéreo; operação, manutenção e vigilância de portos e aeroportos; serviços bancários; hotelaria, hospitalidade e serviços similares; construção civil, no caso de obras destinadas à realização dos eventos; judicial; e de segurança pública.

Tramitação

A matéria está sob exame da Comissão de Educação, Cultura e Esporte (CE). Para Ana Amélia, uma paralisação de trabalhadores do setor de transportes, da saúde ou de servidores dos órgãos de segurança pública, terá "efeitos catastróficos" na realização dos campeonatos de 2013 e de 2014. No entanto, a relatora retirou do texto o capítulo sobre o direito de greve, por entender que qualquer restrição nesse sentido seria inconstitucional.[13]

Dentro desse contexto, que ainda abarca regimes tributários diferenciados, com renúncia fiscal igualmente inconstitucional, assim como as contratações em caráter de exceção, busquemos configurar um quadro compreensível *que nos permita sobrepor os quadrados:* o futebolístico e o que se supõe exista no campo do direito... Sem esquecermos que, no mesmo sentido, milita o recente Fórum Nacional de Coordenação de Ações do Poder Judiciário para a Copa das Confederações 2013 e a Copa do Mundo 2014,[14] cujos trabalhos iniciaram-se em fevereiro

[12] Disponível em <http://www.senado.gov.br/atividade/materia/detalhes.asp?p_cod_mate=103652>.

[13] Disponível em <http://www12.senado.gov.br/noticias/materias/2013/01/04/copa-do-mundo-definicao-de-novos-crimes-sera-analisada-neste-semestre>.

[14] Criado pela Resolução do CNJ nº 164, de 14 de novembro de 2012, o qual tem Bruno Dantas à frente como Presidente.

de 2013, porém sem outras notícias, até o momento, além da convocação das empresas aéreas no combate ao terrorismo e outros aspectos ainda em discussão.

De ampla divulgação *internáutica*, o sítio da Rede Mundial de Computadores "Portal Popular da Copa e das Olimpíadas",[15] reunindo comitês populares das cidades-sedes, onde se realizarão os eventos, apresentou, dentre seus enunciados, um tipo de "jogo de sete erros", livre para *downloads*, com o seguinte confronto, produzido ainda à luz do projeto da LGC:

LEI GERAL DA COPA		**CONSTITUIÇÃO FEDERAL**
Meia-entrada de idosos e estudantes apenas na "categoria popular", a mais barata; liberação da "venda casada" de entradas com pacotes turísticos. A FIFA não é obrigada a cumprir normas locais de defesa do consumidor na compra de ingressos para os jogos	x	Direitos do Consumidor (art 5º XXXII e art. 170, V)
Permissão para a criação de Zonas de Exclusão, com restrição ao comércio de rua e à circulação de pessoas num raio de 2 km na entrada dos estádios de jogos, treinos, fan fests e outros locais	x	Direito ao trabalho (art. 5º, XIII e art. 6º, caput) Direito de ir e vir (art. 5º, XV)
Privatização e exclusividade da exploração comercial de simbolos, emblemas e mascotes da seleção brasileira e do Brasil, sem controle da sociedade ou do INPI	x	Proteção do patrimônio cultural brasileiro (art. 216)
Suspensão de aulas nas redes de ensino público e privada	x	Direito à educação (art. 205)
Criação de crimes especiais e sanções civis para reserva de mercado, publicidade e propaganda	x	Liberdade de Expressão (art. 5º, IX) Livre iniciativa (art. 170, *caput*)
Limitação à captação e transmissão de imagem e som	x	Liberdade de impressa e de informação jornalística (art. 220, § 1º)
Responsabilidade geral do Estado por "quaisquer danos e prejuízos" com acidentes de segurança, devendo a União indenizar a FIFA	x	Conservação do patrimônio Público (art. 23, I)

Ora, o que se tem, na realidade, é a velha tentativa de se fechar a porteira depois que o gado já escapou... Isso porque, se houve algo de errado, esse errado foi a aceitação, pelo Congresso Nacional, dos termos de uma "espécie de tratado" entre o Governo brasileiro e um órgão privado e autônomo, a FIFA, que mal comparando, apresenta-se assim como o Vaticano... Um estado independente... Porém sem território! E consta na Constituição Federal disposição expressa nesse sentido.[16]

Não há dúvidas de que se encontrando aberta a porteira, nada mais restou senão reunir-se o gado, o que somente findará com o término das Olimpíadas; até lá, fiquemos com a já mencionada previsão do ilustre ex-ministro do STF, Eros

[15] <http://www.portalpopulardacopa.org.br/index.php>.

[16] Art. 49. É da competência exclusiva do Congresso Nacional: I – resolver definitivamente sobre tratados, acordos ou atos internacionais que acarretem encargos ou compromissos gravosos ao patrimônio nacional.

Grau, sobre a condição *ab-rogante* em que o governo brasileiro, e com ele a nação, por inércia das casas legislativas em clara militância politiqueira — ninguém haverá de dizer que no Brasil o esporte foi relegado a segundo plano em detrimento dos objetivos constitucionais... Ora, eles estão sendo buscados há muito tempo... Agora, que venham as Copas e as Olimpíadas!

Caso que não poderia deixar de ser abordado em toda discussão no quadrilátero jurídico é o relativo ao velho hábito do qual o torcedor brasileiro foi obrigado a abdicar já há algum tempo, o de beber nos estádios... A Lei Geral da Copa não libera nem proíbe expressamente a venda de bebidas alcoólicas em estádios durante o Mundial. O § 1º do art. 68 da LGC simplesmente excetuou de aplicação, no decorrer dos eventos, dentre outros, o art. 13-A do Estatuto do Torcedor (Lei nº 10.671/2003) e, com isso, *voilá!*... Passou a tocar a cada Estado-Membro que irá sediar jogos permitir ou não o porte e consumo de bebidas nos estádios... Isso não é, como dizem os norte-americanos, "big deal" ou, como querem alguns invocar, um caso de soberania nacional... Diremos que é um caso de porre institucional! Um fala-fala das bancadas ultrarreligiosas e falsos escrupulosos. Durante muito tempo conviveu-se com as bebidas nos estádios e, talvez, essa seja uma oportunidade para se repensar este aspecto... Encontrar-se um meio-termo... Afinal, quem não gosta de assistir ao futebol tomando uma cervejinha? Colocou-se aqui sobre a configuração de uma quadro que nos permita sobrepor os quadrados... Este é um caso típico de encaixe... Não se pode, em nome da prevenção às irresponsabilidades, por vezes decorrente até da insuficiência do Estado em monitorar adequadamente os desvios, implantar-se um regime de pseudoliberdade. O professor de Psiquiatria Geoff Pearson, da Universidade de Manchester, na Inglaterra, após um período de dezesseis anos de observação junto às torcidas organizadas do Manchester United, Blackpool e "*The England National Team*" (a seleção inglesa), em seu último livro vem afirmar que "não existe nenhuma prova de que a proibição à venda de álcool em estádios ingleses reduziu a violência no país. Nem mesmo a polícia inglesa pedia a proibição".[17]

Paralelamente, vemos a instituição de tipos penais provisórios, a delimitação de área e vias de acesso particularizadas aos interesses da FIFA e de seus associados, outros pontos, como o de "vendas casadas", prática frontalmente contrária ao nosso Código do Consumidor, como aspectos juridicamente interessantes de serem discutidos.

Em primeiro, os tipos penais foram colocados de forma clara, diga-se de passagem, de forma muito mais clara do que costumam ser os diplomas legais dessa estirpe, e, com alguns aperfeiçoamentos, poderiam trazer, à legislação pátria, um enriquecimento. Já se questionou, aqui, o porquê de não se incorporar os crimes de "*maketing* de emboscada" ao elenco de proteções possíveis aos inves-

[17] PEARSON, Geoff. *An Ethnography of Football Fans: Cans, Cops and Carnival*. New Ethnographies. Manchester University Press, Manchester, 2012.

tidores brasileiros... Há, mesmo, inúmeras práticas dessa natureza que podem ser observadas no dia a dia.

Todavia, não há como permanecer-se silente à reserva de mercado e até de vias públicas que, se não violadoras da soberania nacional, e talvez nem mesmo ao dispositivo constitucional apontado pelo Portal Popular da Copa, vem se colocar frontalmente contra os usos e costumes do cidadão brasileiro... E não cremos que se houver ações com fulcro em tal disposição, que possam, os senhores juízes, simplesmente desprezar a condição do brasileiro, daquele que ganha a vida vendendo nas portas dos estádios. Nesse sentido, de lembrar-se que a própria LGC abre exceção para estrangeiros que venham trabalhar no Brasil durante a Copa e daqui partam, levando os frutos do seu trabalho sem sequer pagarem o Imposto de Renda, que o saudoso ex-ministro do STF, Aliomar de Andrade Baleeiro (Salvador, 5 de maio de 1905 – Rio de Janeiro, 3 de março de 1978), de certa feita afirmou que "do imposto de renda, nem o produto do crime escapa"... Cai aqui, como uma luva, lembrar a velha citação de Anatole France, tão conhecida no meio jurídico: "Ah majestosa igualdade da lei, que proíbe tanto o pobre como o rico de roubar o pão e dormir debaixo da ponte"...

Resta, assim, ao brasileiro comum, economizar para adquirir um plano de transmissão de TV, licenciado pela FIFA, é lógico, e comprar a maior televisão que couber em sua casa e em seu orçamento. Ao brasileiro incomum, nós, os operadores do direito, cabe conviver com mais essa gota que, como se viu, tanto pode ser de veneno como de remédio; caberá a nós saber dela fazer uso... E provar que se o futebol continua a ser jogado num quadrilátero, o Direito há muito tempo o abandonou... pois hoje atua em campos circulares, ou em um tipo de quadrado mágico... de infinitos lados... Porém, esperamos nos deparar com um futebol muito melhor do que aquele de certo técnico, que achava tudo possível com Edmundo, Bebeto, Ronaldo e Roberto Carlos... Até encontrar uma França no caminho... É... no caminho tinha uma França...

— 11 —

Os regimes aduaneiros especiais e a Copa do Mundo no Brasil

LIS CAROLINE BEDIN
Sócia do Bedin, Schreiner & Advogados Associados

I – Introdução

O comércio internacional, desde seus primórdios, constituiu forte instrumento de avanço científico, tecnológico, cultural e econômico entre os países. Não é à toa, visto que permite que o conhecimento obtido em uma parte do mundo possa ser expandido às demais e vice-versa. Para regulá-lo e também proteger seus mercados, foi criado o regime comum das operações de comércio exterior.

Como toda regra geral admite exceções, a experiência acabou demonstrando que o regime aduaneiro comum não atendia às necessidades do mercado e da economia, seja por questões de custo, de burocracia. Também pelo fato de que em determinado tempo e determinado lugar, o desenvolvimento de uma atividade precisaria ser mais incentivado que outro, e assim por diante. Por conta disto, o regime aduaneiro comum passou a ganhar exceções, denominadas regimes aduaneiros especiais.

Para ter condições de sediar a Copa do Mundo 2014, o Brasil precisa de muito investimento. É necessário construir e modernizar estádios, é preciso estrutura tecnológica de ponta para a transmissão e organização dos jogos etc. A fim de acelerar este investimento e permitir que equipamentos entrem no País apenas para o período da competição e posteriormente regressem aos países de origem, é que foram criados regimes aduaneiros especiais voltados à Copa do Mundo.

O regime da admissão temporária constitui um regime aduaneiro especial clássico, largamente utilizado em nosso país. Para que pudesse bem atender à necessidade específica de um evento tão grandioso quanto uma Copa do Mundo, recebeu determinadas adaptações, como será visto adiante.

Já o Recopa, embora não seja um regime tipicamente aduaneiro, mas sim tributário com veias aduaneiras, permite a desoneração da carga tributária de modo a facilitar os investimentos que ainda precisam ser realizados em infraestrutura esportiva – estádios de futebol.

Espera-se, com este estudo, analisar um pouco de cada instituto, de sorte a ver como os regimes aduaneiros especiais podem ser ferramentas úteis para o desenvolvimento de nosso País.

II – Dos regimes aduaneiros especiais

2.2. Conceito

A forma pelo qual se dá a importação ou exportação de uma dada mercadoria é chamada de regime aduaneiro. O regime comum das operações de comércio exterior vem previsto pelo regulamento aduaneiro, no qual a mercadoria se submete às formas de controle rotineiras prevista na lei, há o recolhimento dos tributos incidentes, e após a mercadoria deixa ou ingressa definitivamente o território nacional.

No procedimento comum, o que vale é a regra genérica estabelecida pelo regulamento aduaneiro, não havendo a aplicação de benefícios específicos ou mesmo tratamentos administrativos, comumente de controle, diferenciados. Nestes casos, todas as exigências administrativas do procedimento padrão de importação ou exportação são rigorosamente seguidos, e todos os tributos incidentes são rigorosa e imediatamente cobrados.

Contudo, nem todas as operações de comércio exterior seriam viáveis se estas regras não tivessem lá suas exceções. Tais exceções podem ser sobre o momento e o modo de incidência dos tributos, sobre o prazo e a forma de permanência das mercadorias em determinado território aduaneiro, ou acerca dos procedimentos de controle incidentes sobre o bem. Para regulamentar tais exceções é que foram criados os regimes aduaneiros especiais.

Os regimes aduaneiros especiais são todos aqueles em que para determinadas operações de importação ou exportação existam limitações ou benefícios específicos, seja de ordem tributária ou de controle administrativo. Como características principais apresentam a possibilidade de suspensão ou redução de tributos e obrigações de ordem fiscal, e alterações no tempo e na forma de permanência dos bens estrangeiros em território nacional ou no exterior (tratamento administrativo diferenciado de controle da mercadoria objeto de uma operação de comercio exterior).

2.3. Função dos regimes aduaneiros especiais

Em função da complexidade das operações de comércio exterior, os regimes aduaneiros especiais são vários. Diferenciam-se pelos benefícios e limitações que trazem, além de sua finalidade, já que podem ser utilizados como poderosos instrumentos de política cambial, monetária, fiscal e de controle do Estado.

Há regimes criados, por exemplo, para permitir a desoneração dos tributos incidentes nas operações de comércio exterior, de forma a viabilizar a modernização do país, ou ainda possibilitar o desenvolvimento da indústria nacional. É o caso do *drawback*, que permite a entrada de insumos estrangeiros no país para industrialização seguida de reexportação, com a suspensão total dos tributos incidentes sobre a importação realizada. Tal ferramenta nitidamente busca preservar o fluxo de caixa da empresa na aquisição dos insumos, a fim de incentivar à indústria nacional a aumentar o valor agregado da produção nacional, e exportar.

Embora muito significante, a diminuição ou suspensão dos tributos não é a única característica a distinguir os regimes aduaneiros especiais do regime comum. Muitas vezes a vantagem do regime aduaneiro pode residir simplesmente na facilidade conferida ao controle da mercadoria a importar ou exportar, simplificando procedimentos e tornando mais ágil a operação de comércio exterior. Dessa forma, os benefícios alcançados pela aplicação dos regimes especiais podem ser tanto tangíveis quanto intangíveis.

Os regimes aduaneiros especiais também podem ser utilizados para tornar mais céleres e menos burocráticos os procedimentos de importação e exportação, como o caso do entreposto aduaneiro. Amenizam-se os custos de armazenagem, logística, de tempo, gera-se maior fluxo de caixa ao empreendedor nacional nacionais. O resultado desta e de tantas outras funções de natureza fiscal e extrafiscal que vêm associadas aos regimes aduaneiros pode ser o aumento da competitividade do produto nacional no mercado mundial, e a melhora de nossa balança comercial.

Os regimes aduaneiros especiais têm em comum a necessidade de habilitação do agente no Siscomex, a possibilidade de suspensão de tributos com ou sem prestação de garantia, alteração de prazos de estadia da mercadoria, bem como respectivas condições, como será estudado abaixo.

No tocante à habilitação no sistema de comércio exterior, é necessário esclarecer que há regimes cuja vantagem prevista depende de uma abertura das rotinas internas da empresa para a Receita Federal. e mesmo que o regime não exponha tanto assim o agente fruidor do benefício, é fundamental que a empresa tenha seu sistema devidamente informatizado.

Na maioria dos regimes especiais, a exigibilidade dos tributos é suspensa por prazo determinado ou até a ocorrência de um termo. Por conta disto é que a grande maioria dos regimes especiais demanda que seja firmado um termo de responsabilidade, seja acompanhado ou não da prestação de garantia. Ainda assim, mesmo mediante o termo de responsabilidade eventual execução da obrigação precisará ser procedida do devido processo legal, mediante a aplicação do contraditório.

III – Dos principais regimes aduaneiros especiais aplicáveis à Copa do Mundo 2014

3.1. Admissão temporária

3.1.1. Caracterização geral

Introduzido no sistema pátrio pelo artigo 79 da Lei 9.430/96, a admissão temporária é o regime que permite a suspensão total ou parcial ou total de tributos sobre bens importados temporariamente, conforme o fato de serem ou não utilizados em atividade econômica".[1]

De acordo com a Instrução Normativa nº 285 da Receita Federal, de 14 de janeiro de 2003, em seu artigo 1º, o regime de admissão temporária é aquele que "permite a importação de bens que devam permanecer no País durante prazo fixado, com suspensão total do pagamento de tributos, ou com suspensão parcial, no caso de utilização econômica".

O objetivo do regime, de acordo com o Decreto 6.759, de 5 de fevereiro de 2009, que regulamentou a lei de criação, é o de possibilitar a importação temporária de bens de interesse nacional de diversas ordens, especialmente econômica, social, técnica. Cultural e científica.

Para que seja concedido, o regime da admissão temporária apresenta determinadas condições. Inicialmente, o bem importado sob o regime precisa ser devidamente individualizado no ato de concessão, de forma que sua originalidade possa ser fiscalizada posteriormente.

É preciso que a importação seja feita em caráter temporário, e que isto seja demonstrado com base em algum documento idôneo, como um contrato de aluguel ou empréstimo, por exemplo. É pressuposto do regime que o bem que ingressa no país regresse à origem (embora os bens possam ter destinação final diferente, como se verá adiante), o que não impede que o prazo inicialmente previsto seja prorrogado indefinidamente.

---

[1] Conforme definição própria Receita Federal constante em seu site, "Admissão Temporária é o regime aduaneiro que permite a entrada no País de certas mercadorias, com uma finalidade e por um período de tempo determinados, com a suspensão total ou parcial do pagamento de tributos aduaneiros incidentes na sua importação, com o compromisso de serem reexportadas". <http://www.receita.fazenda.gov.br/aduana/regadmexporttemp/regadm/regespadmtemp.htm>. Acesso em 23/03/2013, 19:15 h.

Ainda no que toca ao contrato que embasa a operação de comércio exterior, outro item fundamental a ser observado é a adequação do bem à finalidade para a qual foi importado. Significa dizer que é necessário apresentar à Receita Federal, no momento da concessão do regime, o contrato que esclarece a razão de entrada do bem no País – aluguel, empréstimo, prestação de serviços, e o que nele estiver constando acerca do uso do bem precisará ser observado. Se for aluguel para produção de uma fibra têxtil, é esta a utilização que deverá ser observada.

Ainda impõe a lei, para a concessão do regime, que o bem seja importado sem cobertura cambial. Isto quer dizer que não pode haver o envio de recursos ao exterior a título de transferência de propriedade; apenas o que se transfere é a posse do bem. Assim, operações de compra e venda não estão cobertas pela operação, sendo essencial que este bem permaneça sendo de propriedade do remetente estrangeiro. Mas este poderá, se o contrato assim definir, cobrar um aluguel pelo empréstimo do bem, sem que isto caracterize a existência de cobertura cambial na operação.[2]

Por último, exige a legislação que as obrigações fiscais sejam constituídas em Termo de Responsabilidade, seguido ou não de garantia no valor equivalente aos tributos suspensos.

Mesmo depois de concedido o regime, a Receita Federal pode, a qualquer tempo, fazer diligência fiscalizatória e confirmar se o bem está sendo utilizado de forma compromissada.

Caso alguma das condições previstas não seja observada, em especial a questão da estrita observação da finalidade da importação, poderá haver a descaracterização do regime. Neste caso, o termo de responsabilidade é imediatamente executado, e eventual garantia prestada é convertida em renda da União.

3.1.2. Da utilização econômica e não econômica

Há basicamente dois tipos de admissão temporária possíveis. O primeiro se destina aos casos em que não há interesse econômico na importação, e o segundo para as situações em que a importação se dá com base em um contrato que preveja um arrendamento mercantil operacional, contrato de aluguel, empréstimo ou prestação de serviços.

No tocante à utilização não econômica, a legislação menciona as situações abrangidas pelo regime, no artigo 4º da IN 285.[3] Dentre as clássicas, estão a rea-

[2] Por conta disto é que operações de arrendamento mercantil financeiro (*leasing*) não podem se sujeitar à admissão temporária, visto que a quantia paga envolve a remuneração da transferência de titularidade do bem, em função da opção de compra existente ao final do contrato.

[3] Art. 4º Poderão ser submetidos ao regime de admissão temporária com suspensão total do pagamento dos tributos incidentes na importação, os bens destinados: I – a feiras, exposições, congressos e outros eventos científicos ou técnicos; II – a pesquisa ou expedição científica, desde que relacionados em projetos previamente autorizados pelo Conselho Nacional de Ciência e Tecnologia; III – a espetáculos, exposições e outros eventos artísticos ou culturais; IV – a competições ou exibições esportivas; V – a feiras e exposições, comerciais ou industriais; VI – a promoção comercial, inclusive amostras sem destinação comercial e mostruários de representantes co-

lização de feiras e exposições, a pesquisa científica, amostras, e ao que interessa ao estudo presente, que é o caso das competições esportivas (inciso IV).

Já o caso de utilização em atividade econômica se refere à situação em que o bem importado seja destinado à prestação de serviços ou à produção de outros bens. Ou seja: é diretamente utilizado na realização de uma atividade econômica. Nestes casos, a legislação permite o enquadramento no caso da admissão temporária, mas exige o recolhimento dos tributos proporcional ao período de permanência do bem no país. A fórmula prevista para o recolhimento dos tributos, definida no artigo 6º da IN, é a seguinte:

$$V = I \times \left[1 - \left(\frac{12 \times U - P}{12 \times U}\right)\right]$$

onde:

V = valor a recolher;

I = imposto federal devido no regime comum de importação;

P = tempo de permanência do bem no País, correspondente ao número de meses ou fração de mês;

U = tempo de vida útil do bem, de acordo com o disposto na Instrução Normativa SRF nº 162/98, de 31 de dezembro de 1998.

Em resumo, a importação de ativos de terceiros que vem ao Brasil via empréstimo, comodato ou aluguel e geram bens e serviços deverão pagar tributos proporcionais ao tempo de sua estadia no País, que importam em média no pagamento de cerca de 1% (um por cento) sobre o valor total que seria devido a título de tributos por mês que o equipamento permanecer em solo nacional.

Uma das vantagens do regime é que ele pode ser uma preciosa ferramenta para se permitir a importação de máquinas usadas que tenham similar no país. Como a importação regular destas é vedada pela legislação, a admissão temporária torna possível a sua utilização não mediante a sua compra, mas mediante aluguel ou comodato, por exemplo.

merciais; VII – à prestação, por técnico estrangeiro, de assistência técnica a bens importados, em virtude de garantia; VIII – à reposição e conserto de: a) embarcações, aeronaves e outros veículos estrangeiros estacionados no território nacional, em trânsito ou em regime de admissão temporária; ou b) outros bens estrangeiros, submetidos ao regime de admissão temporária; IX – à reposição temporária de bens importados, em virtude de garantia; X – a seu próprio beneficiamento, montagem, renovação, recondicionamento, acondicionamento ou reacondicionamento; XI – ao acondicionamento ou manuseio de outros bens importados, desde que reutilizáveis; XII – à identificação, acondionamento ou manuseio de outros bens, destinados à exportação; XIII – à reprodução de fonogramas e de obras audiovisuais, importados sob a forma de matrizes; XIV – a atividades temporárias de interesse da agropecuária, inclusive animais para feiras ou exposições, pastoreio, trabalho, cobertura e cuidados da medicina veterinária; XV – a assistência e salvamento em situações de calamidade ou de acidentes de que decorram de dano ou ameaça de dano à coletividade ou ao meio ambiente; XVI – ao exercício temporário de atividade profissional de não residente; XVII – ao uso do imigrante, enquanto não obtido o visto permanente; XVIII – ao uso de viajante não residente, desde que integrantes de sua bagagem; XIX à realização de serviços de lançamento, integração e testes de sistemas, subsistemas e componentes espaciais, previamente autorizados pela Agência Espacial Brasileira; e XX – à prestação de serviços de manutenção e reparo de bens estrangeiros, contratada com empresa sediada no exterior.

Veja-se, por exemplo, o caso de uma feira de negócios, em que máquinas serão expostas. Os equipamentos entram no país sob o regime da admissão temporária, assim como eventuais amostras e folders, desde que não haja o pagamento por eles(ou seja, não seja a operação dotada de cobertura cambial), e que as mercadorias possam ser devidamente devolvidas.[4]

A extinção do regime se dá de cinco formas: reexportação; entrega à Fazenda Nacional sem custos; destruição; transferência para outro regime aduaneiro; e o despacho para consumo,[5] sendo que não caberá o pagamento dos tributos que permaneceram suspensos ao fim do regime, salvo no caso de despacho para consumo.

É necessário que o fim do regime seja pedido dentro do prazo de vigência do regime, sob pena de multa. Por fim, extinto o regime, eventual garantia prestada será liberada, com a respectiva baixa do termo de responsabilidade.

Se houver o vencimento do termo de permanência do bem em território nacional sem que tenha sido pedida a sua prorrogação ou extinção, ou tenha havido a utilização do bem em finalidade diversa da prevista no regime, o crédito tributário suspenso, que foi constituído mediante o termo de responsabilidade, será integralmente cobrado do contribuinte, nos termos do artigo 17 da Instrução Normativa, acrescido de correção monetária e multa de 75% (setenta e cinco por cento).

Ainda, caso haja sinistro do equipamento e estiver caracterizada a culpa do importador, os tributos serão exigidos em sua integralidade, também com a correção e multa de ofício. Se, por outro lado, a ausência de culpa for caracterizada, fica dispensado o respectivo pagamento, e o regime se extingue.

A grande vantagem do regime de admissão temporária é permitir a entrada no país de um bem que não é passível de nacionalização, como uma máquina com similar nacional usada, e ainda por cima com o pagamento parcelado de tributos, permitindo que a própria utilização do bem possa pagar a conta referente ao aluguel e aos próprios tributos.

Eis o regime aduaneiro especial da admissão temporária, de larguíssimo uso nas operações de comex nacionais.

3.1.3. Da aplicação do regime às operações referentes à Copa do Mundo 2014

A Lei 12.350, de 20 de dezembro de 2010, fez adaptações deste regime para a Copa do Mundo de 2014, que foram regulamentadas pela Instrução Normativa 1293, de 21 de setembro de 2012.

[4] É que o despacho para consumo pressupõe o pagamento de tributos.

[5] Artigo 15 da IN 285/03.

Esta lei, em seu artigo 3º, concedeu isenção de tributos federais que incidem sobre as importações dos bens importados pela FIFA e empresas a ela relacionadas, destinados ao uso ou consumo na organização e realização de Eventos[6] vinculados à Copa das Confederações FIFA 2013 e à Copa do Mundo FIFA 2014.

Contudo, a isenção não se aplica aos bens duráveis que forem importados para a realização dos mesmos eventos, salvo aqueles cujo valor aduaneiro não ultrapasse o limite de R$ 5.000,00 (cinco mil reais).[7] Para a entrada destes no País, a saída foi a utilização do regime da admissão temporária, com alterações específicas para o período das competições esportivas.

Embora mantendo as linhas gerais do regime da admissão temporária previstos pela lei de criação e pela Instrução Normativa 285/03,[8] a legislação trouxe algumas inovações.

Inicialmente, o regime da admissão temporária previsto pela Lei 12.350 igualou os conceitos de admissão temporária para uso econômico e não econômico, determinando que todos os bens importados sob os seus termos se sujeitarão à suspensão total dos tributos federais.[9] ficou inclusive dispensada a necessidade de apresentação do contrato de arrendamento mercantil, locação ou prestação de serviços no momento do requerimento da concessão do regime especial.[10]

Além disso, a norma também dispensou a apresentação de garantias sobre o valor dos tributos suspensos,[11] o que apenas acontece no regime normal da admissão temporária para os casos em que não há utilização econômica do bem, ou

---

[6] Lei 12.350, de 20/12/2010, Artigo 2º: "as Competições e as seguintes atividades relacionadas às Competições, oficialmente organizadas, chanceladas, patrocinadas ou apoiadas pela Fifa, pela Subsidiária Fifa no Brasil, pelo LOC ou pela CBF: a) os congressos da Fifa, banquetes, cerimônias de abertura, encerramento, premiação e outras cerimônias, sorteio preliminar, final e quaisquer outros sorteios, lançamentos de mascote e outras atividades de lançamento; b) seminários, reuniões, conferências, workshops e coletivas de imprensa; c) atividades culturais: concertos, exibições, apresentações, espetáculos ou outras expressões culturais, bem como os projetos Futebol pela Esperança (Football for Hope) ou projetos beneficentes similares; d) partidas de futebol e sessões de treino; e e) outras atividades consideradas relevantes para a realização, organização, preparação, marketing, divulgação, promoção ou encerramento das Competições

[7] Lei 12.350, de 20/12/2010, Artigo 3º, § 4º.

[8] Como é o caso do Artigo 12 da Instrução Normativa 1293, que mencionou expressamente as condições da admissão temporária já previstas nas mais normas: . "Art. 12. O Regime Aduaneiro Especial de Admissão Temporária aplica-se aos bens: I – importados em caráter temporário; II – adequados à finalidade para a qual foram importados; e III – utilizáveis em conformidade com o prazo de permanência e com as finalidades previstas na Lei nº 12.350, de 2010."

[9] Lei 12.350, de 20/12/2010, "Artigo 4º (...). § 2º Na hipótese prevista no caput, será concedida suspensão total dos tributos federais mencionados no § 1º do art. 3º, inclusive no caso de bens admitidos temporariamente no País para utilização econômica, observados os requisitos e as condições estabelecidos em ato do Poder Executivo."

[10] Instrução Normativa 1293/12, Art. 16. § 3º: "Fica dispensada a apresentação do instrumento de contrato referido no inciso II do § 3º do art. 9º da Instrução Normativa SRF nº 285, de 2003".

[11] Lei 12.350, de 20/12/2010, "Artigo 4º (...). § 3º Será dispensada a apresentação de garantias dos tributos suspensos, observados os requisitos e as condições estabelecidos pela Secretaria da Receita Federal do Brasil".

os impostos suspensos remontam a valor inferir a R$ 20.000,00 (vinte mil reais). Para os demais casos, a exigência tributária precisa ser constituída em termo de responsabilidade, e a garantia prestada em valor equivalente aos tributos suspensos, seja por meio de depósito em dinheiro, fiança ou seguro.[12]

Outra adaptação que foi feita no regime tradicional da admissão temporária para a viabilização da Copa do Mundo foi a regra referente à extinção do regime. A admissão temporária tradicional pressupõe desde o seu início o regresso do bem ao exterior. Caso o importador tenha interesse em nacionalizar o bem, é fundamental primeiro avaliar se isto é possível, já que há casos em que um bem pode ser trazido mediante admissão temporária, mas não pode ser importado pelos moldes tradicionais. É o caso, por exemplo, de uma máquina usada que tenha similar nacional. O fato de um bem estar admitido no regime de admissão temporária não significa que, em caso de sua nacionalização, não se submete a todas as regras tradicionais, como a licença prévia, se for o caso.[13] Em sendo possível a nacionalização ao final do regime da admissão, todos os tributos deverão ser regularmente recolhidos, descontando-se a proporção já eventualmente recolhida (para o caso de admissão embasada no artigo 6º da Instrução Normativa – utilização com fins econômicos).

No caso da admissão temporária da Lei 12.350, ao final do regime de admissão o bem também poderá retornar ao país de origem, ou ser nacionalizado. Neste caso a Lei 12.350 trouxe uma inovação interessante, dispondo que a suspensão será convertida em isenção nas seguintes hipóteses, obedecido o prazo legal:[14]

i. O bem for reexportado;

ii. O bem for doado à União Federal;

iii. O bem for doado a entidades beneficentes e assistência social devidamente certificadas, pessoas jurídicas de direito público, e ainda a entidades sem fins lucrativos desportivas ou pessoas jurídicas dotadas de imunidade que se destinem À prática de esportes, assistência a crianças, proteção ao meio ambiente ou desenvolvimento social.

Caso haja interesse pelo despacho do bem para consumo, os tributos suspensos deverão ser devidamente recolhidos, e seguidas todas as normas comuns referentes ao tema.[15]

---

[12] Artigo 8º da Instrução Normativa 285/03.

[13] Art. 15. O regime de admissão temporária se extingue com a adoção de uma das seguintes providências, pelo beneficiário, dentro do prazo fixado para a permanência do bem no País: I – reexportação; II – entrega à Fazenda Nacional, livre de quaisquer despesas, desde que a autoridade aduaneira concorde em recebê-lo; III – destruição, às expensas do beneficiário; IV – transferência para outro regime aduaneiro, nos termos da Instrução Normativa SRF nº 121, de 11 de janeiro de 2002; ou V – despacho para consumo. (...) § 9º O despacho para consumo, como modalidade de extinção do regime, far-se-á com observância das exigências legais e regulamentares que regem as importações, vigentes à data do registro da correspondente declaração de importação. (...)

[14] Lei 12.350, de 20/12/2010, Artigo 5º.

[15] Instrução Normativa 1.293/12, Art. 20. Aplicam-se as disposições contidas na Instrução Normativa SRF nº 285, de 2003, para fins de extinção do regime concedido nos termos desta Instrução Normativa, sem prejuízo das hipóteses de conversão da suspensão em isenção previstas na Lei nº 12.350, de 2010.

3.2. Do regime especial de tributação para construção, ampliação, e reforma ou modernização de estádios de futebol (Recopa)

Como o próprio nome diz, o Recopa é um regime de tributação destinado a incentivar a adequada preparação dos estádios que virão a sediar os jogos de futebol da Copa das Confederações FIFA 2013 e Copa do Mundo FIFA 2014, criado pela Lei 12.350, de 20 de dezembro de 2010. Sua regulamentação foi feita mediante os Decretos 7.319, de 28 de setembro de 2010, Decreto 7.525, de 15 de julho de 2011, e Instruções Normativas da Receita Federal 1.176, de 22 de julho de 2011 e 1289, de 04 de setembro de 2012.

Apesar de estender-se também à tributação nacional, o Recopa caracteriza-se como um regime especial aduaneiro, pelo fato de trazer regras específicas de importação para as situações nele previstas. Criou, portanto, exceções ao regime comum ao qual que se submetem às importações.

Se o importador for beneficiário do regime, o Recopa possibilita a suspensão dos tributos federais incidentes sobre a importação de máquinas, aparelhos, instrumentos e equipamentos novos e de materiais de construção para utilização ou incorporação os respectivos estádios de futebol.

De acordo com as normas da lei de criação, podem ser beneficiadas com o regime especial as pessoas jurídicas que tenham projeto aprovado até 31 de dezembro de 2012 para construção, ampliação, reforma ou modernização de estádios de futebol que serão utilizados nas partidas oficiais dos dois eventos desportivos.

Também podem ser beneficiadas com o regime as pessoas coabilitadas, que são aquelas contratadas pela pessoa jurídica titular do projeto vinculado ao Recopa para realização de "obras de construção civil e de construção e montagem de instalações industriais, inclusive com fornecimento de bens".[16] Para tanto, precisarão atender a todos os requisitos exigidos pelo Recopa (salvo, evidentemente, a titularidade do projeto), bem como observar rigorosamente todas as regras aplicáveis ao regime.

Não podem requerer a concessão do regime as pessoas optantes do Simples Nacional, assim como as pessoas jurídicas que se sujeitem ao regime de tributação por lucro presumido ou arbitrado no âmbito dos tributos federais.[17]

[16] Instrução Normativa RFB nº 1.176 de 22 de julho de 2011, Artigo 5º, § 3º.

[17] Lei 12.350, de 20/12/2010, Art. 18. É beneficiária do Recopa a pessoa jurídica que tenha projeto aprovado para construção, ampliação, reforma ou modernização dos estádios de futebol com utilização prevista nas partidas oficiais da Copa das Confederações Fifa 2013 e da Copa do Mundo Fifa 2014, nos termos do Convênio ICMS 108, de 26 de setembro de 2008. § 1º Compete ao Ministério do Esporte, em ato próprio, definir e aprovar os projetos que se enquadram nas disposições do *caput*. § 2º As pessoas jurídicas optantes pelo Regime Especial Unificado de Arrecadação de Tributos e Contribuições devidos pelas Microempresas e Empresas de Pequeno Porte – Simples Nacional, de que trata a Lei Complementar nº 123, de 14 de dezembro de 2006, e as pessoas jurídicas de que tratam o inciso II do art. 8º da Lei nº 10.637, de 30 de dezembro de 2002, e o inciso II do art. 10 da Lei nº 10.833, de 29 de dezembro de 2003, não poderão aderir ao Recopa. § 3º A fruição do Recopa fica

O limite para desembaraço de mercadorias com utilização do benefício é aquele previsto entre a data da habilitação do beneficiário e 30 de junho de 2014.[18]

É interessante observar, no tocante ao Imposto de Importação, a determinação do § 4º do artigo 19 da Lei da Copa, no sentido de que apenas haverá a suspensão deste imposto para o caso de o produto importado não contar com similar nacional.[19]

Caso os bens importados não sejam utilizados da forma prevista pela lei, a pena é o cancelamento da suspensão dos tributos, seguido de sua exigência cumulada com multa de mora e juros, desde a data de registro da Declaração de Importação.

Outro fato a destacar na legislação é que a pena pelo descumprimento do regime se estende ao adquirente dos bens importados, caso tenha sido utilizada a importação por conta e ordem.[20] Apesar disto, nada destaca a respeito da importação realizada por encomenda, que não se enquadra nem nos moldes da importação direta, e nem nos da importação via conta e ordem.

IV. Conclusão

O funcionamento do sistema de controle administrativo e tributário das importações do Brasil é feito com mãos de ferro pela Receita Federal. Os tributos são altos, demandam de regra o seu desembolso imediato, sem contar a burocracia inerente a todos os procedimentos.

condicionada à regularidade fiscal da pessoa jurídica em relação aos impostos e contribuições administrados pela Secretaria da Receita Federal do Brasil.

[18] Instrução Normativa RFB nº 1.176, de 22 de julho de 2011, Artigo 3º.

[19] Lei 12.350, de 20/12/2010, Art. 19. No caso de venda no mercado interno ou de importação de máquinas, aparelhos, instrumentos e equipamentos novos e de materiais de construção para utilização ou incorporação no estádio de futebol de que trata o caput do art. 18, ficam suspensos: I – a exigência da Contribuição para o PIS/Pasep e da Contribuição para o Financiamento da Seguridade Social (COFINS) incidentes sobre a receita da pessoa jurídica vendedora, quando a aquisição for efetuada por pessoa jurídica beneficiária do Recopa; II – a exigência da Contribuição para o PIS/PASEP - Importação e da Contribuição para a Seguridade Social devida pelo Importador de Bens Estrangeiros ou Serviços do Exterior (COFINS - Importação), quando a importação for efetuada por pessoa jurídica beneficiária do Recopa; III – o Imposto sobre Produtos Industrializados (IPI) incidente na saída do estabelecimento industrial ou equiparado, quando a aquisição no mercado interno for efetuada por pessoa jurídica beneficiária do Recopa; IV – o IPI incidente na importação, quando a importação for efetuada por pessoa jurídica beneficiária do Recopa; e V – o Imposto de Importação (II), quando os referidos bens ou materiais de construção forem importados por pessoa jurídica beneficiária do Recopa. (...) § 5º No caso do Imposto de Importação (II), o disposto neste artigo aplica-se somente a produtos sem similar nacional.

[20] Lei 12.350, de 20/12/2010, Art. 19. § 3º A pessoa jurídica que não utilizar ou incorporar o bem ou material de construção ao estádio de futebol de que trata o caput do art. 18 fica obrigada a recolher as contribuições e os impostos não pagos em decorrência da suspensão de que trata este artigo, acrescidos de juros e multa de mora, na forma da lei, contados a partir da data da aquisição ou do registro da Declaração de Importação, na condição: (...) § 4º Para efeitos deste artigo, equipara-se ao importador a pessoa jurídica adquirente de bens estrangeiros no caso de importação realizada por sua conta e ordem por intermédio de pessoa jurídica importadora.

Uma preparação para um evento de tanta visibilidade e abrangência quanto a Copa do Mundo precisa de flexibilização das regras vigentes. É preciso ainda muito investimento, em tempo demasiado curto, com tributação elevada e normas muito burocráticas.

A desoneração tributária e a facilitação das importações dos bens necessários aos eventos e de insumos e tecnologias para a construção dos estádios é medida imperiosa, que se acredita será satisfatoriamente viabilizada pelos regimes aduaneiros especiais da admissão temporária e do Recopa.

— 12 —

O contrato de trabalho temporário como forma alternativa para o atendimento da demanda de mão de obra em face da realização da Copa do Mundo no Brasil

MARCELO RICARDO GRÜNWALD
Advogado, Mestre em Direito das Relações Sociais pela Pontifícia Universidade Católica de São Paulo e sócio de Grünwald e Giraudeau Advogados Associados, em São Paulo.

1. Introdução

Todos repetem o mesmo bordão: "O Brasil é a bola da vez". Em que pesem os nossos não raros problemas, esta convicção não é exagerada. Nosso País é uma democracia consolidada, tem uma economia equilibrada e um mercado consumidor com um apetite voraz. De pouco em pouco, nossa mão de obra vai se qualificando, e os gargalos de nossa infraestrutura estão cada mais em pauta em busca de aperfeiçoamentos. Para os que viajam ao exterior, é comum notar que aqueles que nos recebem nos aeroportos, lojas e restaurantes já se esforçam em falar o nosso português, em frases carregadas com os mais diversos sotaques.

Neste cenário, merecidamente, o Brasil foi escolhido para sediar eventos internacionais de extrema importância que trarão ao País centenas de milhares de turistas. Para citar um só evento, em 2014, o Brasil sediará a Copa do Mundo FIFA, talvez o evento esportivo mais popular do planeta. A nossa economia receberá uma quantidade enorme de investimentos, novas empresas serão constituídas, inovações em todos os ramos de negócio estão sendo estudadas, empreendedores diversos já percebem as oportunidades de novos mercados, benfeitorias diversas serão feitas, o Brasil herdará um legado de valor incalculável e certamente será um País muito melhor depois da Copa. Para atender esta imensa demanda, entretanto, as empresas terão que recorrer a meios lícitos de contratação de profissionais das mais variadas especialidades, sejam brasileiros ou não, bacharéis, técnicos, operários, num esforço hercúleo para oferecer ao mundo um grande e inesquecível espetáculo.

Neste inevitável contexto, as empresas se deparam com um problema recorrente no mundo jurídico do direito laboral. É fato que a preparação da Copa do Mundo, assim como a sua implementação, obrigará à formalização de contratos de trabalho, incidindo nas obrigações estabelecidas de forma, a nosso ver, exageradamente criteriosa pela legislação. Nesta toada, o que fazer depois de encerrada a demanda por conta do término do evento? É possível elaborar formas de contrato por prazo determinado, assegurando a sua rescisão sem qualquer penalidade? Ainda que a resposta anterior seja positiva, há risco do ato rescisório dos contratos de trabalho firmados sofrerem algum impeditivo? O que dizem os tribunais do trabalho com relação ao assunto? O presente artigo, de forma sucinta, pretende desmitificar com base no que a legislação possui atualmente, uma forma alternativa de contratação e que deve ser acatada como regular pelas autoridades jurisdicionais e executivas.

2. O trabalho temporário

Na definição da própria legislação, o trabalho temporário é aquele prestado por pessoa física a uma empresa, para atender a necessidade transitória de substituição de seu pessoal regular e permanente ou a acréscimo extraordinário de serviços, e está regulamentado pela Lei nº 6.019, de 03 de janeiro de 1974, e pelo Decreto 73.841, de 13 de março de 1974.

Ou, na definição de Maurício Godinho Delgado (*Curso de Direito do Trabalho*. 10ª ed. São Paulo: LTr, 2011. p. 447): "Trabalhador temporário é aquele que, juridicamente vinculado a uma empresa de trabalho temporário, de quem recebe suas parcelas contratuais, presta serviços a outra empresa, para atender a necessidade transitória de substituição do pessoal regular e permanente ou a acréscimo extraordinário dos serviços da empresa tomadora."

Na conceituação do instituto, em que pesem vozes minoritárias contrárias, não há qualquer impeditivo para contratação com relação à função selecionada; é possível contratar um advogado, um engenheiro, bem como um auxiliar de limpeza, um servente de pedreiro ou um mensageiro. A pedra de toque é a de que a contratação se justifique pela necessidade transitória ou pelo acréscimo extraordinário de serviços e que tais hipóteses estejam lançadas de forma objetiva no próprio contrato de trabalho. Há quem entenda, ainda, que a jurisprudência não tenha se pacificado, que a contratação nestes moldes só poderia envolver mão de obra com alguma qualificação, requisito definitivamente não tratado pela legislação, tornando tal entendimento inconstitucional em face do princípio da legalidade.

A lei nº 6.019/1974 de per si, já limita a contratação de pessoa física, não sendo admitida a contratação da empresa daquele a quem interessa a prestação de serviços (pessoa jurídica) e tampouco a elaboração de relação de trabalho autônoma. O contrato, neste aspecto, se assemelha, do ponto de vista fiscal, ao contrato de trabalho *lato sensu*, havendo incidências previdenciárias, fiscais, assim como os recolhimentos do FGTS.

Questão habitualmente debatida na doutrina é a própria distinção do trabalhador temporário do empregado contratado por prazo determinado. A principal diferença está no empregador; no primeiro caso, o trabalhador é contratado por uma empresa terceira, especializada no fornecimento de trabalhadores temporários para prestação de serviços, enquanto no segundo o trabalhador é empregado da própria empresa à qual presta serviços.

Desta feito trabalho temporário é uma exceção, oriunda da Lei 6.019, de 1974, especificamente em seu artigo 2º, cujo texto é o seguinte: "... aquele prestado por pessoa física a uma empresa, para atender à necessidade transitória de substituição de seu pessoal regular e permanente ou a acréscimo extraordinário de serviços".

Tal conceito trazido pela lei já demonstra a exceção, ou seja, é uma modalidade prevista somente nos casos de necessidade transitória ou acréscimo extraordinário de serviços. Mauricio Godinho Delgado (op. cit., p. 446/447.) observa que o trabalho temporário não se confunde com a figura do trabalhador admitido a prazo certo, por curto período, pela própria empresa tomadora de serviços, pois este seria o trabalhador clássico, enquanto o trabalhador de que trata a Lei 6.019/74, tendo sua relação de emprego firmada com a empresa de trabalho temporário, qualificada para o serviço solicitado, que faz a intermediação de seus serviços com a empresa tomadora.

Godinho arremata a sua convicção ao afirmar que: "O exame dessas duas hipóteses de contratação temporária evidencia que não se diferenciam substantivamente das hipóteses celetistas de pactuação de contrato empregatício por tempo determinado (art. 443, CLT), De fato, sob a ótica socioeconômica, as mesmas necessidades empresariais atendidas pelos trabalhadores temporários (Lei nº 6.019) sempre puderam (e podem) ser preenchidas por empregados submetidos a contratos celetistas por tempo determinado (art. 443, CLT)" (op. cit., p. 448).

É inegável conceitualmente que a previsão do trabalho temporário para a Lei 6.019, de 1974, assim como a previsão de trabalho temporário da Consolidação das Leis Trabalhistas possuem a mesma finalidade, que é a de sanar uma necessidade eventual ou um acréscimo extraordinário de serviços, tendo como única distinção o fato de que a Lei 6.019 traz a figura da intermediação de serviços, o que gera o entendimento de que a empresa prestadora de serviços tem funcionários mais qualificados para atendimento da empresa tomadora e por isto seria permitida a figura da intermediação de mão de obra.

3. A empresa de trabalho temporário

Segundo o art. 4º da Lei n. 6.019/74, "empresa de trabalho temporário é a pessoa física ou jurídica urbana, cuja atividade consiste em colocar à disposição de outras empresas, temporariamente, trabalhadores, devidamente qualificados, por ela remunerados e assistidos", para a prestação de atividades temporárias, desde que atendidos os requisitos da Lei nº 6.019, de 03 de janeiro de 1974 e do Decreto 73.841, de 13 de março de 1974.

De acordo com a redação do art. 14 do Decreto 73.841/74, "considera-se empresa tomadora de serviço ou cliente, para os efeitos deste Decreto, a pessoa física ou jurídica que, em virtude de necessidade transitória de substituição de seu pessoal regular e permanente ou de acréscimo extraordinário de tarefas, contrate locação de mão de obra com empresa de trabalho temporário".

As mesmas normas ordinárias condicionam o funcionamento da empresa de trabalho temporário ao prévio registro no Ministério do Trabalho e Emprego. Tal registro é feito conforme a Instrução Normativa nº 14, de 17 de novembro de 2009, pela Secretaria de Relações do Trabalho, por meio do Sistema de Registro de Empresas de Trabalho Temporário – SIRETT.

Após registrada, a empresa encontra-se em condições de atuar na colocação de pessoal especializado para atender às necessidades transitórias da empresa tomadora dos serviços nos estados onde possuir filial, agência ou escritório.

Conforme normatização do Ministério do Trabalho e Emprego, há possibilidade de a empresa de trabalho temporário atuar nos locais onde não possua filial, agência ou escritório. Basta inserir no SIRETT (Sistema de Registro de Empresas de Trabalho Temporário) os dados do contrato de trabalho temporário celebrado nesses locais.

Há que advertir que sem a referida homologação, qualquer contrato firmado é nulo, incidindo no risco do reconhecimento direto do vínculo de emprego, por prazo indeterminado, entre trabalhador e tomador da mão de obra.

É aconselhável, portanto, que ao contratar um trabalhador temporário, as empresas tenham cuidado na escolha da empresa especializada no fornecimento de mão de obra temporária. É mais do que relevante checar o histórico, a atuação e a correção dos procedimentos por ela adotados, bem como manter uma análise criteriosa e periódica do cumprimento de suas obrigações, não só pelo pagamento do salário aos empregados disponibilizados, mas ainda dos respectivos tributos e demais encargos previdenciários.

Demais levantamentos devem ser realizados nos distribuidores dos tribunais do trabalho, que na maioria dos casos podem ser feitos por meio de fácil pesquisa nos seus respectivos sítios da internet, mediante o fornecimento do CNPJ. De qualquer forma, desde que constatada a existência de ações trabalhistas, é importante solicitar as certidões de objeto e pé para verificar o teor das pretensões dos reclamantes e endividamento (passivo) trabalhista da empresa.

O risco que as empresas tomadoras de serviços possuem com relação ao inadimplemento dos encargos trabalhistas por parte das empresas prestadoras de serviços justifica-se pelo fato de que, caso este adimplemento não ocorra, a empresa tomadora da mão de obra será subsidiariamente responsável e terá então que assumir o pagamento das referidas obrigações (Súmula 331/TST).

4. Necessidade transitória de substituição de seu pessoal regular e permanente ou acréscimo extraordinário de serviços

Questão muitas vezes ignorada na ocasião da celebração dos contratos de trabalho temporário, é a necessidade premente que tanto a empresa tomadora como a empresa fornecedora da mão de obra temporária façam constar os motivos justificadores da contratação a fim de demonstrar a legalidade da escolha de tal modalidade jurídica, evitando-se autuações administrativas e processos judiciais.

Sobre a necessidade transitória de substituição de seu pessoal regular e permanente, diz Maurício Godinho Delgado (op. cit., p. 448) tratar-se de situações rotineiras de *"empregados originais da empresa tomadora"*, exemplificando em razão da ausência por ocasião das férias, licença-maternidade e outras licenças previdenciárias ou não.

Já com relação à hipótese da necessidade resultante de acréscimo extraordinário de serviços da empresa tomadora, seguindo em ensinamento do mesmo autor, temos a situação de "elevação excepcional da produção ou de serviços da empresa tomadora, tais como elevação excepcional das vendas, em face de nova e excepcional contratação; elevação de vendas em face de períodos de festas anuais etc.".

Estas são as únicas possibilidades de utilização de tal modelo de contrato, sob pena de descaracterização da relação trilateral (empregado temporário, empresa de fornecimento de mão de obra temporária e tomadora da mão de obra temporária), formando-se o vínculo direto com a empresa tomadora com todas as consequências típicas do contrato de trabalho por prazo indeterminado.

Parece-nos, em face da situação contemporânea que motiva o presente estudo, que o aumento extraordinário de demanda provocado pela iminente realização da Copa do Mundo FIFA no Brasil, cujas contratações excepcionais serão necessárias, a utilização desde modelo de relação de trabalho, nos moldes tratados pela Lei nº 6.019, de 3 de janeiro de 1974 e pelo Decreto 73.841, de 13 de março de 1974, revela-se perfeitamente justificável e lícita.

5. A formalização do contrato

Ao contrário do contrato de trabalho típico, sem prazo determinado, o contrato de trabalho temporário deve ser escrito como exige o art. 11 da Lei nº 6.019/74. Não bastasse, há que ser por escrito igualmente o encetamento contratual realizado entre a empresa fornecedora da mão de obra temporária e a empresa tomadora, fazendo constar de forma objetiva os motivos que ensejaram a contratação (art. 9º, da Lei 6.019/74).

O não acatamento a tal exigência implica na sua própria invalidade jurídica, ocorrendo a caracterização do contrato de trabalho típico e direto entre empregado e empresa tomadora.

6. A duração do contrato

De acordo com o que dispõe o art. 10, da Lei 6.019/74, o período total de contrato não pode exceder três meses, salvo autorização conferida pelo Ministério do Trabalho e Previdência Social, que pode prorrogá-lo por um total de até seis meses.

Há que ponderar, entretanto, especialmente no que diz respeito à hipótese da contratação fundada na necessidade resultante de acréscimo extraordinário de serviços da empresa tomadora, que o desaparecimento de tal necessidade justifica a imediata rescisão do contrato de trabalho, sem as eventuais indenizações, uma vez que a hipótese suprimiria a continuidade da utilização de tal modelo de contrato.

7. A remuneração

Os direitos dos trabalhadores temporários são muito similares aos demais, sendo eles: a) remuneração equivalente à percebida pelos empregados de mesma categoria da empresa tomadora; b) jornada de oito horas, remuneradas as horas extraordinárias não excedentes de duas, com acréscimo legal de 50% (cinquenta por cento) ou adicional convencional; c) férias proporcionais com o terço constitucional; d) repouso semanal remunerado; e) adicional por trabalho noturno; f) indenização por dispensa sem justa causa ou término normal do contrato, correspondente a 1/12 (um doze avos) do pagamento recebido; g) seguro contra acidente do trabalho; h) descanso semanal remunerado; i) proteção previdenciária; j) Vale-Transporte e k) regulamentar anotação na Carteira de Trabalho e Previdência Social.

8. A rescisão

Na rescisão do contrato de trabalho temporário, se ocorrida ao término do prazo ou em face do próprio desaparecimento da motivação que gerou a necessidade resultante de acréscimo extraordinário de serviço, incidem os simples pagamentos do saldo salarial, férias proporcionais com o terço constitucional, 13º salário proporcional e liberação do FGTS recolhido.

A rescisão deve ser formalizada mediante a entrega do seu termo, conforme modelo aprovado pelo Ministério do Trabalho e Emprego, não havendo a necessidade de homologação administrativa ou sindical.

O pagamento da rescisão do trabalhador temporário deve ser feito no prazo de 1 (um) dia depois de seu término, a teor do que dispõe analogicamente o artigo 477, § 6º, alíneas "a" e "b".

Na hipótese da rescisão ocorrer antecipadamente, o entendimento majoritário em nossos tribunais do trabalho vem sendo de que o trabalhador temporário fará jus aos mesmos direitos estatuídos aos empregados que firmam contrato por tempo determinado, conforme dispõe o art. 479, *caput*, da CLT, em valor equivalente a 50% do período faltante para o seu término, sem prejuízo da multa de 40% do FGTS.

8.1. Impeditivos

É circunstância notória de que a contratação firmada nos moldes estabelecidos pela Lei 6.019/74 se revela bastante vantajosa e dinâmica, vez que permite a contratação de mão de obra necessária em situações quase que emergenciais, sem os riscos de pagamentos de pesadas indenizações rescisórias, especialmente a elegibilidade a algum tipo de estabilidade de emprego.

Também é inegável que no momento da contratação, as partes têm perfeita ciência da duração do relacionamento de trabalho.

Entretanto, em recente alteração de convicção sumular, o Colendo Tribunal Superior do Trabalho modificou a redação do inciso III da Súmula 244, outorgando a estabilidade gestacional, mesmo na hipótese de contrato por prazo determinado.

> GESTANTE. ESTABILIDADE PROVISÓRIA (redação do item III alterada na sessão do Tribunal Pleno realizada em 14.09.2012) – Res. 185/2012, DEJT divulgado em 25, 26 e 27.09.2012
>
> (...)
>
> III – A empregada gestante tem direito à estabilidade provisória prevista no art. 10, inciso II, alínea "b", do Ato das Disposições Constitucionais Transitórias, mesmo na hipótese de admissão mediante contrato por tempo determinado.

Da mesma forma, houve diametral alteração no entendimento agora consolidado pela Súmula 378, do mesmo Tribunal, com relação ao temporário que se acidenta ou sofre de alguma doença ocupacional durante a vigência do contrato:

ESTABILIDADE PROVISÓRIA. ACIDENTE DO TRABALHO. ART. 118 DA LEI Nº 8.213/1991. (inserido item III) – Res. 185/2012, DEJT divulgado em 25, 26 e 27.09.2012

(...)

III – O empregado submetido a contrato de trabalho por tempo determinado goza da garantia provisória de emprego decorrente de acidente de trabalho prevista no n no art. 118 da Lei nº 8.213/91.

Estas revolucionárias alterações têm sido aplicadas de forma analógica aos contratos de trabalho temporário, tornando proibidas as rescisões contratuais nas hipóteses narradas.

9. Casuística

RECURSO DE REVISTA - CONTRATO DE TRABALHO TEMPORÁRIO - MULTA DO ART. 479 DA CLT - INAPLICABILIDADE. RR 184820115090652 18-48.2011.5.09.0652 Luiz Philippe Vieira de Mello Filho, 06/02/20134ª Turma DEJT 15/02/2013. A Lei nº 6.019/74 não prevê espécie de contrato por prazo determinado, mas tão somente fixa limite máximo de duração em razão das especificidades da relação de trabalho. Assim, a interrupção da prestação de serviços antes de noventa dias não gera ao trabalhador temporário direito à indenização de que trata o art. 479 da CLT, que se refere a – contratos que tenham termo estipulado. Interpretação extensiva não atende à finalidade do instituto. Recurso de revista conhecido e provido.

RECURSO ORDINÁRIO - NULIDADE. CONTRATO DE TRABALHO TEMPORÁRIO. RO 7873220105040005 RS 0000787-32.2010.5.04.0005, JOÃO ALFREDO BORGES, ANTUNES DE MIRANDA, 02/06/2011, 5ª Vara do Trabalho de Porto Alegre. Situação em que as reclamadas não comprovaram o preenchimento dos requisitos contidos na Lei nº 6.019/1974 para que o contrato de trabalho temporário fosse considerado válido.

RECURSO ORDINÁRIO - CONTRATO DE TRABALHO TEMPORÁRIO. REQUISITOS, RORs 818201002123008, MT 00818.2010.021.23.00-8,DESEMBARGADOR EDSON BUENO, 22/03/2011, 1ª Turma. O contrato de trabalho temporário é contrato por prazo determinado (art. 443, § 2º, 'a', da CLT), submetido às regras especiais da Lei n. 6.019/74, regulamentada pelo Decreto n.73.841/74, que devem ser observadas pela empresa de trabalho temporário e pela tomadora de serviços, sob pena de invalidação do liame temporário e conversão do pacto laboral em contrato por prazo indeterminado. No caso concreto, o reclamante foi contratado pela 1ª reclamada como trabalhador temporário e fornecido à 2ª reclamada, que aproveitou sua mão-de-obra pelo prazo de 30 (trinta) dias no cadastramento de postes da rede elétrica, serviço esse que, pela sua natureza, enquadra-se como serviço transitório cuja execução pressupõe acréscimo extraordinário de serviços a justificar a contratação de trabalhadores temporários. Além desses requisitos materiais, também foram observados os requisitos formais previstos na Lei n. 6.019/74 e no Decreto n. 73.841/74, motivo pelo qual mantém-se a sentença revisanda que considerou válido o contrato de trabalho temporário celebrado entre o obreiro e a 1ª reclamada.

RECURSO ORDINÁRIO - CONTRATO DE TRABALHO TEMPORÁRIO. INVALIDADE. RO 11481620105040016 RS 0001148-16.2010.5.04.0016, MARIA HELENA LISOT, 30/08/2012,16ª Vara do Trabalho de Porto Alegre. Não comprovada a motivação que originou a contratação temporária, a qual só pode ocorrer para suprir aumento extraordinário de serviço ou substituição de pessoal efetivo do tomador, nos termos da Lei nº 6.019/74, impõe-se declarar sua nulidade e reconhecer a existência de vínculo de trabalho único, por prazo indeterminado.

RECURSO ORDINÁRIO – MATÉRIA COMUM AOS RECURSOS DAS RECLAMADAS. CONTRATO DE TRABALHO TEMPORÁRIO. NULIDADE. RO 781004420095040251 RS 0078100-44.2009.5.04.0251, ALEXANDRE CORRÊA DA CRUZ, 28/07/2011, 1ª Vara do Trabalho de Cachoeirinha. A ampliação da empresa, segunda reclamada, em um processo que demanda aproximadamente dois anos de necessidade contínua de trabalhadores excedentes, a toda evidência não se caracteriza como acréscimo extraordinário de serviço, a autorizar a contratação de trabalhadores temporários. Provimento negado. RECONHECIMENTO DE VÍNCULO DE EMPREGO DIRETAMENTE COM A SEGUNDA RÉ. RESPONSABILIDADE SOLIDÁRIA. Face à nulidade do contrato de trabalho temporário firmado, compartilha-se do entendimento do Juízo de Primeiro Grau quanto à determinação de reconhecimento de vínculo diretamente com a segunda ré, beneficiária dos serviços da parte autora, por aplicação analógica da Súmula 331, I, do TST.

RECURSO ORDINÁRIO - CONTRATO DE TRABALHO TEMPORÁRIO. DESVIRTUAMENTO DO OBJETO. NULIDADE. ART. 9º CLT. VERBAS RESCISÓRIAS. CONTRATAÇÃO POR PRAZO INDETERMINADO. RO 6620090041400 RO 00066.2009.004.14.00, DESEMBARGADOR VULMAR DE ARAÚJO COÊLHO JUNIOR, 26/06/2009, PRIMEIRA TURMA, DETRT14 n.0118, de 30/06/2009. Configurado o desvirtuamento do objeto do contrato de trabalho temporário originalmente celebrado, caracteriza-se a fraude ao percebimento dos créditos trabalhistas, com a consequente nulidade do instrumento, por aplicação do art. 9º da CLT, deferido-se verbas rescisórias próprias da extinção da contratação por prazo indeterminado, a serem suportadas pelo real empregador.

10. Conclusão

O contrato de trabalho temporário é uma excelente alternativa para atender à demanda excepcional de mão de obra que será gerada em face dos jogos da Copa do Mundo de 2014 no Brasil. Em que pese vigente desde 1974, trata-se de um mecanismo moderno para atender os diversos setores da economia, sejam as construtoras, a rede hoteleira, os restaurantes, o varejo, toda sorte de serviço que será mobilizada para atender a horda de turistas internos e externos que circularão pelo País para participar desta festa.

Dentro destas circunstâncias que sequer demandariam comprovação, isto porque o evento é de conhecimento notório, as autoridades do Ministério do Trabalho e Emprego, sobretudo os seus auditores fiscais, bem como a magistratura trabalhista e membros do Ministério Público do Trabalho, devem observar com especial tolerância esta modalidade de contratação, evitando-se, assim, insegurança jurídica e desnecessária penalização das empresas que vêm investindo no evento.

— 13 —

A FIFA, o Poder Judiciário e a Copa do Mundo de Futebol de 2014 no Brasil

MAURÍCIO FARIA DA SILVA
Advogado em São Paulo; Sócio do Escritório Faria e Faria Advogados Associados; Pós-Graduação em Interesses Difusos,Coletivos e Metaindividuais pela Escola Superior do Ministério Público de São Paulo; Pós-Graduação em Direito Penal Econômico e Europeu pela Universidade de Coimbra e pelo IBCRIM.

Sumário: 1. Informações sobre a Copa do Mundo de 2014 no Brasil; 2. Megaeventos esportivos – Copa do Mundo a qualquer preço?; 3. Sugestões e alterações implementadas (ou em vias de) para a realização da Copa do Mundo de 2014; 4. A mobilização do Ministério Público e do Conselho Nacional de Justiça; 5. Conclusão ; 6. Bibliografia.

Prezado leitor, mais do que um artigo, o que se pretende aqui é na verdade um bate-papo; é muito mais mostrar-lhe uma coletânea de informações, opiniões, expectativas e críticas de jornalistas, professores, juristas e outros estudiosos sobre algumas variáveis envolvendo o tema "Copa do Mundo", de modo a que Você possa avaliar os pontos positivos e negativos desta empreitada.

1. Informações sobre a Copa do Mundo de 2014 no Brasil

Antes de entrarmos no assunto propriamente dito deste artigo, ou seja, antes de trazermos à discussão o que o Brasil se dispôs a fazer em vários seguimentos (inclusive o Poder Judiciário) para receber a Copa do Mundo de 2014, e o que de fato vem sendo feito, vamos fazer um breve introito a respeito da Copa propriamente dita, da escolha do Brasil como país-sede, bem como comentar algumas peculiaridades, aproveitando este espaço para assuntos mais amenos (nem sempre), mas que merecem ser abordados.

A Copa do Mundo FIFA de 2014 será disputada no Brasil nos meses de junho e julho do próximo ano, e vai ser a segunda vez que o nosso país recebe o evento, sendo que da primeira vez, em 1950, fomos batidos pela seleção uruguaia na final, lembrança que tenho certeza muitos não conseguem esquecer.

Já foram realizadas 19 Copas do Mundo (e o Brasil é o único país a ter se sagrado campeão 5 vezes), sendo que a última vez que o evento foi realizado na América do Sul foi em 1978, na Argentina.

Desde 2007, quando se deu a confirmação pela FIFA de que o Brasil seria o país-sede da Copa do Mundo de 2014, muito se falou, planejou e se gastou para a realização do evento.

Os investimentos são vultosos e abrangem desde a construção e reforma de estádios e vitalização de seus entornos, infraestrutura, projetos de mobilidade urbana, modernização e ampliação de portos e aeroportos, da malha viária, hotéis, implementação de estruturas capazes de atender aos mais de 500 milhões de turistas esperados, mudanças legislativas, instalação de juizados especiais nos estádios, entre outras.

Tudo muito válido, ainda mais se somado à paixão do brasileiro pelo futebol, mas que sempre nos deixa com aquela preocupação de que algo pode acabar sendo exacerbado, para dizer pouco, aquela situação em que alguém pode querer aproveitar o momento, o "processo" e se valer do regime de exceção, da urgência dos prazos, para aprovar alguma coisa que não deveria ser aprovada, comprar mais do que seria preciso, ou criar situações que gerem proveito de poucos em detrimento da sociedade.

O então presidente da CBF declarou: "Nos próximos anos teremos um fluxo consistente de investimentos. A Copa de 2014 permitirá ao Brasil ter uma infra-estrutura moderna", disse (Ricardo) Teixeira. "Em termos sociais será muito benéfico. Nosso objetivo é tornar o Brasil mais visível nas arenas globais", acrescentou. "A Copa do Mundo vai muito além de um mero evento esportivo. Vai ser uma ferramenta interessante para promover uma transformação social".

Conforme consta da mesma Página Oficial da Copa do Mundo da FIFA Brasil 2014, "Trinta e duas seleções participarão da Copa, sendo que a brasileira não precisa disputar eliminatórias por ser a anfitriã. A distribuição das vagas pelas confederações continentais foi divulgada pelo Comitê Executivo da FIFA em março de 2011, sem alterações em relação à edição anterior. Assim continuarão treze vagas para a UEFA, cinco para a CAF, quatro para a CONMEBOL (sem incluir a vaga brasileira de anfitrião), quatro também para a AFC e três para a CONCACAF. Ademais, a repescagem intercontinental ocorrerá entre uma seleção da AFC e da CONMEBOL e outra entre uma da CONCACAF e da OFC, que não possui vaga garantida direta ao mundial."

A abertura do Mundial de 2014 no Brasil se dará no estado de São Paulo, programada para acontecer no estádio denominado pela FIFA de Arena de São Paulo, mas conhecido pelos paulistanos como Itaquerão; e a cerimônia de encerramento da Copa do Mundo será no dia 13 de julho de 2014, no Maracanã, Rio de Janeiro, sendo previsto o diretor artístico Franco Dragone, conhecido por seus trabalhos à frente do Cirque du Soleil, para comandar a evento.

Já com relação aos símbolos da Copa do Brasil, também de acordo com a Página Oficial da Copa do Mundo da FIFA Brasil 2014:

> O logotipo é chamado de "*Inspiração*" e foi criado pela agência brasileira *África*. O projeto resulta de uma fotografia icônica de três mãos vitoriosas juntas levantando o Troféu da Copa do Mundo FIFA. Bem como para descrever a noção humanitária das mãos em interligação, a representação das mãos também é simbólica no amarelo e verde do Brasil, dando calorosas boas-vindas ao mundo. O logotipo foi apresentado em uma cerimônia realizada em Joanesburgo, África do Sul, em 8 de julho de 2010.

O pôster oficial da Copa do Mundo FIFA 2014 é a principal marca visual do evento. O desenho retrata duas pernas de jogadores disputando uma bola, que juntas formam a parte inferior do contorno do mapa do Brasil, no qual é exibida a inscrição "2014 Copa do Mundo da Fifa Brasil". Uma visão mais aproximada da mesma figura revela símbolos da fauna, flora e cultura de cada região do país, como o calçadão de Copacabana, a capoeira, o frevo, baianas, chimarrão e uma bola de futebol.

A seleção do mascote da Copa do Mundo FIFA de 2014 ocorreu em março de 2012 com uma decisão da própria FIFA. Na disputa para ser mascote da Copa, estavam as seguintes opções: a Arara, o Saci Pererê, a Onça Pintada e o Tatu-bola. O tatu-bola, vencedor da disputa, foi apresentado ao público como mascote da Copa do Mundo de 2014 em 16 de setembro de 2012.

A ideia de candidatar o animal surgiu da ONG cearense Associação Caatinga. A campanha ganhou repercussão nas redes sociais e, em 29 de fevereiro de 2012, um dossiê foi entregue aos representantes do Ministério dos Esportes. O tatu-bola-da-caatinga é uma espécie endêmica do Brasil e, de acordo com a União Internacional para a Conservação da Natureza e dos Recursos Naturais (IUCN), encontra-se ameaçada de extinção, com estado de conservação vulnerável.

A identidade visual do mascote compõe-se do tatu-bola em amarelo, com a carapaça em azul, trajando um calção verde e um camiseta branca na qual está grafado "Brasil 2014". Uma votação pública foi aberta para a decisão do nome. "Amijubi" (palavra formada pela fusão de amizade e júbilo), "Fuleco" (junção de futebol e ecologia) e "Zuzeco" (uma mistura de azul e ecologia) são os nomes postulantes. Com 48% dos 1,7 milhão de votos pela internet no Brasil e no mundo, "Fuleco" foi escolhido como nome oficial do mascote e anunciado em 25 de novembro de 2012. Zuzeco obteve 31% e Amijubi 21% dos votos.

Para definir o nome da bola oficial da Copa do Mundo FIFA de 2014, foi realizada uma votação pela internet com organização da Adidas, marca que fabrica as bolas das competições, e pelo *site* GloboEsporte.com. Esta é a primeira vez que o nome oficial da bola do torneio foi decidido por votação. A enquete trazia três opções: "Bossa Nova", "Carnavalesca" e "Brazuca". O resultado foi anunciado em 2 de setembro num evento organizado e transmitido pela Rede Globo no programa Esporte Espetacular.

Brazuca foi o nome escolhido com um percentual de 77,8%, enquanto os outros nomes postulantes Bossa Nova e Carnavalesca, obtiveram 14,6% e 7,6%, respectivamente. Ao todo, foram computados 1.119.539 votos."

2. Megaeventos esportivos – Copa do Mundo a qualquer preço?

Bem, mas nem tudo é bonança quando o assunto é Copa do Mundo FIFA 2014. Aliás, quase nada o é!

Em seu Editorial a Revista Fórum & Negócios, o conselheiro editorial João Doria Jr. escreveu, sob o título *Bola na Trave*, o seguinte:

> Trazida para gerar um legado socioeconômico para a sociedade, com planos mirabolantes e propostas majestosas, o evento tem servido mais para ser um palanque de promessas – além da aplicação de gastos exagerados e falta de gestão.
>
> É natural que o País se sinta lisonjeado com tamanha responsabilidade. No entanto, junto com essa oportunidade, também vêm o compromisso e a necessidade de fazer bem-feito. O montante inicial de investimentos foi estimado em 24 bilhões de reais. Hoje, o custo já atingiu 26,5 bilhões de reais.

Já a *Revista Caros Amigos*, em uma reportagem da jornalista Débora Prado sobre megaeventos esportivos de 2011, trouxe em sua edição impressa uma série de informações úteis, além de entrevistas a respeito do assunto em seu *site*.

Uma das entrevistadas foi a urbanista Raquel Rolnik, professora da Faculdade de Arquitetura e Urbanismo da Universidade de São Paulo (FAU) e relatora especial da Organização das Nações Unidas (ONU) para o direito à moradia adequada.

Segundo a professora da FAU-USP e relatora da ONU, "os megaeventos esportivos são uma estratégia que as cidades têm utilizado para promover transformações urbanísticas, aproveitando o 'estado de exceção' para implementar intervenções que em situações corriqueiras ou demorariam ou teriam uma série de entraves do ponto de vista jurídico-administrativo, ou seriam alvo de resistência por parte da população".

E continua: "com uma dupla serventia: de um lado, a mobilização que o megaevento promove em nível nacional e internacional acelera a possibilidade de investimentos e transformações, ao mesmo tempo em que, na competição entre as cidades pela atração de investimentos internacionais, o megaevento traz visibilidade. E, finalmente, como se tratam de megaeventos esportivos há uma comoção em torno disso, um apego emocional, que justifica um verdadeiro estado de exceção, uma situação em que as regras normais de como uma coisa deve ser feita não precisam ser cumpridas. Então, o Rio de Janeiro e outras cidades brasileiras no âmbito da Copa do Mundo estão utilizando isso para poder fazer essas transformações que em situações corriqueiras e normais ou demorariam ou teriam uma série de entraves do ponto de vista jurídico-administrativo, ou teriam uma série de resistências da população".

Segundo a professora, devemos tomar cuidado com o exemplo da Copa da África do Sul, onde, por exemplo, com o intuito de se agilizar a prestação jurisdicional, os "tribunais especiais" que foram criados para atender à demanda da Copa se assemelharam a um "verdadeiro estado de sítio", isto sem se falar nos enormes estádios construídos, com grande dispêndio de dinheiro público, e agora subutilizados.

Assim como o jornalista Luís Peazê, sobre quem falaremos a seguir, a urbanista Raquel Rolnik também faz pesadas críticas às exigências da FIFA para a realização da Copa do Mundo nos países. Prossegue:

> Além do mais, é um requisito, por exemplo, por parte da FIFA na Copa do Mundo de que o território no entorno de onde acontecem os jogos saia do julgo normal das regras da cidade e passe a ter um julgo especial. Então, esse julgo especial impede, por exemplo, a presença de vendedores ambulantes, porque os patrocinadores tem exclusividade da venda. Em toda área do entorno do estádio o tipo de policiamento, de controle é diferente do normal", disse a professora em sua entrevista.

Já o livro mais recente a respeito do tema que pudemos consultar, após ouvir uma entrevista sua na rádio CBN em São Paulo, foi do jornalista, autoditada, tradutor, escritor, programador e, desconfio, ainda, do detentor de muitos outros adjetivos e atributos, Luís Peazê.

É dele o "livro-reportagem" deste ano intitulado *Futebol 10 X 0 No Estado de Direito*, no qual deixa claro todo o seu conhecimento e paixão pelo futebol, bem como toda a sua preocupação e indignação com a "cartolagem", com o jornalismo não investigativo e com o fato de o Estado se render às exigências da FIFA, que determina todas as regras para a realização da Copa do Mundo, ainda que em detrimento do espetáculo, da sociedade e do cidadão.

Segundo Peazê, em sua obra acima citada:

> É uma característica de nossa época de desenvolvimento, enquanto seres humanos agregados em sociedade, o pleno exercício do Estado de Direito, essa situação jurídica, ou sistema institucional no qual cada parte é tutelada pelo Direito; do indivíduo comum à entidade privada ou potências públicas de toda sorte; mas o Futebol escapa desses limites. Gravita numa esfera paralela ao Estado de Direito, e apropria-se de seus mecanismos apenas oportunisticamente.
>
> Tudo o que envolve o Estado, via de regra, é burocrático, moroso, o oposto às coisas do Futebol, que soma a velocidade do jogo em si e a objetividade da iniciativa privada motivada pelo lucro financeiro. Ou seja, teoricamente, o Estado já entra em desvantagem com o Futebol.

E prossegue em outro capítulo, quando trata da Lei Geral da Copa:

> Destaco mais adiante alguns pontos da Lei 12.663 que exemplificam o caráter de ingerência da FIFA na vida do cidadão de um país, interferindo no seu direito de ir e vir e em vários outros direitos, mas de modo extraordinário impondo aos cidadãos em conjunto que se responsabilizem financeiramente por perdas e danos da FIFA; mais ainda, limitando ou cancelando temporariamente o direito de comercializar certos produtos, tudo isto através de uma Lei Federal própria para ela, a FIFA. Na verdade, a metáfora utilizada no título deste livro-reportagem, de a franquia Futebol da FIFA vencer o Estado de Direito por 10 X 0, é simplória, pois, se contarmos os pontos em que há a clara agressão aos direitos dos cidadãos e da soberania constitucional do país, a "goleada" seria ainda maior.

Como se percebe, muitas e embasadas são as vozes que se levantam contra a forma como está se desenhando o evento, ou melhor, contra a sua organização, submissa às determinações da FIFA, ao ponto de acatar e promover até mesmo alterações legislativas impostas como condição para a realização da Copa do Mundo em nosso país.

3. Sugestões e alterações implementadas (ou em vias de) para a realização da Copa do Mundo de 2014

Ainda na esteira das diversas modificações, algumas boas e necessárias para bem recepcionarmos a Copa do Mundo de 2014, várias são as modificações propostas, e algumas já implementadas, dentre elas novos Projetos de Lei; Resolução do Conselho Nacional de Justiça (CNJ); Instalação de Fóruns específicos de discussão do assunto; e a Promulgação da Lei Geral da Copa.

A Agência Senado, por exemplo, tem divulgado informações acerca do PLS nº 728/2011 – Projeto de lei que define crimes e infrações administrativas para reforçar a segurança da Copa das Confederações de 2013 e da Copa do Mundo de Futebol de 2014, e que se encontra atualmente pronta para a pauta na Comissão de Educação do Senado.

Os autores do projeto, os senadores Walter Pinheiro (PT-BA) e Ana Amélia (PP-RS) e o senador licenciado Marcelo Crivella (PRB-RJ) – ressaltaram a necessidade de criação de norma para complementar a Lei Geral da Copa, sancionada em junho de 2012.

O projeto estabelece, entre outras coisas, crimes como terrorismo e falsificação de ingressos, com vistas a incrementar a segurança da Copa das Confederações e da Copa do Mundo de 2014.

O projeto define os crimes de terrorismo, ataque à delegação, violação de sistema de informática, falsificação e revenda ilegal de ingresso, falsificação de credencial, *dopping* nocivo e venda fraudulenta de serviço turístico. Os tipos penais têm o objetivo de garantir os direitos dos consumidores e a integridade física dos participantes e expectadores dos jogos.

O texto inclui outras infrações, como fazer uso de credencial que pertença à outra pessoa; entrar no estádio de futebol com objeto, roupa ou instrumento proibido pela organização dos eventos; invadir o gramado do estádio, interrompendo a partida; arremessar objeto no campo de futebol ou fazer uso de *laser* ou de outro artefato que possa prejudicar o desempenho dos atletas; vender ingressos em número superior ao permitido para cada comprador.

A matéria também trata sobre a repatriação, a deportação e a expulsão de estrangeiros. Na justificação do projeto, os autores lembram a previsão de que meio milhão de turistas estrangeiros a mais deve ingressar no país para assistir aos jogos da Copa do Mundo.

A proposta do projeto de lei também institui regras processuais especiais para as ações ajuizadas com base na nova legislação. Os atos processuais, por exemplo, poderão ser praticados em fins de semana, feriados e fora do horário de expediente normal. Pelo texto, a competência pelos casos será da Justiça Federal, tendo em vista a compreensão de que os crimes em questão são perpetrados contra o interesse da União.

Já a Resolução nº 164, de 14 de novembro de 2012, do Conselho Nacional de Justiça (CNJ), criou o Fórum Nacional de Coordenação das Ações do Judiciário na Copa do Mundo e das Confederações, com o objetivo de planejar os instrumentos que o Poder Judiciário terá para contribuir com os eventos, proteger consumidores, turistas e agilizar a aplicação e a efetividade das leis.

Resolução nº 164, de 14 de novembro de 2012: Institui o Fórum Nacional de Coordenação das Ações do Poder Judiciário em relação aos Preparativos da Copa das Confederações FIFA 2013 e da Copa do Mundo FIFA 2014.

O presidente do Fórum, conselheiro Bruno Dantas, em entrevista à Agência CNJ de Notícias, disse mapear as diversas ações em trâmite na Justiça que lidam com a Copa das Confederações e com a Copa do Mundo da FIFA de 2014 e cobrar prioridade na tramitação desses processos, sem, no entanto, se imiscuir no mérito das decisões judiciais.

Segundo Dantas, "muitas vezes é possível compartilhar soluções e boas práticas.". E acrescenta: "Eu acredito que essa função será muito importante. A mais importante é a de planejamento e efetivação de políticas públicas relacionadas à garantia da legislação brasileira durante a Copa e durante o período que antecede a Copa porque teremos um fluxo muito intenso de pessoas no Brasil, já a partir da Copa das Confederações, em 2013, e precisamos estar preparados. É necessário avaliar qual a melhor maneira de estruturar o Poder Judiciário: se é mediante a instalação de varas especializadas, se é mediante o incremento de juizados itinerantes, com localização nos pontos de maior aglomeração. O CNJ não tem uma fórmula pronta, vai discutir com os tribunais dos doze estados que vão sediar a Copa, assim como não vai perder de vista o diálogo com as demais instituições do sistema de justiça nem com os órgãos de controle".

Ainda em sua entrevista, o presidente do Fórum Nacional de Coordenação das Ações do Judiciário na Copa do Mundo afirmou que as principais ações do CNJ deverão se dar em casos de preços abusivos de hotéis e no tocante à fiscalização do transporte urbano e à vigilância dos serviços públicos, bem como que existe uma preocupação bastante grande quanto à tramitação dos processos judiciais relacionados ao direito do consumidor estrangeiro, a fim de que o Poder Judiciário possa dar uma pronta resposta às demandas apresentadas.

A instalação do Fórum para discutir a atuação do Poder Judiciário nos eventos da FIFA também foi comentada por Edmilson Gomes, da Assessoria de Comunicação Social do Tribunal Regional Federal da 3ª Região, com informações do CNJ. Afirmou Gomes:

O objetivo (do Fórum) é estimular a troca de experiências e de informações entre os vários ramos do Poder Judiciário, no sentido de aprimorar, coordenar e otimizar a fiscalização de obras, serviços e demais empreendimentos públicos. Também tem a função de estudar e conceber ações no sentido de prevenir litígios, cíveis e trabalhistas, e garantir os direitos do consumidor e do torcedor.

Além do presidente Bruno Dantas, prossegue Gomes, também participam do Conselho:

Um vice-presidente (conselheiro do CNJ – Emmanoel Campelo), dois juízes auxiliares do CNJ e magistrado representante de cada um dos Tribunais de Justiça dos Estados, dos Tribunais Regionais Federais e dos Tribunais Regionais do Trabalho com jurisdição sobre os municípios que sediarão os eventos da Copa das Confederações FIFA 2013 e da Copa do Mundo FIFA 2014.

Entre as tarefas do órgão estão promover a articulação do Poder Judiciário com os outros Poderes da República, de todas as esferas federativas, celebrando, quando for o caso, termos de cooperação sob o regime de gestão associada, especialmente com o Conselho Nacional do Ministério Público, Tribunais de Contas, Controladorias, Comissões de Fiscalização e Controle da Câmara dos Deputados, do Senado Federal, das Assembleias Legislativas dos Estados e da Câmara Legislativa do Distrito Federal, Ministérios da Justiça e do Esporte e demais entidades e órgãos públicos envolvidos com atividades de fiscalização e controle dos eventos.

Os integrantes do Conselho devem elaborar relatórios sobre as medidas tomadas pelo Poder Judiciário no que se refere aos preparativos das referidas competições esportivas, para fins de acompanhamento, documentação e registro histórico. Também podem participar do Fórum autoridades, servidores, especialistas e representantes de entidades com atuação nas áreas envolvidas.

Já a juíza auxiliar da Corregedoria Nacional de Justiça, Dra. Mariella Ferraz de Arruda Nogueira, segundo Gilson Luiz Euzébio, da Agência CNJ de Notícias, afirmou que:

A ideia é que o usuário dos serviços judiciais não saia do local de atendimento sem uma solução para seu problema.

Os tribunais devem propiciar atendimento nos aeroportos (Juizados dos Aeroportos), estádios (Juizados dos Torcedores) e nos locais de grande aglomeração de pessoas (Juizados Itinerantes). Esses juizados vão contar também com defensores públicos, Ministério Público e Ordem dos Advogados do Brasil (OAB), parceria que o CNJ buscará de forma a permitir resposta rápida às demandas, especialmente as que envolvam estrangeiros (...).

Segundo Manuel Carlos Montenegro, também da Agência CNJ de Notícias, o presidente do Conselho Nacional do Ministério Público (CNMP) e procurador-geral da República, Roberto Gurgel, quando questionado a respeito do Fórum do CNJ, destacou a missão constitucional do Ministério Público Federal de integrar os esforços dos Ministérios Públicos estaduais entre si, assim como a busca de parcerias com outros órgãos do Estado. Afirmou Gurgel: "É difícil conceber o trabalho do Ministério Público sem a colaboração de outras instituições públicas".

Dentre as várias entrevistas e palestras proferidas, importante destacar no tocante ao Fórum da Copa, a constante preocupação com a transparência a ser demonstrada e a prevenção de conflitos, tanto assim que já em sua primeira reunião, após ser instalado o Fórum, foi aprovada proposta do Juiz Federal Alexandre Vidigal, do TRF da 1ª Região, de criação da Ouvidoria-Geral do Fórum, que será encabeçada pelo vice-presidente do órgão, Dr. Emmanoel Campelo.

Outra alteração importante já implementada foi a promulgação da Lei Geral da Copa, legislação que, na verdade, visa a cumprir as garantias assumidas pelo governo brasileiro com a FIFA.

Vários foram os pontos abordados pela Lei Geral da Compra e muitas foram as discussões a respeito dos temas, algumas delas ainda sem solução.

Dentre as matérias que foram discutidas destaca-se a liberação ou não de bebidas alcoólicas em estádios durante a realização do Mundial; os valores dos ingressos; os ingressos populares e as meias-entradas; os sorteios de ingressos e os casos dos índios e deficientes; férias escolares e feriados; as responsabilidades do Brasil; a destinação de prêmios a atletas; a questão dos aeroportos e dos vistos de entrada no país; regras para a realização de trabalho voluntário; e, principalmente, a proteção da FIFA.

Além disso, a Lei nº 12.663/2012 criou tipos penais específicos para a Copa, todos referentes à proteção de interesses da FIFA (*Fédération Internationale de Football Association*) e das marcas associadas às competições, como, por exemplo, crimes de falsificação e "*marketing* de emboscada".

Importante registrar desde já que à luz do princípio da especialidade, os crimes definidos temporariamente pela Lei 12.663, de 5 de junho de 2012, Lei Geral da Copa, prevalecem em eventual conflito de crimes.

Consoante texto do professor David Pimentel Barbosa de Siena, na *Revista Jus Navigandi*, "a Lei Geral da Copa determinou prazo certo e determinado de vigência das normas penais incriminadoras criadas ao estabelecer que: *os tipos penais previstos neste Capítulo terão vigência até o dia 31 de dezembro de 2014* (artigo 36, da Lei n. 12.663, de 5 de junho de 2012)".

São várias as condutas que passaram a fazer parte da nossa legislação, ainda que temporariamente, em razão da edição da Lei Geral da Copa, como bem comentou, também, o professor Guilherme de Souza Nucci, em seu livro *Leis Penais e Processuais Penais Comentadas*, 7ª edição, de 2013, criminalizando as seguintes condutas:

Utilização indevida de Símbolos Oficiais

Art. 30. Reproduzir, imitar, falsificar ou modificar indevidamente quaisquer Símbolos Oficiais de titularidade da FIFA:

Pena – detenção, de 3 (três) meses a 1 (um) ano ou multa.

Art. 31. Importar, exportar, vender, distribuir, oferecer ou expor à venda, ocultar ou manter em estoque Símbolos Oficiais ou produtos resultantes da reprodução, imitação, falsificação ou modificação não autorizadas de Símbolos Oficiais para fins comerciais ou de publicidade:

Pena – detenção, de 1 (um) a 3 (três) meses ou multa.

Marketing de Emboscada por Associação

Art. 32. Divulgar marcas, produtos ou serviços, com o fim de alcançar vantagem econômica ou publicitária, por meio de associação direta ou indireta com os Eventos ou Símbolos Oficiais, sem autorização da FIFA ou de pessoa por ela indicada, induzindo terceiros a acreditar que tais marcas, produtos ou serviços são aprovados, autorizados ou endossados pela FIFA:

Pena – detenção, de 3 (três) meses a 1 (um) ano ou multa.

Parágrafo único. Na mesma pena incorre quem, sem autorização da FIFA ou de pessoa por ela indicada, vincular o uso de ingressos, convites ou qualquer espécie de autorização de acesso aos Eventos a ações de publicidade ou atividade comerciais, com o intuito de obter vantagem econômica.

Marketing de Emboscada por Intrusão

Art. 33. Expor marcas, negócios, estabelecimentos, produtos, serviços ou praticar atividade promocional, não autorizada pela FIFA ou por pessoa por ela indicada, atraindo de qualquer forma a atenção pública nos locais da ocorrência dos Eventos, com o fim de obter vantagem econômica ou publicitária:

Pena – detenção, de 3 (três) meses a 1 (um) ano ou multa.

Para os operadores do Direito Penal, interessante a observação do professor David Pimentel Barbosa de Siena em seu artigo, quando esclarece, ainda, que "os crimes definidos na Lei Geral da Copa são considerados de ação penal de iniciativa pública condicionada à representação da FIFA, conforme dispõe o artigo 34 da Lei Geral da Copa. Esta disposição excepciona a regra geral de que os crimes contra a propriedade industrial são processados mediante ação penal de iniciativa privada (artigo 199, da Lei n. 9.279, de 14 de maio de 1996)".

4. A mobilização do Ministério Público e do Conselho Nacional de Justiça

Além das já indicadas, há também outras entidades que têm se mobilizado em razão da Copa do Mundo de 2014 no Brasil.

Uma delas, o Conselho Nacional do Ministério Público (CNMP), promoveu importante seminário nacional sobre a atuação do Ministério Público na Copa do Mundo no qual foram propostas diversas ações preventivas, visando à efetiva participação do Ministério Público no evento, dentre elas, como evitar a violência nos estádios, a verificação das obras e entornos, e a forma de se evitar a exploração sexual e o trabalho infantis.

Uma das ideias do seminário foi trazer à baila o fortalecimento do Ministério Público na fiscalização da utilização dos recursos do Estado que serão empregados no evento, fazendo valer o interesse público e o benefício de toda a sociedade principalmente nas mudanças a serem implementadas nas cidades-sede.

Três foram os principais temas do seminário do CNMP:

– As ações do Ministério Público em relação à preservação do patrimônio público;

– A estratégia de segurança para a Copa do Mundo; e

– As ações do Ministério Público para a defesa dos direitos humanos.

Desta louvável iniciativa dos membros do Ministério Público da União e dos Estados, resultou a redação de uma carta aberta à sociedade, da qual constam as metas e compromissos firmados no encontro. No documento, fez-se menção à cooperação, parcerias e cobranças a diversos outros órgãos públicos e privados, como o Supremo Tribunal Federal, o Tribunal de Contas da União e o próprio Governo Federal.

Cabe a nós, Operadores do Direito, e à Sociedade em geral, conferir o real compromisso de todos e a efetividade de suas propostas num futuro próximo!

CARTA DE BRASÍLIA

Fórum Nacional de Articulação das Ações do Ministério Público na Copa do Mundo

Os Membros do Ministério Público da União e dos Estados, reunidos no *I Seminário Nacional sobre a Atuação do Ministério Público na Copa do Mundo*, realizado pelo Fórum Nacional de Articulação das Ações do Ministério Público na Copa do Mundo, do Conselho Nacional do Ministério Público, nos dias 22 e 23 de novembro de 2012, na cidade de Brasília, manifestam publicamente os seguintes compromissos e metas:

1 – Afirmar o Fórum Nacional de Articulação das Ações do Ministério Público na Copa do Mundo como espaço institucional para a troca de experiências e informações entre todas as unidades do Ministério Público brasileiro.

2 – Fixar o objetivo de aprimorar e otimizar a fiscalização de obras, serviços e outros empreendimentos voltados para realização da Copa do Mundo 2014, nela incluída a Copa das Confederações 2013, com vistas à promoção dos interesses sociais e individuais indisponíveis.

3 – Fomentar, nas diversas unidades do Ministério Público, a criação ou funcionamento de grupos de discussão e/ou trabalho para tratar de problemas relacionados à Copa do Mundo 2014, com composição que favoreça a compreensão multitemática da matéria.

4 – Destacar a necessidade de atuação dirigida a uma tutela preventiva, primando pela cooperação e diálogo com os seguintes órgãos e agentes privados:

a) os Governos Federal, Estaduais e Municipais;

b) o Poder Legislativo (federal, estadual, e municipal) nas matérias de interesse específico para realização da Copa do Mundo 2014;

c) o Poder Judiciário, especialmente por meio do *Fórum Nacional de Coordenação das Ações do Poder Judiciário*, do Conselho Nacional de Justiça (CNJ);

d) o Tribunal de Contas da União e os Tribunais de Contas dos Estados e Municípios e respectivos Ministérios Públicos;

e) a Controladoria-Geral da União (CGU) e as Controladorias (ou equivalentes) estaduais e municipais;

f) os órgãos de defesa do consumidor;

g) a Confederação Brasileira de Futebol (CBF) e a *Fédération Internationale de Football Association* (FIFA);

h) o Comitê Gestor da Copa (CGCOPA), em especial o Grupo Executivo da Copa (GECOPA), o Comitê Local Organizador da Copa FIFA 2014 (COL) e os Grupos de Trabalho instituídos nos âmbitos estadual e municipal;

i) O Conselho Nacional de Procuradores-Gerais do Ministério Público dos Estados e da União (CNPG), especialmente por sua Comissão Permanente de Prevenção e Combate à Violência nos Estádios de Futebol;

j) O Grupo de Trabalho Copa do Mundo 2014, da 5ª Câmara de Coordenação e Revisão do Ministério Público Federal;

k) as instituições financeiras envolvidas nas atividades de fomento e financiamento das obras;

l) as organizações não governamentais e outras entidades representativas da sociedade civil;

m) a iniciativa privada, em especial apoiadores, investidores e contratantes com o Poder Público.

5 – Sensibilizar o Supremo Tribunal Federal quanto à importância do julgamento das Ações Diretas de Inconstitucionalidade (ADIs) n°s 4.645 e 4.655, que questionam os dispositivos legais referentes ao Regime Diferenciado de Contratações Públicas (RDC).

6 – Atentos às questões de segurança pública e ao papel de destaque do Ministério Público no enfrentamento da criminalidade, propor medidas de prevenção à violência nos Estádios e arredores por ocasião da Copa do Mundo 2014, sobretudo:

a) garantir a efetividade da Lei n. 10.671, de 2003 (Estatuto do Torcedor);

b) promover ações tendentes à instalação dos Juizados Especiais do Torcedor;

c) participar, de forma integrada com os órgãos de segurança competentes e com o Ministério da Justiça, das ações do Planejamento Estratégico de Segurança para grandes eventos.

7 – Incentivar a instalação e o efetivo funcionamento de órgãos de defesa do consumidor em terminais rodoviários, portuários e aeroportuários, tendo em vista o grande fluxo de pessoas em razão da Copa do Mundo 2014.

8 – Fiscalizar a atualização periódica da denominada "matriz de responsabilidades" (art. 1º, II, da Lei n. 12.462, de 2011, e art. 2º, parágrafo único, do Decreto n. 7.581, de 2011), celebrada entre a União, Estados, Distrito Federal e Municípios, medida coerente com os propósitos que justificaram a sua própria criação:

a) sensibilizar o Governo Federal para que assuma posição de destaque no processo de inclusão e retirada de obras públicas na referida "matriz de responsabilidades", fazendo prevalecer critérios técnicos de estrita pertinência e o limite temporal de conclusão;

b) observar as decisões proferidas pelo Tribunal de Contas da União (TCU), em especial os acórdãos que determinam a atualização crítica e tempestiva da "matriz de responsabilidades".

9 – Incentivar a análise das contrapartidas e da modelagem econômico financeira das parcerias público-privadas das obras e benfeitorias da Copa do Mundo 2014, buscando os meios, acordos de cooperação técnica e parcerias necessários.

10 – Fomentar e acompanhar a atualização adequada e tempestiva dos portais de transparência, inclusive quanto aos cronogramas físico-financeiros das obras.

11 – Acompanhar o andamento das obras, intervenções e investimentos, sensibilizando os gestores a evitarem contratações emergenciais indevidas em decorrência da falta de planejamento.

12 – Fiscalizar, com a maior urgência, tendo em vista o estágio de conclusão das obras, a observância das normas de acessibilidade e prioridade de pessoas com deficiência ou mobilidade reduzida, bem como a prevalência dos direitos humanos:

a) trabalhar em conjunto com o "GT Inclusão", do Ministério Público Federal, e outros grupos ou comissões de trabalho instituídos no âmbito de outras unidades do Ministério Público, com vistas a evitar retrocessos nos direitos da pessoa com deficiência e mobilidade reduzida;

b) realizar reuniões com órgãos dos governos Federal, Estadual e Municipal, tendo em vista a consecução dos fins previstos neste tópico.

13 – Garantir o direito à moradia adequada, especialmente em relação a pessoas e famílias atingidas por obras da Copa do Mundo 2014:

a) estimular as diversas unidades do Ministério Público para, quando possível, estruturarem Promotorias Especializadas ou designarem membros para atuarem especificamente na matéria, com vistas à atuação integrada entre as áreas de urbanismo e direitos humanos;

b) zelar pela justa indenização e outras compensações que se fizerem devidas pela remoção;

c) exigir maior transparência nas informações sobre o processo de remoção, e que sejam produzidas de modo compreensível para as comunidades atingidas;

d) assegurar que as comunidades atingidas sejam previamente ouvidas ou que suas posições sejam levadas em consideração no processo decisório;

e) estimular a abertura de processos coletivos de negociação;

f) evitar práticas que possam estigmatizar as pessoas ou famílias atingidas, especialmente a identificação ostensiva das casas a serem removidas.

14 – Promover e acompanhar iniciativas de prevenção na área de infância e juventude, para combater o trabalho infantil e a exploração sexual de crianças e adolescentes.

15 – Externar preocupação quanto a sucessivas alterações nos atos normativos em questões afetas à Copa do Mundo 2014, o que pode trazer prejuízos para a segurança jurídica.

Brasília/DF, 23 de novembro de 2012 – Fórum Nacional de Articulação das Ações do Ministério Público na Copa do Mundo.

Outra iniciativa, do CNJ – Conselho Nacional de Justiça –, conforme vem sendo noticiado já há bastante tempo, foi provocar para que em todos os aeroportos das cidades-sedes de jogos da Copa de 2014 haja unidades judiciárias para solucionar possíveis conflitos surgidos em razão do aumento do fluxo de pessoas no local, especialmente problemas ligados a direitos do consumidor, como extravio de bagagens e causas atinentes a menores de idade, por exemplo relacionadas à autorização de viagens.

Ainda segundo a Corregedoria do CNJ, os atendimentos serão rápidos, e as unidades judiciárias contarão com o sistema de processo judicial digital (Projudi) do Conselho Nacional de Justiça, havendo um juiz responsável pela unidade judiciária, que contará com o apoio de servidores e voluntários, os quais irão trabalhar e ajudar nos atendimentos, conciliações e traduções necessárias.

Com o intuito de trazer maiores informações a respeito, enviamos email ao CNJ, solicitando mais esclarecimentos quanto aos debates e deliberações ocorridas a respeito, e a resposta da ouvidoria à época foi de que o único acesso a tais informações seria realmente por meio de notícias que periodicamente são divulgadas em seu *site*.

Foi veiculado recentemente pela Agência Brasil, em reportagem de Heloisa Cristaldo e edição de Fábio Massalli, que empresas aéreas firmaram acordo com a Corregedoria de Justiça para a Copa das Confederações, "se comprometendo a manter funcionários nos aeroportos por um período de até duas horas após o último voo do dia, atendendo a eventuais demandas dos Juizados dos Aeroportos, durante a Copa das Confederações. O compromisso foi firmado hoje (dia 7 de março de 2013) em reunião de representantes dos departamentos jurídicos de companhias aéreas e da Infraero com a Corregedoria Nacional de Justiça.

De acordo com a Corregedoria, os representantes das companhias aéreas também reafirmaram o compromisso de investir na capacitação dos funcionários que irão representá-las nos juizados especiais dos aeroportos, os chamados prepostos".

A reportagem se encerra falando da estratégia da Corregedoria Nacional de Justiça que, como já vimos, é a de buscar parcerias e comprometimento dos setores público e privado para que o atendimento ao turista e ao consumidor em geral, especialmente na Copa do Mundo, seja prático, célere e efetivo, pautado, sempre que possível, pela composição amigável entre as partes.

Outra informação recente veiculada pela Agência CNJ de Notícias diz respeito ao convênio firmado entre o Conselho Nacional de Justiça e o TJ de Pernambuco, a qual dá conta de que a proximidade dos jogos mobiliza os Tribunais de Justiça para atendimento ao torcedor.

A instalação de juizados especiais com competência cível e criminal nos estádios está prevista no Estatuto do Torcedor (Lei n. 10.671/2003) e foi estimulada pelo CNJ, principalmente a partir de março de 2009, com a assinatura de um termo de cooperação com o Ministério dos Esportes, o Ministério da Justiça, a Confederação Brasileira de Futebol e o Conselho Nacional de Procuradores--Gerais dos Estados e da União. O objetivo principal do acordo era promover o acesso do torcedor à Justiça durante as partidas.

Tribunais de diversos estados têm se empenhado para tornar real esse acesso do torcedor à Justiça. Algumas unidades especializadas do Poder Judiciário, nos dias dos jogos, foram instaladas pelas cortes de São Paulo, Minas Gerais, Rio de Janeiro e dois dos estados-sede da Copa das Confederações 2013 e da Copa do Mundo FIFA 2014: Ceará e Pernambuco.

"Nos estádios, nossa unidade conta com sala de audiência e estrutura adequada para o atendimento imediato. No plano cível, recebemos reclamações contra os clubes ou envolvendo relações de consumo. No campo criminal, se o caso for de menor potencial ofensivo, lá mesmo instauramos a audiência preliminar, inclusive com a possibilidade de realizarmos logo a transação penal. Se a questão for de maior potencial ofensivo, fazemos o auto de prisão em flagrante para a polícia". Afirmou o juiz Ailton. De acordo com ele, todos os procedimentos são acompanhados por defensores públicos e promotores de Justiça.

Assim como em Pernambuco, São Paulo conta com uma unidade fixa do Juizado Especial de Defesa do Torcedor (Av. Abrahão Ribeiro, 313, Barra Funda) e atua de forma itinerante nos dias de jogos. O quadro de pessoal é composto por um juiz, um promotor de justiça, um defensor público e, geralmente, quatro funcionários do TJ local – como escreventes, auxiliares e oficiais de justiça – e também com escolta policial.

Em 2011, primeiro ano de operação, o juizado atuou em 18 jogos. No ano passado, foram em aproximadamente 30. Guilherme Gonçalves Strenger, desembargador do Tribunal de Justiça do Estado de São Paulo e responsável pelo Juizado Especial do Torcedor, explicou que, além dos pedidos de natureza cautelar ou antecipatória em matérias cíveis ou criminais, a competência dessas instâncias abarca também outras solicitações, tais como as relacionadas à defesa da criança, do adolescente e do idoso.

Durante a realização dos espetáculos esportivos, o jurisdicionado pode dirigir-se à unidade judiciária itinerante do Juizado Especial de Defesa do Torcedor, que pode funcionar nas instalações cedidas pela entidade de prática desportiva detentora do mando de jogo, ou pela entidade responsável pela organização da competição; ou, na falta de tais acomodações, na Unidade Móvel do Poder Judiciário, devidamente aparelhada e posicionada em local próximo ao de realização do evento. E, nas demais hipóteses, o cidadão deve buscar atendimento junto à unidade do Juizado Especial de Defesa do Torcedor que funciona, de modo permanente, como anexo aos Juizados Especiais Cível e Criminal Centrais, afirmou.

A instalação de mais juizados especiais do torcedor pelos diversos tribunais vem sendo articulada pelo Fórum Nacional de Coordenação de Ações do Poder Judiciário para a Copa das Confederações 2013 e a Copa do Mundo FIFA 2014, criado pelo CNJ justamente para planejar a atuação da Justiça brasileira durante a realização desses grandes eventos esportivos.

5. Conclusão

A Copa do Mundo de 2014 será no Brasil! Excelente!! Será mesmo??

Para o amante do futebol que foca apenas os jogos (afinal, jogando em casa e com o apoio da torcida, com certeza o hexacampeonato será nosso!!), o saldo com certeza é positivo!

Também para quem não é tão apaixonado assim pelo futebol, mas fica em êxtase com o espetáculo, com o clima, a animação, a possibilidade de estar perto de uma final de Copa do Mundo, também para estes, certamente, a primeira sensação, o primeiro sentimento, foi de vitória quando o nosso país foi o escolhido para sediar tão importante evento.

Então, excelente!!?

Tem ainda gente que quando se falou em Copa do Mundo com certeza só lembrou das coisas boas... São aqueles patriotas que acreditam no Brasil tanto quanto podem crer que seu país "tem jeito", que os problemas estruturais podem e vão ser superados, e que pensam, inteligentemente, que sem dúvida um grande evento mundial ter lugar aqui é uma excelente oportunidade para todos. Oportunidade de mostrarmos o nosso país para o mundo uma vez mais. Chance de criarmos grande quantidade de empregos, qualificados, até. Jeito de incentivar nossas crianças e adultos (por que não?) a aprender outras línguas e a conviver com outros costumes e outras culturas. Possibilidade de ver melhorias sociais efetivas, no transporte, urbanismo, infraestrutura, ao menos nas cidades que receberão os jogos da Copa. Entre outros...

Então, excelente??!

Mas, e nós? Nós que agora vimos um pouco mais fundo os preparativos e os bastidores do evento? Descobrimos que nem tudo o que se falou será cumprido?

E nós, que apesar de ficarmos cientes de todo o comprometimento do CNJ, do Ministério Público e das várias parcerias sérias realizadas, também ficamos sabendo da força da FIFA e de suas exigências para a realização da Copa do Mundo de Futebol em nosso país? E nós, que tomamos conhecimento do que já intuíamos, ou seja, que os valores monetários envolvidos ultrapassam, em muito, o que foi estimado e que o gasto de dinheiro público para a realização do evento será muito maior do que o anteriormente divulgado, e que ninguém será punido por isto? E nós que percebemos que diversas promessas dos nossos governantes simplesmente não serão cumpridas? Que o trem que deveria ligar Campinas, São Paulo e Rio de Janeiro não ficará pronto para o evento? Que as obras para construção e modernização dos estádios ficaram muito mais caras do que os orçamentos originais? Que diversas políticas de urbanização e mesmo de ocupação de favelas estão sendo implementadas apenas porque tais moradias ficam em áreas importantes, de trânsito e de visualização por turistas que vêm para assistir aos jogos? E nós??

Também achamos "excelente" a Copa do Mundo 2014 no Brasil??

Como responder? Como curtir um evento de tal magnitude em nosso país e, ao mesmo tempo, sabermos que muito dinheiro público foi mal empregado para a sua realização??

Bem, a resposta a tal questionamento é que a realização da Copa do Mundo de Futebol no Brasil em 2014 realmente pode ser muito boa para o nosso País, mas, para que seja desta forma, cada um de nós tem que cumprir o seu papel. Temos que fiscalizar e exigir! Temos que elogiar o correto e denunciar os eventuais abusos e desvios. Temos que vibrar com a nossa seleção, mas ainda mais com a oportunidade de aprendizado e conscientização do nosso povo. Temos que nos orgulhar das muitas coisas boas do Brasil, mas precisamos enxergar e apontar nossos erros e cortar na carne, se preciso for, para saná-los... Não podemos ficar entorpecidos, inertes ou calados, não em razão da grandiosidade da festa, e muito menos em razão do sentimento de desesperança, porque, efetivamente, e quiçá a Copa do Mundo nos ajude a mostrar isto, podemos realmente fazer um Brasil melhor.

6. Bibliografia

GOMES, Maria da Conceição. O Direito e o Futebol – Uma Ordem Jurídica Sem Espírito Desportivo? *Revista Crítica de Ciências Sociais.* Coimbra, n. 21, p.69-83, 1986.

NUCCI, Guilherme de Souza. *Leis Penais e Processuais Penais Comentadas*, 7ª ed. rev. atual. e ampl. – São Paulo: Editora Revista dos Tribunais, de 2013. – (Coleção leis penais e processuais penais comentadas).

PEAZÊ, Luís. F*utebol 10 X 0 No Estado de Direito*, Rio de Janeiro: Clínica Literária, 2013;

SIENA, David Pimentel Barbosa de; Lei Geral da Copa: disposições penais temporárias. Jus Navigandi, Teresina, ano 17, n. 3271, 15 jun. 2012. Disponível em: http://jus.com.br/revista/texto/22016.

Guia do Consumidor Estrangeiro
Revista Fórum & Negócios, Ano 12, n.12 – 2013 – "O Brasil Está Preparado Para Receber a Copa do Mundo e os Jogos Olímpicos?
Agência CNJ de Notícias
Conselho Nacional do Ministério Público Assessoria de Comunicação Social (cnmp.gov)
Portal da transparência (da controladoria-geral da união)
Página oficial da Copa do Mundo da FIFA Brasil 2014

Sítios:
www.pr.gov.br/proconpr (Coordenadoria Estadual de Proteção e Defesa do Consumidor)
www.cnj.jus.br (Corregedoria Nacional de Justiça, Órgão do Conselho Nacional de Justiça)
www.stj.gov.br
www12.senado.gov.br
http://jus.com.br
http://raquelrolnik.wordpress.com
www.trf3.jus.br
www.aasp.org.br
www.carosamigos.com.br
www.tjpe.jus.br
http://pt.wikipedia.org/wiki/Copa_do_Mundo_FIFA_de_2014
www.fifa.com.br

— 14 —

Franchising – responsabilidade civil com ênfase na Copa de 2014

PAULO SOARES DE MORAIS
Advogado em São Paulo Capital, Especialista em
Direito Processual Civil e Direito Empresarial

Sumário: 1. Definição de *franchising*; 2. Responsabilidade do franqueado frente ao franqueador; 3. O limite da responsabilidade do franqueado frente ao consumidor; 4. Aspectos controvertidos sobre o tema; 5. Conclusão; Bibliografia.

O objeto do presente artigo é abordar aspectos controvertidos da responsabilidade do franqueador e franqueado frente ao consumidor, traçando os principais pontos sobre o tema voltado à Copa de 2014.

1. Definição de *franchising*

1.1. O termo *franchising* tem origem da língua inglesa, cuja tradução em português é franquia. Atualmente, a Lei nº 8.955/94 dispõe sobre o contrato de franquia empresarial

O ilustre jurista Waldirio Bulgareli define o que é *franchising:*

> É assim o *franchising* a operação pela qual um comerciante, titular de uma marca comum, cede seu uso, num setor geográfico definido, a outro comerciante. O beneficiário da operação assume integralmente o financiamento da sua atividade e remunera o seu co-contratante com uma porcentagem calculada sobre o volume dos negócios. Repousa sobre a cláusula de exclusividade, garantindo ao beneficiário, em relação aos concorrentes, o monopólio da atividade.[1]

Nas palavras da Professora Maria Helena Diniz,[2] para que se caracterize o contrato de franquia é necessária a presença de 8 requisitos cumulativamente:

> 1º) Duas pessoas sendo de um lado o franqueador, que é a empresa comercial com que autorizará a utilização da marca (de serviço ou de produto) por terceiro, denominado franqueado. O franqueado é uma empresa individual ou coletiva que obrigatoriamente deverá ser comerciante;

[1] BULGARELLI, Waldirio. *Contratos Mercantis*, 4ª ed. São Paulo: Editora Atlas, 1987, p. 484.

[2] DINIZ, Maria Helena. *Direito Civil Brasileiro*, 21ª ed. São Paulo: Editora Atlas, 2005, p. 727.

2º) Exploração de uma marca ou produto, com assistência técnica do franqueador, que será definida em contrato. O franqueador transferirá ao franqueado sua experiência e tecnologia, podendo fornecer um esquema de organização empresarial.

3º) Independência do franqueado, não podendo haver qualquer vínculo de subordinação ou empregatício entre ele e o franqueador. O franqueado é uma pessoa totalmente distinta do franqueador, porém este último imporá ao primeiro uma série de obrigações ao primeiro, inclusive tendo responsabilidade distinta, cada um pelos seus próprios atos.

4º) Rede de distribuição de produtos, evitando que o franqueador tenha que distribuir seus produtos normalmente e que tenha despesas com a abertura de sucursais, por exemplo.

5º) Exclusividade do franqueado em determinada região para exercer sua atividade.

6º) Onerosidade do contrato, haja vista o franqueado ter que pagar ao franqueador não só taxa pela concessão da franquia, mas também importâncias em percentuais do valor de venda dos produtos ou serviços, em contraprestação à marca concedida.

7º) Obrigação do franqueado manter a boa imagem e reputação dos produtos (ou serviços) que distribui.

8º) Providências relativas ao registro perante o Instituto Nacional de Propriedade Industrial.

No tocante à independência do franqueado frente ao franqueador, podemos citar algumas novidades neste campo, como ocorre em Portugal, onde é permitido que o franqueador tenha participação no capital social do franqueado. Neste sentido, bem ensina L. Miguel Pestana de Vasconcelos:[3]

> V. Embora o franqueado e o franqueador sejam entidades independentes uma da outra, é possível a participação deste último no capital social do primeiro desde que não se comprometa a independência do participado. Constitui meio interessante de financiar o franqueado, permitindo-lhe lançar-se no empreendimento.
>
> VI. Nalguns casos podem mesmo as partes acordar que seja o franqueador a gerir a empresa do franqueado, sempre que este vise, através da conclusão do referido contrato, realizar um mero investimento de capital *(absentee ownership plan)*

Como podemos constatar, há uma série de exigências para caracterizar o contrato de franquia, o qual tem a finalidade de estabelecer responsabilidades distintas às partes, transferência de conhecimento e tecnologia para permitir o crescimento da marca, produto ou serviço por meio de novos gestores.

2. Responsabilidade do franqueado frente ao franqueador

2.1. A Lei nº 8.955 estabelece regras no contrato estabelecido entre o franqueador e o franqueado, haja vista que se trata de um contrato muito pessoal.

A pessoalidade do contrato decorre da obrigação do franqueador ter que passar conhecimento necessário ao franqueado, a fim de permitir que este tenha sucesso em seu negócio.

De outro lado, caberá ao franqueado seguir as instruções do franqueador, instruções estas que devem ser viáveis e efetivas, não só estabelecidas em contrato de forma a garantir o inadimplemento do contrato por parte do franqueado.

[3] VASCONCELOS, L. Miguel Pestana de. *O Contrato de Franquia (Franchising)*. 2ª ed. Coimbra: Edições Almedina, 2010, p. 18.

2.2. O artigo 3º do diploma legal acima mencionado estabelece que "sempre que o franqueador tiver interesse na implantação de sistema de franquia empresarial deverá fornecer ao interessado em tornar-se franqueado uma circular de oferta de franquia, por escrito e em linguagem clara e acessível".

Estas condições do contrato, como o histórico resumido, balanços contábeis, descrição da atividade, requisitos, território, suas obrigações e direitos e, enfim, *know-how* são essenciais para o sucesso desta parceria.

Neste sentido, ensina o Doutor Arnaldo Rizzardo[4] sobre a necessidade de se deixar claro o objeto e extensão do negócio:

> A circular contendo os elementos acima, com a finalidade de propiciar o estudo pelo franqueado, deverá às suas mãos com o prazo de dez dias antes da assinatura do contrato ou pré-contrato, ou do pagamento de qualquer tipo de taxa exigível como condição para a filiação ou a venda da franquia, sob pena de anulabilidade das avenças e devolução de todas as quantias e *royalties* já entregues ao franqueador ou a pessoa por ele indicada, com a devida correção monetária e mais perdas e danos (art. 4º e parágrafo único), cominações que se estendem para o caso de veiculação de informações falsas (art. 7º).

Vemos portanto que a responsabilidade da franqueadora frente ao franqueado é muito grande, ou seja, caso não dê o suporte adequado ou avalie incorretamente o mercado, poderá ser responsabilizada.

A especialista em *franchising* Dra. Melitha Novoa Prado[5] ensina que a franqueadora é responsável por prestar suporte à rede de franquia. Da mesma forma, a análise incorreta do mercado ou escolha inadequada do ponto comercial pode levar ao distanciamento das partes e encerramento do negócio:

> Análise incorreta de mercado – Tanto o franqueado quanto o franqueador podem ser culpados ou vítimas desta análise incorreta. Eles são culpados quando a análise é feita às pressas ou é inexistente. Atualmente, tendo em vista a agilidade do varejo e a concorrência existente, não há espaço para amadorismos. Não havendo interesse do franqueador em realizar e apresentar ao futuro franqueado essa análise, é o franqueado que deve buscar referências sobre o mercado em que pretende atuar. Isso é fundamental. Aspectos como perfil do público consumidor, influência da marca, potencial de consumo e atuação da concorrência devem ser necessariamente analisados, para se obter o grau de penetração da marca e seus produtos ou serviços no mercado. Por outro lado, são vítimas quando há variações incontroláveis, como instabilidades climáticas, sazonalidades ou mudanças econômicas não esperadas. Na maioria dos casos, o que ocorre são análises carentes de critérios objetivos, sendo importante a contratação de uma empresa especializada que forneça as informações necessárias para ajudar na tomada de decisão de ambas as partes.

Começamos a perceber que a responsabilidade do franqueador frente ao franqueado é muito grande, porém não podemos considerá-lo como um consumidor do franqueador.

Veja que o Código de Defesa do Consumidor define quem é consumidor na letra da lei, e esta descrição não se enquadra ao franqueado em função de não ser o destinatário final do produto ou serviço oferecido.

---

[4] RIZZARDO, Arnaldo. *Contratos*, 6ª ed. Rio de Janeiro: Editora Forense, 2006, p. 1393.

[5] PRADO, Melitha Novoa. *Franchising na alegria e na tristeza*. São Paulo: Prol Editor Gráfica, 2008, p. 75.

Assim, para a avaliação e interpretação das cláusulas contratuais, deve-se observar a real intenção das partes dentro de um contexto viável, e não apenas imaginário.

3. O limite da responsabilidade do franqueado frente ao consumidor

3.1. No momento que o consumidor formaliza o contrato de venda e compra de um produto ou serviço com o franqueado, por trás deste contrato há uma série de relações jurídicas que permitiram a realização do negócio.

Estes contratos levaram não só a viabilizar o fornecimento do produto ou serviço ao franqueado, mas principalmente no convencimento do consumidor sobre o produto ou serviço que está sendo fornecido.

Não é incomum enfrentarmos diariamente decisões judiciais que responsabilizam o franqueado e o franqueador solidariamente em razão de eventuais prejuízos causados ao consumidor.

Estas decisões são proferidas judicialmente em função da responsabilidade objetiva do fornecedor frente ao consumidor e também em decorrência do consumidor não ter acesso ao contrato de franquia para saber quais são os limites estabelecidos entre franquia e franqueado.

Segundo Sílvio de Salvo Venosa,[6] em função da aplicação do Código de Defesa do Consumidor, qualquer que seja o produto ou serviço, o franqueado e o franqueador serão responsabilizados objetivamente. Neste sentido, ensina o nobre Jurista:

> O contrato implica colaboração constante entre franqueador e franqueado, tanto no campo tecnológico, como no econômico, mantendo ambos sua independência jurídica. Com essa colaboração, produz-se um crescimento acelerado de ambas as empresas. No entanto, há relevante dependência tecnológica do franqueado em relação ao franqueador, sendo este o ponto mais débil do instituto, em desfavor do franqueado. A franquia no sistema capitalista tem a função de transferência de risco econômico (Ghersi, 1994, v. 2:45).
>
> Segundo nosso Código de Defesa do Consumidor (Lei n.º 8.078/90), nas relações de consumo, perante o consumidor final, qualquer dessas empresas é responsável nos termos ampliativo do art. 3º, que define fornecedor. Destarte, prejuízos causados na relação de consumo podem colocar no pólo passivo tanto o franqueado, como o franqueador, não importando a amplitude e a natureza da relação interna entre eles. Essa lei estabeleceu responsabilidade solidária na cadeia de produção de produtos e serviços. Há que se levar em conta, no caso concreto, o aspecto da vulnerabilidade de uma das partes.

3.2. No entanto, esta responsabilização indiscriminada não pode ser aplicada sem antes se apurar a origem do dano. Não é incomum verificarmos a indevida responsabilização do franqueador em uma relação jurídica com o consumidor.

[6] VENOSA, Sílvio de Salvo. *Direito Civil*. 5ª ed. São Paulo: Atlas, 2005, p. 571.

Veja que no caso de venda do produto, o franqueador somente poderá ser responsabilizado caso ele seja o fabricante do produto.

Neste sentido, a Ilustre advogada Dra. Melitha Novoa Prado[7] sustenta:

> Outro caso comum é a responsabilização indevida do franqueador quando há algum tipo de problema envolvendo o produto. O franqueador só responde judicialmente nesses casos se ele for o fabricante do item em questão. Caso contrário, se o franqueador apenas trabalha com fornecedores indicados, cabe a essas empresas responder ao consumidor solidariamente.
>
> Muitas vezes, o consumidor acha mais fácil propor uma ação à franqueadora e não à franqueada, pensando ter mais chances de conseguir uma eventual indenização. Não há relação de consumo entre franqueador e consumidor, o detentor da marca. O fato de franqueador e franqueado ostentarem a mesma marca não configura solidariedade. Franchising é uma cessão de direito de uso de marca.
>
> Um caso que ilustra bem esta observação aconteceu numa rede de franquias do ramo de alimentação que foi acionada indevidamente por um consumidor. O cliente recusou-se a receber um contra-vale. Ele queria seu troco em dinheiro e a loja não o atendeu. A rede foi acionada judicialmente, embora o problema tenha sido causado pelo franqueado.

Referidas situações não são facilmente avaliadas e compreendidas pelos profissionais do direito, tratando-se de uma persistência diária dos advogados frente ao Poder Judiciário e ao próprio consumidor.

O Código de Defesa do consumidor estabelece a responsabilidade objetiva entre o consumidor e o fornecedor.

No entanto, o fato fortuito e a força maior implica quebra desse nexo de causalidade. Assim ocorre quando o consumidor realiza uma compra frente a uma empresa que não possui autorização da franqueadora para lhe representar, utilizando o seu nome e marca indevidamente para atrair a confiança do comprador.

4. Aspectos controvertidos sobre o tema

4.1. Quando o consumidor adquirir um pacote de viagem ou um ingresso para assistir a um jogo estará utilizando diversos contratos firmados entre as empresas.

Veja que dentro desta relação jurídica poderão estar envolvidos o franqueador, a franqueada, a instituição financeira, a transportadora do *voucher,* companhias aéreas, construtoras do estádio, Clubes etc.

Por este motivo, dependendo do fato gerador do descumprimento do contrato é que será identificado o responsável pelo dano.

4.2. Nem sempre o franqueado será responsabilizado quando houver relação jurídica com o consumidor.

[7] PRADO, Melitha Novoa. *Franchising na alegria e na tristeza.* São Paulo: Prol Editor, 2008, p. 101.

Veja que o dano decorrente de um defeito em um produto, ou seja, caso o consumidor se machuque com o produto fornecido pelo franqueado, este não será responsabilizado solidariamente.

O defeito do produto implicará a equiparação do franqueado a um comerciante nos termos dos artigos 12 e 13 do Código de Defesa do Consumidor, responsabilizando-se excepcionalmente. Nesta hipótese, o franqueador será o principal responsável.

A responsabilidade do franqueado surgiria apenas em razão de difícil acesso ao franqueador, insolvência ou caso este não seja identificado, nascendo, portanto, a sua responsabilidade subsidiária.

4.3. O franqueado deve se resguardar em relação ao franqueador.

É importante que o franqueado defina o seu real papel dentro da relação jurídica quando do fornecimento de produtos ao consumidor.

Não só em virtude da responsabilidade objetiva estabelecida pelo Código de Defesa do Consumidor, mas também em relação à responsabilidade penal que pode implicar multas de significativos valores à empresa fraqueada e responsabilidade perante Órgãos Administrativos como o INMETRO.

Caso o produto aponte o real fabricante, será ele o responsável pela penalidade.

É o que ocorre em decorrência da aplicação dos arts. 61 e seguintes do Código de Defesa do Consumidor e também face a estar sujeito a eventual pedido de desconsideração da personalidade jurídica da empresa.

Como solução para tais situações e estarem sujeitos a tantas responsabilidades, a saída encontrada é a formalização de contrato de seguro de responsabilidade civil dos franqueados, tendo como beneficiário o próprio franqueador.

Outra medida é a realização de contratos que vinculem pessoalmente o sócio da empresa franqueada com garantias reais, como imóveis. Esta providência permite que a pessoa treinada e que recebeu o *know-how* atue diretamente na empresa franqueada.

Estas e outras medidas prendem o sócio da empresa franqueada e reduz o risco da atuação da franqueada frente ao franqueador, pois sabe que será responsabilizado por seus atos.

5. Conclusão

Em que pese o respeitável entendimento de doutrinadores a respeito das normas que regulamentam a franquia, constatamos que ainda há muito a evoluir no tocante à regulamentação deste contrato.

Na realidade, com a copa de 2014, vemos realização de diversos contratos decorrentes da relação de franquia, desde a compra de uma passagem aérea em um representante até mesmo um pacote turístico em uma agência de turismo.

A responsabilização das empresas pela segurança do turista é de grande importância, mas não podemos deixar de apurar a natureza, origem e nexo de causalidade do dano frente às partes envolvidas.

O artigo 4º do Código de Defesa do Consumidor é muito claro ao definir princípios necessários para estabelecer os direitos e obrigações do consumidor frente ao franqueado e franqueador, mas é essencial que haja boa-fé entre as partes.

Neste sentido, não nos parece razoável indenizar qualquer dano decorrente do passeio ou viagem do consumidor apenas em função de a empresa ser a parte mais forte da relação jurídica.

Este tipo de raciocínio acaba por enfraquecer o Estado Democrático de Direito e influi na cultura e postura dos cidadãos diariamente. Mais do que isso, faz com que os bons consumidores paguem pelo enriquecimento indevido dos maus consumidores, onerando cada vez mais o custo dos produtos.

Vejam, quando há o desconto de um ingresso para assistir a um jogo no estádio de futebol, não é o franqueado, franqueador ou outro fornecedor que está pagando por isso. Na realidade, é o próprio consumidor que estará pagando por isso, pois se trata do custo do negócio frente à legislação e julgados brasileiros, preço este que será incluído no ingresso.

Percebemos, portanto, que compreender a extensão do produto oferecido pelo fornecedor e razoável expectativa do consumidor é que permitirá a razoabilidade e correta leitura da relação jurídica e, por consequência, extensão da responsabilidade de cada um dos envolvidos.

Bibliografia

BULGARELLI, Waldirio. *Contratos Mercantis*, 4ª ed. São Paulo, Atlas, 1987;

DINIZ, Maria Helena. *Direito Civil Brasileiro*, 21ª ed. São Paulo, Saraiva, 2005.

GOMES, Orlando. *Contratos*, 17ª ed, São Paulo: Forense, 1997.

NEGRÃO, Theotonio. *Código Civil Comentado*. São Paulo: Revista dos Tribunais, 2011.

PRADO, Melitha Novoa. *Franchising na alegria e na tristeza*. São Paulo: Prol Editor Gráfica, 2008.

RIZZARDO, Arnaldo. *Contratos*. 6ª ed. Rio de Janeiro: Forense, 2006.

VASCONCELOS, L. Miguel Pestana de. *O Contrato de Franquia (Franchising)* 2ª ed. Coimbra: Edições Almedina, 2010.

VENOSA, Sílvio de Salvo. *Direito Civil*, 5ª ed. São Paulo: Atlas, 2005.

Sítios:

www.stj.gov.br

www.tj.sp.gov.br

www.tjrs.jus.br

— 15 —

Bidding Agreement na organização da hotelaria para a Copa

RODRIGO FALCONI CAMARGOS

Iniciou sua formação acadêmica na PUC/MG, concluindo o curso de direito na UFRN, em 1993.1. Pós-Graduação *latu sensu* incompleta em Direito Empresarial pela UNP. Sócio fundador da REDEJUR, Conselheiro da OAB/RN por seis anos (gestões 2004/2006 e 2007/2009). Integrante de diversas comissões da OAB/RN. Membro do Comitê Jurídico Nacional do Sistema Unimed do Brasil por 3 anos (1998/2001). Sócio fundador da banca, com mais de 20 anos de advocacia empresarial.

RODRIGO DE SOUZA CAMARGOS

Advogado, graduou-se em Bacharel em Direito pela Faculdade Natalense para o Desenvolvimento do Rio Grande do Norte – FARN. *Trainer Candidate* na empresa Dale Carnegie®, Diversos Cursos na área de gestão de pessoas, técnicas empreendedoras e organizacionais. Sócio do escritório Falconi Camargos e Barbosa Wanderley Advogados e Consultores.

I – História resumida da Copa do Mundo

Ab initio prescinde uma introdução histórica, relatando a evolução dos jogos entre seleções até a criação do torneio internacional, hoje conhecido como Copa do Mundo FIFA. Sabe-se que o primeiro jogo amistoso internacional de futebol ocorreu em 1872, entre Inglaterra e Escócia, num momento em que o esporte praticamente só era conhecido na Grã-Bretanha, com pouquíssimas exceções.

Já no final do século XIX, esse panorama começou a progredir, e o futebol começou a ganhar mais adeptos, tornando-se inicialmente um esporte de demonstração (sem disputa de medalhas) nos Jogos Olímpicos de Verão de 1900, 1904 e 1906, até que, finalmente, se tornou esporte de competição oficial nos Jogos Olímpicos de Verão de 1908. Na época, esse evento fora organizado pela *Football Association*, e consistia em um evento para jogadores amadores, inclusive, não sendo na época considerada uma real competição, mas sim um espetáculo. A seleção amadora da Inglaterra foi a campeã nas duas edições, 1908 e 1912.

Ato contínuo, em 1914, a Federação Internacional de Futebol – FIFA – reconheceu o torneio olímpico como uma "competição global de futebol amador", tomando para si a responsabilidade em organizá-lo. Tal atitude gerou uma evolução natural do esporte, fazendo que, nas Olimpíadas de 1924, houvesse a primeira disputa de futebol intercontinental, na qual o Uruguai consagrou-se campeão, feito repetido na Olimpíada seguinte, o que motivou o apelido com que a seleção uruguaia é conhecida até hoje – "Celeste olímpica".

A repercussão foi tão boa que em 28 de maio de 1928, a FIFA decidiu pela criação de um próprio campeonato mundial, iniciando a partir de 1930. Na sequência das comemorações do centenário da independência do Uruguai, em 1928, aliada às conquistas olímpicas do futebol daquele país, decidiu-se que a sede da competição seria no país sul-americano.

I.1 – A primeira Copa do Mundo oficial

Como dito alhures, o Uruguai foi o primeiro país a ser sede de uma Copa do Mundo, além de ter se sagrado campeão mundial de futebol de 1930 em seu próprio país. Nessa Copa, treze seleções participaram, nove da América (Uruguai, Argentina, Bolívia, Brasil, Chile, Paraguai, Peru, México e EUA) e quatro da Europa (Bélgica, França, Iugoslávia e Roménia), sabe-se que muitas seleções europeias desistiram da competição devido à longa e cansativa viagem pelo Oceano Atlântico.

I.2 – Evolução do torneio

Os problemas que atrapalhavam as primeiras edições do torneio eram as dificuldades da época para uma viagem intercontinental, a qual normalmente era feita por navios, tanto é que, nas Copas de 1934 e 1938, realizadas na Europa, houve uma pequena participação dos países sul-americanos, inclusive, vários boicotaram a Copa de 1938 que, de acordo com o rodízio, deveria ser na América. Já as edições de 1942 e 1946 foram as únicas que deixaram de acontecer, canceladas devido à Segunda Guerra Mundial.

Por incrível que pareça, a Copa do Mundo de 1950 foi a primeira a ter participantes britânicos, pois eles haviam se retirado da FIFA em 1920, por se recusarem a jogar com países que tinham guerreado recentemente e por um protesto da influência estrangeira no futebol, já que o esporte era uma "invenção" britânica, e esses países consideravam que o mesmo tinha sido deturpado pelo modo de jogar estrangeiro. Contudo, voltariam a ser membros da FIFA em 1946.

A fase final foi expandida para 24 seleções em 1982, e para 32 (como conhecemos hoje) em 1998, permitindo que mais seleções da África, Ásia e América do Norte pudessem participar. Nos últimos anos, esses "novos" participantes têm conseguido se destacar cada vez mais, como Camarões, chegando às quartas-de-final em 1990, Senegal e EUA, passando às quartas-de-final em 2002, ainda com a Coreia do Sul chegando ao quarto lugar na mesma Copa.

Como dito anteriormente, a Copa do Mundo FIFA foi criada em 1930 no Uruguai, tendo um formato completamente diferente do que se conhece hoje. Nesse primeiro ano em especial, não houve torneio eliminatório, todas as seleções que participaram e disputaram o título estavam lá por convite da FIFA. Desde então, com exceção dos anos de 1942 e 1946, em virtude da segunda guerra mundial, o torneio vem ocorrendo sistematicamente a cada 4 (quatro) anos e em 30 de novembro de 2007 a FIFA anunciou que o torneio finalmente retornará a ser realizado no Brasil em 2014.

O Brasil, além de ser o único país a participar de todas as edições, é o maior campeão de todos os tempos, com cinco títulos mundiais (1958, 1962, 1970, 1994 e 2002), e, espera-se que o sexto seja "em casa", agora no ano de 2014.

I.3 – Em resumo

Sabe-se que o impacto positivo de uma Copa do mundo para o país, bem como para suas Cidades-Sede, é imenso, novos estádios são construídos, antigos são reformados, aeroportos são ampliados, obras de infraestrutura são realizadas no âmbito viário, enfim, toda a economia nacional e local é movimentada em prol de um objetivo comum: realizar durante um mês, um dos maiores eventos da face da Terra.

Inegável a importância da Copa do mundo, seja pela tradição e respeito, seja pelos benefícios trazidos, em virtude disso a "briga" para ser uma Cidade-Sede é enorme, pois, em verdade, é uma disputa pelo desenvolvimento e pelos benefícios trazidos e deixados por uma Copa do Mundo.

II – *Bid Process* ou *Bidding Process*

Para que a FIFA escolha o País-Sede, várias etapas são necessárias, em especial o *bid* ou *bidding process*, que é o processo inicial de candidatura, organização e preparativos, e, a grosso modo, uma espécie de licitação. Para facilitar a didática, será dividido em cinco passos, tentando fazer algumas analogias ao processo licitatório do Brasil.

II.1 – Primeira etapa – Specifications

O primeiro passo tomado ao realizar um evento é a abertura do processo pela FIFA, para recepção das candidaturas, ou seja, os interessados em sediar o evento. Essa manifestação de interesse deverá chegar com as especificações para o trabalho. A FIFA espera que tais "declarações de interesse" tentem desenvolver todas as especificações para o *bid process*. Por exemplo, se a FIFA necessita de três estádios com capacidade para 70.000 (setenta mil) pessoas, construído, um esquema ou esquemas devem ser desenvolvidos em primeiro lugar, para demonstrar como se pensa chegar a isso. Todos os detalhes de todo o projeto devem ser descritos na documentação.

II.2 – Segunda etapa – Request for Bids

Ocorre que após a aprovação da candidatura mencionada, exige-se uma "proposta/plano/projeto de viabilidade" ainda mais elaboraa que o supramencionado, o que seria na licitação o lance, ou proposta, em que o país-candidato deve demonstrar sua capacidade em sediar um evento de tal porte, sendo esse, para fins didáticos, que chamaremos de segundo passo.

No citado projeto, estarão dispostas as obras que se pretendem efetuar, os estádios que se pretende reformar ou construir, quantidades de leitos hoje e quantidade prevista para a época do evento e assim por diante.

Perceba-se que foi utilizada acima muito a palavra "pretende", pois, de fato, tais obras não passam de expectativas que não podem vincular o país à realização de todas, até por questões constitucionais e de independência.

Em uma análise perfunctória, pode-se questionar o que foi dito, dizendo que o governo do país se comprometeu a pavimentar as vias, construir um novo aeroporto, entretanto, quando vamos um pouco mais a fundo, saímos da seara pública e partimos para a privada, por exemplo, os leitos dos hotéis, apesar de o Poder Público ter a capacidade de gerar incentivos, para que os já existentes sejam expandidos e/ou sejam criados novos, não passa de uma opção puramente privada, e, portanto, mera expectativa do projeto (e do Governo).

Destarte, percebemos a realidade do que fora mencionado quando visitamos as Cidades-Sede da Copa do Mundo de 2014, se o projeto que cada cidade criou for analisado por você interlocutor e, após, seja comparado ao que efetivamente foi realizado, em algumas cidades, terás vontade de rir, tamanha a discrepância entre ficção e realidade.

Voltemos então ao Projeto apresentado pelo país e por suas Cidades-Sede, este não é de todo inseguro, pois existem mecanismos para medir o grau de comprometimento do país, cidades e empresários chamados de *Bidding Agreement* firmado entre os empresários privados e empresas que apresentam os referidos projetos, que mais adiante falaremos sobre.

II.3 – Terceira etapa – Bidding

Ao manter-se uma didática simples para que seja mais facilmente compreendido o processo, o terceiro passo seria o chamado *Bidding* ou licitação, depois que as informações sobre o projeto foi distribuído aos contratantes, nesse caso a FIFA, o processo de licitação começa. Este, por sua vez, pode ser diferente, dependendo das regras definidas pelo cliente, em alguns casos as propostas serão submetidas fechadas e que o cliente irá avaliá-los (bem parecido com o nosso). Em outros casos, ocorre processo de licitação mais informal em que os interessados simplesmente dizem o montante total que eles seriam capazes de fazer.

Nesse momento, sempre ocorre a eliminação de alguns projetos, onde se pode até fazer um paradigma com a licitação brasileira, no qual os preços mais elevados já estariam automaticamente eliminados.

II.4 – Quarta etapa – Reviewing the Bids

Assim, segue para o quarto passo, em que a FIFA normalmente irá definir um prazo para que as últimas melhorias nas propostas sejam realizadas.

Uma vez que a data limite é atingida, a FIFA vai começar a rever as propostas e comparar uma a uma novamente, até que sejam escolhidas as finalistas.

II.5 – Quinta etapa – Awarding (The Contract)

Por fim, chega-se ao quinto e último passo, após as propostas passarem por uma análise exaustiva, a FIFA vai encarregar o contrato a um concorrente, ou seja, escolher uma proposta que é a vencedora e assinar o contrato para que o país seja a "próxima" sede da Copa do mundo.

Na maioria das licitações conhecidas no Brasil, o licitante com o menor lance ganha e em algumas outras situações, o licitante "ganhará" o contrato não só no preço, mas outros fatores também.

III – *Bidding Agreement*

III.1 – Conceito

Muitos podem estar se perguntando o que seria o *bidding agreement*, e facilmente diz-se que inexiste apenas um conceito para defini-lo. Este pode ser o contrato firmado após realização de uma longa licitação, pode ser um contrato temporário, para concorrer a uma licitação, dentre outras formas.

Para tentar chegar a um conceito simples e para simples compreensão deste utiliza-se o dicionário Michaelis: *Bidding* (...2 convite. 3 licitação, lance.) *Agreement* (1 consentimento, autorização. 2 entendimento, concordância de opinião, concórdia. 3 harmonia, conformidade. 4 acordo, contrato, pacto, convenção).

Sendo assim, pode-se dizer que o *bidding agreement* são autorizações, acordos, pactos ou até acordos que fazem parte de, ou ocorrem durante, uma licitação.

III.2 – Bidding Agreement na segunda etapa (request for bid) do Bidding Process

Como dito anteriormente ao explicar o *bidding process*, a FIFA, ou representantes, ou até mesmo empresas contratadas pelo Governo concorrente a País-Sede, procuram empresários de supostas Cidades-Sede para realização de um *bidding agreement*, durante o processo licitatório (vamos chamar assim) de escolha do novo País-Sede da Copa do Mundo.

Urge ressaltar que todo o *bidding agreement* que analisaremos agora é redigido e assinado sob uma expectativa (Copa do Mundo no Brasil), não confirmada (à época), com prazos e condicionantes designadas tanto para o contratante (em geral a FIFA) como para o contratado (empresário local), ou seja, até o momento, nada de novo para o Direito Brasileiro, ou seja, direitos e deveres recíprocos.

Entretanto, quando se analisa detidamente o contrato, traz cláusula encartada no *bidding agreement* utilizado aqui no Brasil, com nome de *assignment*, existe uma condição pouco comum ao senso cotidiano dos operadores do Direito brasileiros, pois há determinação expressa e ao mesmo tempo genérica estabelecendo datas e atitudes, por exemplo: que até 31 de julho de 2011, as partes deverão exercer todos os passos legais para se validar e dar efetividade aos contratos, ou seja, aparentemente, esse contrato não possui efetividade alguma até a referida data quando deveria ser "validado"...

Percebe-se ainda, que o contrato se baseia, provavelmente no *Comum Law*, vertente diversa da brasileira. Nota-se que o "pré-contrato" sequer preocupa-se em estar disposto nos idiomas do local que será realizado o evento, nesse caso, em português.

Aos poucos fica cada vez mais duvidosa a validade jurídica desse perante o Judiciário nacional, ou seja, está mais para uma "carta de intenções" do que um contrato propriamente dito.

Importa frisar, novamente, que contratos assinados, citados na segunda etapa do *bidding process*, ou seja, ainda não há confirmação alguma de que a Copa do Mundo ocorrerá no país onde a empresa contratada está sediada. Fala-se de um *bidding agreement* assinado em meados de 2007, para a Copa que ocorrerá em 2014.

Outro aspecto que merece apontamento é a linguagem na qual é redigido o dito *bidding agreement "prévio"*. A redação do mesmo está sempre em tons de expectativa quando se trata de deveres, não em tom de obrigatoriedade, passa a impressão que os deveres são facultados ao "contratado".

Para finalizar os argumentos, conseguiu-se acesso ao contrato definitivo e lá dizia claramente em seu último parágrafo da primeira página que esse "novo" contrato teria o condão de Confirmação do acordo entre o Hotel e a FIFA, este seria amplamente mencionado alhures, o *bidding agreement* "prévio", assinado ainda na segunda etapa do *bid process*.

III.3 – Da necessidade de ratificação do Bidding Agreement

Diante do que foi exposto, por si só já estaria claro que o referido *bidding agreement* necessitaria de uma ratificação, ou mesmo assinatura de um novo contrato, em definitivo.

Traz-se apenas mais um fato para corroborar a necessidade de ratificação do "pré-contrato", após a confirmação de que o Brasil seria o país a sediar a Copa do Mundo de 2014, os contratantes passaram a procurar os contratados para ratificação do contrato, conforme previsto acima.

Cite-se ainda, apenas para engrandecimento dos detalhes, que as pessoas responsáveis pela validação por parte da Instituição organizadora abordam aqueles que firmaram o *Bidding Agreement* prévio de forma bastante habilidosa, pois sabem que muitos não mais estarão dispostos a confirmar a proposta inicial, vez que a assinaram primeiro na ânsia de que seu país fosse escolhido e seu estabelecimento fizesse parte integrante do *pool* de prestadores de serviços e/ou fornecedores de produtos para o grandioso evento.

III.4 – Do Bidding Agreement na Hotelaria

Feitos os esclarecimentos necessários até o momento, partimos para o *Bidding Agreement* na Hotelaria.

Nesse diapasão, em específico, pode-se afirmar que para hotéis que possuam boa rotatividade ao longo do ano, pode não ser a melhor opção fazer negócios diretamente com a FIFA, ou seja, assinar o referido *Bidding Agreement*, para ser confirmado como fornecedor de produtos e/ou serviços da FIFA e, consequentemente, ser um Hotel Oficial da Copa do Mundo FIFA.

Talvez a afirmação acima tenha assustado muitos. Em momentos, pode-se pensar que qualquer pessoa que afirme isso está cometendo uma sandice, entretanto, tal afirmação é decorrente de números, e, portanto, trata-se de matemática simples baseada numa pergunta igualmente simplória que o empresário se faz e que é essencial à escolha da decisão que será tomada, qual seja: Quero ganhar mais dinheiro? Ou: Quero ganhar menos dinheiro, entretanto, poderei utilizar em minha publicidade que sou um hotel oficialmente escolhido pela FIFA, e, terei uma lojinha de produtos oficiais exclusiva, mantida pela FIFA?

Paradoxalmente à simplicidade do questionamento, certamente é uma decisão dificílima, que poderá gerar alguns preconceitos, mas uma coisa é certa, seu Hotel estará lotado na época da copa do mundo!

Agora vamos à conta mencionada. O cálculo em si não se faz necessário, e sim, a explicação deste. Digamos que o hotel do nosso exemplo assine o *Bidding Agreement*; nele, é informada pelo próprio hotel, sua tarifa praticada à época da assinatura do *Bidding Agreement* prévio, quantos leitos possui e qual a "configuração" destes, por exemplo, se é *single* ou *double*. A partir desse momento, a "contratada" se compromete a manter um percentual predeterminado (que é bem alto) de seu hotel à disposição da FIFA no período do evento, somando-se um mês antes e um mês após, independentemente de ser ocupado ou não pelos hóspedes que visitarão o País-Sede.

Ocorre que as tarifas não serão as vigentes à época, e sim, o que estiver disposto em contrato com uma determinada correção monetária/ajuste também predefinido. Lembre-se que a FIFA tem sede em Zurique, na Suíça, e os índices de lá, ou internacionalmente convencionados em países desenvolvidos, são diferentes de países em desenvolvimento, ou subdesenvolvidos. O que isso acarreta?

Suponha-se que a inflação no País-Sede, foi alta, ou que o índice de reajuste das tarifas hoteleiras em determinada cidade foi bem acima do acordado no *Bidding Agreement*, imagine o tamanho do prejuízo...

Ressalte-se, novamente, que os *Bidding Agreement* são assinados com uma anterioridade incrível, girando em torno de dois a três anos do evento, sendo assim, o prejuízo não seria apenas do reajuste do ano do evento, e, sim acumulado desde o momento da assinatura do *Bidding Agreement*.

Imagine só.

Por tudo isso, que nesse caso específico, que fora devidamente contextualizado, com um hotel com uma média de rotatividade anual boa (acima de 75%/80% durante todo o ano), em um país como o Brasil (país em desenvolvimento, com taxas altíssimas e uma das maiores cargas tributárias do mundo), deve-se refletir e calcular muito bem se compensa ou não que a contratação com a FIFA no ramo hoteleiro para o evento Copa do Mundo.

IV – Resumo e conclusão

Por todo o exposto, conclui-se de maneira sucinta que a Copa do Mundo é um dos maiores eventos mundiais, tendo muita tradição, prestígio, consideração, permanecendo forte, inabalável e em crescimento até hoje, girando incomensuráveis quantias financeiras e movimentando interesses diversos, dentro e fora dos gramados.

O evento, apesar de ser uma acirradíssima competição no qual todas as nações participantes buscam ser a campeã, tornou-se, ao longo dos anos, acima de tudo, um evento de congregação internacional, que o mundo todo conta os dias para seu início, como o faz com as Olimpíadas.

Percebeu-se também que a forma utilizada pela FIFA para selecionar os Países-Sede e Cidades-Sede, se chama *bid* ou *bidding process*, e que esse "processo" incorpora alguns conceitos e princípios de tipos diferentes de contratos praticados no Brasil, a exemplo do Contrato de Opção, da licitação, do Pré-contrato, da Compra e Venda, dentre outros.

Tentou-se, didaticamente, dividir e explicar o *bidding process* em 5 (cinco) etapas, quais sejam, *Specifcations*, em que se descobre quem são os países candidatos à sede da *International World Cup*; *request for bid*, quando recebe as propostas devidamente estruturadas dos países aprovados como candidatos; *bidding*, que seria a licitação em si, é quando a FIFA escolhe aquele que realmente terá chance de ser escolhido como País-Sede; *reviewing the Bids*, momento de ajustes finais, quando todas as propostas são revisadas minuciosamente; e, por fim, a *award (the contract)*, quando escolher-se uma das concorrentes e assina-se o contrato, decidindo-se quem será a próxima a sediar a Copa do Mundo FIFA.

Explicou-se o que seria *bidding agreement*, em que momentos ele poderia surgir, restringindo-se à proposta deste artigo.

Navegou-se pelo *Bidding Agreement*, na segunda etapa (*request for bid*) do *Bidding Process,* para que fosse possível contextualizar um caso real.

Feitas as devidas explicações, contextualizou-se a hipótese do *Bidding Agreement* com um Hotel, na segunda etapa (*request for bid*) do *Bidding Process*, problemas encontrados, como por exemplo a necessidade de ratificação deste, soluções possíveis e principalmente, a análise de custo/benefício para o suposto Hotel realizar tal pacto com a Federação Internacional do Futebol – FIFA.

Conclui-se, desta feita, que o *Bidding Agreement* na Hotelaria, em caso devidamente contextualizado, deve conduzir o empresário local brasileiro a ponderar muito, antes de sucumbir ao entusiasmo de ser um hotel oficial da Copa do Mundo da Federação Internacional de Futebol, em razão das exigências postas pela FIFA que por vezes podem trazer mais incertezas que segurança.

— 16 —

Crimes de gestão temerária e fraudulenta em concessão de financiamento em tempos de Copa do Mundo

WAGNER CARVALHO DE LACERDA

Advogado sócio do Escritório Faria e Faria Advogados Associados

Sumário: Introdução; Conceito dos crimes de gestão fraudulenta e temerária; Concessão de financiamento para a realização de obras em tempos de Copa do Mundo; Conclusão; Rede-rências.

Introdução

O presente trabalho tem por objetivo avaliar os crimes de gestão fraudulenta e temerária em tempos de Copa do Mundo. A Lei Federal 7.492 foi instituída no ano de 1986, sancionada pelo então Presidente do Brasil José Sarney com o principal objetivo de definir os crimes praticados contra o Sistema Financeiro. O referido normativo é conhecido como a "Lei do Colarinho Branco" e busca punir condutas como o crime de evasão de divisas (artigo 22), crimes de gestão fraudulenta e temerária – objetos do presente artigo, dentre outros. Esse objetivo constou do parecer do José Sarney ao apresentar seu veto parcial ao projeto de Lei nº 273/83, que culminou a edição da Lei Federal nº 7.492/86: "De longa data vem sendo sentida a necessidade de repressão mais eficaz ao gênero de conduta delituosa conhecida como "crime de colarinho branco".[1]

Em tempos de Copa do Mundo, existe uma grande preocupação com a desenfreada concessão de financiamento bancário para obras de estádios, hotéis, aeroportos etc. As Instituições Financeiras deverão se ater aos ditames do banco para aprovação de determinada operação de crédito, analisando com muito cuidado as garantias oferecidas, a idoneidade da empresa e, especialmente, se o financiamento pretendido objetiva atender às exigências para a realização do evento. Isto porque, como no caso do Banco Nacional de Desenvolvimento Econômico

[1] <www.camara.gov.br> – acesso em 31/3/2013.

e Social – BNDES –, inúmeras vantagens foram aprovadas com a especial finalidade de atender a construção, reforma, ampliação e modernização de hotéis, de forma a aumentar a capacidade e qualidade de hospedagem em função da Copa do Mundo de Futebol.

Assim, se não observados os estatutos bancários e ao quanto estabelecido para financiamento de obras em tempos de Copa do Mundo, o Ministério Público Federal estará legitimado a dar início à persecução penal para apuração da prática dos crimes de gestão fraudulenta e temerária.

Conceito dos crimes de gestão fraudulenta e temerária

Os crimes de gestão fraudulenta e temerária estão previstos no artigo 4º da Lei Federal nº 7.492/86, instituída pelo legislador para coibir a prática de crimes contra o Sistema Financeiro Nacional. Referida legislação também é conhecida como a "Lei dos Crimes do Colarinho Branco", promulgada no dia 16/6/1986 sob a lavra do então Presidente da República, José Sarney.

O artigo 4º da Lei Federal nº 7.492/86 prevê:

> Gerir fraudulentamente instituição financeira:
>
> Pena – Reclusão, de 3 (três) a 12 (doze) anos, e multa.
>
> Parágrafo único. Se a gestão é temerária:
>
> Pena – Reclusão, de 2 (dois) a 8 (oito) anos, e multa.

Para melhor entender o disposto acima, faz-se necessário decompor o dispositivo legal de modo a mais bem facilitar o método de interpretação para fins de entendimento e aplicabilidade.

O objeto jurídico protegido pela Lei Federal 7.492/86, no plano primário, é o Sistema Financeiro e, no secundário, os investidores e o mercado financeiro que ficam à mercê das condutas dos seus gestores: "Mais uma vez figura em primeiro plano, como bem jurídico a ser tutelado pela norma, a estabilidade e a higidez do Sistema Financeiro Nacional, indispensável à eficiência execução da política econômica do governo. Secundariamente, protegem-se, através de severa ameaça penal, os investidores e o próprio mercado financeiro das funestas consequências de possíveis quebras de instituições, causadas pela cupidez ou irresponsabilidade de seus gestores".[2]

O verbo *gerir*, constante do referido artigo, quer dizer: "Ter gerência sobre, administrar, dirigir, gerenciar".[3]

Divergência existe a respeito da caracterização dos delitos de gestão fraudulenta e temerária, alguns indicando que se faz necessária a reiteração, pelo agente criminoso, dos atos fraudulentos ou temerários: "A nosso sentir, a caracterização

---

[2] *Crime Contra o Sistema Financeiro Nacional*. Rio de Janeiro: Lumen Juris, 2011, p. 32.

[3] *Mini Aurélio*, Curitiba: Positivo, 2008, p. 432.

dos crimes em análise, está a exigir a reiteração, pelo agente, dos atos fraudulentos ou temerários".[4]

Nessa linha de pensamento, o Ilustre Professor Dr. Roberto Delmanto Júnior ensina que é impossível haver gestão de um ato só: "O núcleo do tipo é gerir, que significa conduzir, administrar, comandar, cuidar de um negócio, dirigir. Impossível, assim, haver gestão de um ato só, já que o núcleo exige certa habitualidade, ou seja, reiteração de atos de administração".[5]

Não é outro o entendimento do Ilustre Dr. Ali Mazloum: "Trata-se de crime formal, cuja consumação ocorre com a materialização da ação típica. Considerando que gerir pressupõe certa habitualidade, permanência, a consumação do delito será revelada pelo conjunto de atos que dão concretude à atividade própria de gestão e não mediante o pensamento de uma única parte do todo (...) Diante disso, pode-se concluir que o crime do art. 4º não se perfaz com a prática de um único ato; exige, isso sim, certa habitualidade e deve ser extraído do conjunto de atos que compõem a gestão de uma instituição financeira, considerada necessariamente dentro de período razoável de tempo".[6]

Melhor esclarecendo, para os que entendem haver a necessidade de reiteração do ato fraudulento ou temerário por parte do agente, significa dizer que a simples autorização por parte de um departamento do banco para fins de aprovação de uma determinada operação financeira não pode se amoldar ao disposto no artigo 4º da Lei Federal nº 7.492/86. Assim, com a necessidade de reiteração da conduta para a realização dos crimes de gestão fraudulenta ou temerária, significa dizer que tais delitos estão inseridos no rol de outros crimes considerados na essência como crimes habituais, como no caso do crime de rufianismo previsto no artigo 230 do Código Penal, em que o agente tira proveito de prostituição alheia participando dos seus lucros, como se fosse um gestor de negócios.

Por outro lado, o não menos festejado Dr. Guilherme de Souza Nucci entende que os crimes de gestão temerária e fraudulenta se realizam com a prática de apenas um ato, desde que cause prejuízo ao Sistema Financeiro Nacional: "Habitualidade: em nosso entendimento, não se trata de crime habitual próprio. Este delito se caracteriza pela prática de vários atos que, somente em conjunto, têm potencial para lesar o bem jurídico tutelado. O exemplo trazido do Código Penal, concernente ao curandeirismo (art. 284) é elucidativo. Quem faz diagnóstico (art. 284, III), uma vez na vida, sem ser médico, não se torna, obviamente, curandeiro e não afeta a saúde pública. Porém, aquele que se especializa nisso, atraindo várias pessoas e atuando de forma reiterada pode gerar efetivo transtorno à saúde pública, desviando doentes dos médicos e levando-os ao curandeiro. O mesmo não ocorre no tipo penal da gestão fraudulenta ou temerária. Uma única ação do administrador, desde que envolta pela fraude (ou pelo elevado risco), pode ser

[4] Ob. cit., p. 34.

[5] *Leis Penais Especiais Comentadas*. Rio de Janeiro: Renovar, 2006, p. 141.

[6] *Crimes do Colarinho Branco*. São Paulo: Síntese, 1999, p. 63/64.

suficiente para prejudicar seriamente a saúde financeira da instituição. Logo o delito não é habitual".[7]

Para este posicionamento importa, em verdade, se o ato praticado causou efetivo prejuízo ao Sistema Financeiro Nacional, não tendo qualquer relevância a existência ou não de reiteração da conduta.

O próximo passo no processo de decomposição do dispositivo legal em observação é fazer a distinção entre o crime de gestão fraudulenta e o de gestão temerária. Como já observado mais acima, o primeiro prevê uma reprimenda penal mais rigorosa do que este último, sendo de suma importância, desta feita, entender quando um fato é considerado de gestão temerária ou fraudulenta.

O crime de gestão fraudulenta se caracteriza pela conduta ardilosa, astuciosa, sagaz, daquele a quem compete gerir ou administrar determinada instituição financeira, provocando, por exemplo, concessão de financiamento bancário, por meio de fraude na garantia apresentada pelo beneficiário do crédito. Imagina-se a hipótese em que o gestor bancário, mancomunado com o tomador do crédito, falsifica a documentação, levando a crer na existência de garantia suficiente à liberação do financiamento, mas quando, na verdade, referida empresa já se encontra em processo de falência. Não há, portanto, como não aplicar a reprimenda penal prevista para os crimes de gestão fraudulenta.

Nos dizeres do Jurista José Carlos Tortima: "Assim, gestão fraudulenta é a administração marcada pela fraude, pelo ardil, por manobras desleais, em regra com o objetivo de obter indevida vantagem para o próprio agente ou para outrem, em prejuízo de terceiro de boa-fé (acionistas, sócios, credores etc.) Seria, por exemplo, a utilização de expedientes desonestos para desviar ativos da instituição, a simulação de operações para mascarar resultados financeiros, a maquiagem de balanços para ludibriar investidores, outras instituições financeiras ou ainda as próprias autoridades encarregadas de fiscalizar o mercado".[8]

Portanto, para a caracterização do crime de gestão fraudulenta, faz-se necessário demonstrar que o agente gestor ou administrador praticou conduta desleal em prejuízo do Sistema Financeiro Nacional, ou seja, prevendo e querendo determinada vantagem indevida em seu favor ou de terceiro.

Já com relação ao crime de gestão temerária, previsto no parágrafo único do artigo 4º da Lei Federal nº 7.492/86, sua consumação se realiza quando o agente gestor ou administrador de determinada instituição financeira procede de maneira arriscada, precipitada, prevendo e não se importando com a possibilidade de prejuízo financeiro em função de sua conduta.

Na lição de José Carlos Tortima: "Por gestão temerária deve ser entendida a atuação potencialmente ruinosa dos gestores da instituição financeira, com a plena assunção dos riscos de tal maneira de agir (dolo eventual). Serviriam,

[7] *Leis Penais e Processuais Penais Comentadas*. São Paulo: RT, 2013, p. 638.

[8] Ob. cit., p. 36.

em tese, como exemplos de gestão temerária, a prática reiterada das seguintes condutas: a realização de operações especulativas de desmedido risco, deixarem os responsáveis pela instituição financeira de alertar os investidores quanto ao risco de suas respectivas carteiras de aplicação não conservadoras, a violação de normas regulamentares ou usuais para diversificação das aplicações de risco, autorização para operações de empréstimo ou financiamento sem as correspondentes garantias, oferecimento de juros notoriamente superiores aos praticados no mercado para obter recursos e cobrir posição devedora, a dispersão de recurso em despesas não operacionais, inclusive com a prática de atos de liberalidade à custa da companhia (art. 154, § 2º, *a*, da Lei nº 6.404/76)".[9]

Diante disso, é bem possível classificar o elemento subjetivo do delito penal de gestão fraudulenta como sendo o dolo de praticar fraude contra o Sistema Financeiro Nacional, por meio de insídias praticadas pelo gestor ou administrador.

No tocante ao crime de gestão temerária, por outro lado, não se tem muita certeza no campo doutrinário a respeito do seu elemento subjetivo. Alguns entendem tratar-se de dolo eventual, uma vez que o gestor ou administrador de instituição financeira, deixando de observar determinada regra bancária, teria assumido o risco de produzir o resultado danoso ao patrimônio financeiro, não se importando sinceramente se este resultado viesse a ocorrer.

A bem da verdade, teria sido de maior técnica legislativa se o legislador, ao instituir a "lei de crime de colarinho branco", estabelecesse a modalidade de gestão temerária na forma culposa, pois neste caso sim, verificada a imprudência do administrador financeiro que se arriscou em aprovar determinada operação financeira, mesmo não sendo suficiente a garantia apresentada pelo beneficiário do crédito, evidentemente, a disposição penal em comento seria adequadamente aplicada. Outra hipótese, nesta linha de pensamento, seria quando, não observados os normativos bancários, certa concessão de financiamento fosse aprovada. Neste caso, entretanto, a modalidade culposa prevaleceria, mas em razão de ter sido o agente gestor ou administrador negligente em seus atos.

Na lição de Manoel Pedro Pimentel, extraída da obra do Ilustre Professor Dr. Guilherme de Souza Nucci: "(...) A forma culposa não foi prevista. Entretanto, e aqui reside outro perigo da exagerada abertura do tipo do tipo objetivo, os léxicos apontam, como sinônimo do vocábulo temerário, a palavra imprudente".[10]

Verifica-se, com isso, que o legislador não observou que a gestão temerária poderia surgir por motivos de imprudência ou negligência do agente, caracterizando-se, na essência, de modalidade culposa na realização do tipo penal. O correto seria o legislador instituir no parágrafo único a reprimenda penal na modalidade culposa, ao invés de prever a forma de gestão temerária do agente gestor ou administrador. É que, neste caso, pelo princípio da individualização, a pena jamais poderia atingir o patamar de 8 anos.

[9] Ob. cit., p. 37.

[10] Ob. cit., p. 636/637.

Finalizando o processo de decomposição do artigo 4º da Lei Federal nº 7.492/86, importante também destacar que o sujeito ativo desse delito é aquele que exerce efetivamente função de gestor ou administrador de instituição financeira, sendo considerado pela doutrina, portanto, crime próprio.

Há quem defenda que o gerente de agência bancária não pode figurar como sujeito ativo dos crimes de gestão temerária ou fraudulenta, pelo fato de ser contratado no regime celetista e não possuir poder de mando estabelecido pelos regimentos do banco: "Questão que tem provocado controvérsia, inclusive na jurisprudência, é saber se o gerente de agência bancária, ou até mesmo o chamado gerente de contas, podem responder como autores do crime. Acreditamos, firmemente, não ser isto possível, pela singela razão de que tais funcionários, vinculados à instituição bancária por contratos de trabalho regidas pela legislação trabalhista, não pertencem aos quadros de dirigentes da entidade".[11]

Em que pese o referido entendimento, não é o que acontece na prática forense quando tais assuntos são submetidos à apreciação do Ministério Público Federal, a quem compete, por ser ação penal de natureza pública incondicionada, oferecer denúncia criminal para apuração da prática dos crimes de gestão fraudulenta e temerária. Até mesmo porque o gerente de contas pode estar mancomunado com o administrador do banco, tendo contribuído, de alguma forma, para a realização do tipo penal.

A propósito, embora considerados crimes próprios, nada obsta que agentes alheios à função bancária sejam igualmente responsabilizados pelos crimes de gestão fraudulenta e temerária, pois, diante da previsão contida no artigo 29 do Código Penal, podem ter, sabendo da qualidade do administrador, auxiliado, contribuído também em seu benefício, causando vantagem indevida em prejuízo ao Sistema Nacional Financeiro.

Concessão de financiamento para a realização de obras em tempos de Copa do Mundo

Como é cediço, o Brasil sediará no ano de 2014 uma das competições mais famosas e esperadas de todo o planeta: a Copa do Mundo de Futebol. E não era para ser diferente, pois a última copa do mundo de futebol realizada no Brasil ocorreu no ano de 1950, sendo esta a quarta Copa do Mundo FIFA de Futebol realizada. Referido evento teve partidas nas Cidades de Belo Horizonte, Curitiba, Porto Alegre, Recife, Rio de Janeiro e São Paulo. Naquela época, os estádios já estavam efetivamente prontos para receber o evento e, devido à paixão brasileira por futebol, o Brasil foi escolhido por unanimidade como anfitrião. Conforme pesquisa realizada,[12] o evento foi considerado, para as exigências da época, um

[11] Ob. cit., p. 45

[12] Disponível em <pt.wikipedia.org/wiki/Copa_do_Mundo_FIFA_de_1950>, acesso em 31/03/2013.

sucesso de infraestrutura e instalações, e sucesso foi atribuído à Administração do então presidente Getúlio Vargas.

Infelizmente, em que pese o *frisson* vivido por todos os brasileiros na ocasião de tal evento, especialmente porque a seleção brasileira possuía excelente equipe com a presença de jogadores com futebol considerado inigualável, o Brasil chegou à disputa da final da competição contra a seleção do Uruguai, realizada no então recém-construído estádio do Maracanã, no Estado do Rio de Janeiro, com a presença de aproximadamente 200 mil torcedores, tendo perdido o jogo pelo placar de 1x2, quando até mesmo levaria o título por um simples empate.

Pois bem, passados mais de 60 anos da trágica história vivida pelo futebol brasileiro, no dia 30/12/2007, o Brasil foi eleito pela FIFA como país a sediar a Copa do Mundo de 2014. Em seguida, foram escolhidas as Cidades-Sede para receber a competição, de maneira que, também por exigência da FIFA, a preocupação passou a ser com relação à estrutura e segurança dos estádios; com a qualidade e quantidade de hotéis disponíveis; estrutura dos aeroportos, minimização da violência etc.

Evidentemente que, em razão de incentivo financeiro maior por parte da União aos Estados escolhidos a receberem partidas da Copa do Mundo, iniciou-se uma verdadeira batalha política. Após muitas trocas de interesse, foram escolhidas as Cidades que receberão as partidas da Copa do Mundo de 2014: Rio de Janeiro (RJ), São Paulo (SP), Belo Horizonte (MG), Porto Alegre (RS), Brasília (DF), Cuiabá (MT), Curitiba (PR), Fortaleza (CE), Manaus (AM), Natal (RN), Recife (PE) e Salvador (BA).

Em razão da necessidade de melhoria da infraestrutura das Cidades que receberão partidas da Copa do Mundo, os Poderes Legislativo e Executivo tomaram uma série de medidas para agilizar a contração e execução de obras nos estádios de futebol e nos ramos de hotelaria e turismo em geral. O Banco Nacional de Desenvolvimento Econômico e Social – BNDES –, empresa pública federal, principal instrumento de concessão de financiamento de longo prazo para a realização de investimentos em todos os segmentos da economia, criou o Programa BNDES de Turismo para a Copa do Mundo de 2014 denominado "BNDES Procopa Turismo", com o principal objetivo de financiar a construção, reforma, ampliação e modernização de hotéis, de forma a aumentar a capacidade e qualidade de hospedagem em função da Copa do Mundo de 2014.

Foi criado, também, por meio de medida provisória, o Regime Diferenciado de Contratações – RDC –, hoje vigendo consoante disposto na Lei Federal 12.462/2011, pelo qual as contrações de projetos e obras públicas não estão vinculadas aos ditames da Lei de Licitações (Lei Federal nº 8.666/1993). Isto é, o RDC foi criado como forma de flexibilizar as regras das licitações públicas para as obras da Copa do Mundo. Por exemplo, pelo Regime Diferenciado de Contratações, uma mesma empresa poderá ser contratada para apresentar um projeto de determinada obra e também para executar os serviços que foram por ela projetados.

No entanto, faltando pouco mais de um ano para a realização do evento, inúmeros problemas estão causando arrepios aos membros do Poder Executivo: Estádios ainda não estão prontos, alguns deles com previsão de entrega em data muito próxima ao início da competição, com financiamentos pendentes de aprovação, além da previsão orçamentária ter mudado ao longo das obras de cada estádio, fazendo com que sejam tomados mais e mais empréstimos.

Pois bem, em tempo de Copa do Mundo, inúmeras operações financeiras foram aprovadas não apenas pelo BNDES, mas como também pela Caixa Econômica Federal, dentre outras Instituições Financeiras, sendo certo que muitos beneficiários desses créditos não estão com previsão de término da obra antes do início da Copa do Mundo. No ramo de hotelaria, conforme divulgado pelo sítio <www.copadomundo.uol.com.br> no dia 26/1/2013, determinada empresa que recebeu R$ 200 milhões de reais para reforma de um hotel não garante a entrega a tempo. Outros financiamentos também foram concedidos, como no caso do Hotel Ibis em Natal (RN) para o qual o BNDES aprovou a operação financeira de R$ 10 milhões; R$ 32 milhões para 3 hotéis providenciarem ampliação e modernização de suas instalações; R$ 14 milhões para reforma de hotel na Bahia; R$ 417 milhões para a construção de dois novos hotéis no Rio de Janeiro.[13]

Preocupação maior existe quanto ao financiamento do estádio do Corinthians "Itaquerão", que deverá receber a abertura da Copa do Mundo, cuja construção está sendo providenciada pela construtora Odebrecht. Segundo informações da mídia,[14] o estádio está com quase 70% da obra construída e, agora, depende de aprovação do BNDES de financiamento no valor de R$ 400 milhões, que será repassado pelo Banco do Brasil. Aparentemente, a dificuldade de obter a aprovação do referido financiamento ocorre uma vez que o Banco do Brasil parece não estar satisfeito com as garantias apresentadas pela construtora. Essa preocupação é pertinente e tem relação com o assunto em estudo, pois se a garantia não for suficiente e, mesmo assim, o financiamento for aprovado, se no futuro próximo por ventura o compromisso não for honrado pelo tomador do crédito, automaticamente gerará um prejuízo ao Sistema Financeiro Nacional, sendo passível, desta feita, de eventual instauração de ação penal pública para apurar pelo menos a prática de crime de gestão temerária, pois o financiamento jamais poderia ser concedido sem a efetiva garantia para restabelecer as condições iniciais em caso de inadimplemento. Apenas a título de informação, os gastos com a construção do "Itaquerão" estão previstos em R$ 820 milhões, dos quais R$ 478,2 milhões serão utilizados em obras viárias como compensação em razão de tal construção, sendo R$ 345,9 milhões dos cofres do Estado e R$ 132,3 milhões dos cofres da Prefeitura, devendo a obra estar finalizada no início do ano de 2014.

---

[13] <www.bndes.gov.br>, acesso em 27/3/2013.

[14] <http://zerohora.clicrbs.com.br/rs/esportes/copa-2014/noticia/2013/03/dificuldade-em-receber-financiamento-ameaca-itaquerao-no-mundial-4082156.html>, acesso em 31/3/2013.

Inúmeras preocupações assombram os administradores das Cidades que receberão os jogos da Copa do Mundo. A previsão orçamentária inicial para fins de dar atendimento às exigências da FIFA saiu do controle, sendo certo que em muitos dos casos acima mencionados, os valores dos financiamentos foram elevados em muito, não se sabendo, ao certo, se conseguirão honrar com os pagamentos devidos. Com o prejuízo surgido para a instituição financeira, mediante gestão temerária ou fraudulenta dos gestores do BNDES, é que a norma penal contida no artigo 4º da Lei Federal nº 7.492/86 passa a ter efetiva aplicabilidade no mundo real. E não apenas a iniciativa pública está sob o manto da referida legislação. Isto porque, o tomador do empréstimo, como visto mais acima, também pode figurar como coautor do delito de gestão temerária ou fraudulenta se, de alguma forma, auxiliou ou contribuiu para o prejuízo do Sistema Financeiro Nacional.

Assim, por exemplo, se determinada operação financeira não foi devidamente garantida, ou a taxa de risco não foi prevista pelo administrador financeiro quando da aprovação da linha de crédito, o Ministério Público Federal poderá motivar a persecução penal para apuração da prática de crime de gestão temerária, uma vez que, no afã de aprovar determinada operação de crédito, tendo em vista a proximidade do início da Copa do Mundo, o gestor financeiro assumiu o risco de produzir o resultado danoso ao Sistema Financeiro Nacional.

Por outro lado, poder-se-ia imaginar a ocorrência de crime de gestão fraudulenta se o tomador do crédito, beneficiário do "Programa ProCopa do BNDES", não entregasse a obra prometida antes do início da Copa do Mundo, com a anuência do gestor da instituição financeira, nem, tampouco, cumprisse com o pagamento do financiamento. Neste caso, resta evidente estratagema do beneficiário do crédito que, sabedor da impossibilidade da entrega da obra prometida em prol da Copa do Mundo, simplesmente não atende aos fins colimados pelo referido Programa nem mesmo honra com o pagamento do financiamento, embora referido financiamento somente tenha sido concedido em razão da realização da Copa do Mundo de Futebol.

A respeito do prazo para entrega da obra por aqueles que participaram do "Programa ProCopa" e que se submeteram ao Regime Diferenciado de Contratação – RDC –, o Senado, preocupado com as exigências do Ministério Público em relação ao cumprimento dos prazos para entrega das obras antes da Copa do Mundo, com medidas judiciais para cancelamento dos contratos que não fossem cumpridos, no dia 26/03/2013, aprovou a Resolução nº 3 de 2013, que altera dispositivo da resolução 43 de 2001 do próprio Senado para permitir que todas as obras e projetos destinados à Copa do Mundo de 2014 que não ficarem prontos a tempo do torneio possam ser concluídos depois do evento, mantendo as mesmas condições de financiamento facilitado e regras de licitação flexíveis previstas no RDC, criadas exclusivamente para viabilizar a execução dentro do prazo. Referida resolução depende apenas de aprovação da presidente Dilma Rousseff.

Enfim, resta saber a que sorte seguirá o cumprimento dos inúmeros financiamentos concedidos em tempo de Copa do Mundo, principalmente após a realização do evento, quando os interesses políticos não serão mais os mesmos, muito pelo contrário, a responsabilidade daqueles que participaram da operação de crédito será exposta e submetida aos trâmites do artigo 4º da Lei Federal 7.492/86.

Conclusão

A segunda Copa do Mundo a ser realizada no Brasil sem sombra de dúvidas tornará o país muito mais vistoso e visitado por turistas. Muitas oportunidades de empregos surgirão, a infraestrutura está sendo providenciada especialmente quanto aos aeroportos; a qualidade do atendimento hoteleiro está sendo aprimorada; a população tem se dedicado mais ao estudo do idioma norte-americano para mais bem poder recepcionar os turistas; o país vive em clima de festa; consequentemente o ramo imobiliário que já vinha em assustadora crescente ganhou ainda mais força. Entretanto, como foi possível observar no presente artigo, em tempos de Copa do Mundo, não se pode deixar a alegria de um grande evento causar prejuízos à saúde do Sistema Financeiro Nacional. Aos gestores e administradores das Instituições Financeiras todo cuidado é pouco. As operações de crédito necessitam de uma análise mais acurada por meio de seus departamentos de Crédito e Auditoria para viabilização do negócio. Não apenas se deve vislumbrar a realização do empréstimo como forma de dar atendimento às metas bancárias que poderão provocar prejuízos em caso de inadimplemento do tomador do crédito que, por exemplo, se tornar insolvente. Assim, só nos compete aguardar a realização da Copa do Mundo, e que seja com mais um título mundial para a Seleção Brasileira, para efetivamente saber se os financiamentos, ao longo do tempo, serão honrados sem qualquer necessidade de aplicação do artigo 4º da Lei Federal nº 7.492/86.

Referências

TORTIMA, José Carlos. *Crime Contra o Sistema Financeiro Nacional.* Rio de Janeiro: Lumen Juris, 2011.

DELMANTO, Roberto *et al. Leis Penais Especiais Comentadas.* Rio de Janeiro: Renovsr, 2006.

MAZLOUM,Ali. *Crimes do Colarinho Branco.* São Paulo: Síntese, 1999.

NUCCI, Guilherme de Souza. *Leis Penais e Processuais Penais Comentadas*, 7ª ed. São Paulo: RT, 2013.

Sites consultados:

www.stj.gov.br, jurisprudência.

www.aasp.org.br, notícias do dia.

www.camara.gov.br.

www.ibbcrim.org.br

http://pt.wikipedia.org/wiki/Rede_social

www.zerohora.clicrbs.com.br

Impressão:
Evangraf
Rua Waldomiro Schapke, 77 - POA/RS
Fone: (51) 3336.2466 - (51) 3336.0422
E-mail: evangraf.adm@terra.com.br